DROEMER✹

TILO ECKARDT

GEFÄHRLICHE BETRACHTUNGEN

DER FALL THOMAS MANN

KRIMINALROMAN

Förderung des Romans durch den Nordic Culture Fond
und die Klaipėda County Ieva Simonaitytė Public Library

**NORDISK
KULTURFOND**

Besuchen Sie uns im Internet:
www.droemer-knaur.de

INHALT

Tau – Für dich

Es ist schwer, es zugleich der Wahrheit
und den Leuten recht zu machen.
Thomas Mann

Well, we could lose about a page and a half, I suppose, from that
sequence in the summerhouse, but the rest is totally essential.
Bernard Black, *Elephants and Hens*

AUGUST 1930

KAPITEL EINS

Wind

W as … Was ist los?«
Die Gestalt ragte vor mir auf, verschattete das Fenster, und die Kette mit dunkel glänzenden Perlen, die sie um ihren hochgeschlossenen Kragen trug, klimperte leise vor meinem Gesicht. Mir schlug das Herz bis zum Hals, denn für Menschen wie mich, die sich mit dem Einschlafen schwertun, fremde dunkle Räume fürchten und ihre intensivsten Träume im Morgengrauen haben, war es die schlimmste Art, geweckt zu werden. Meine Pensionswirtin tat es jeden Morgen.

»*Levez-vous et brillez!* Erhebe dich und scheine!«

»Wie spät ist es?«

»Halb sieben. Sie wollen ihn doch nicht wieder verpassen, Herr Miuleris!«

Frau Bryl hatte vom ersten Moment unserer Begegnung an einen Narren an mir gefressen. Wenn ich bei Menschen, die mich noch nicht kennen, einen guten Eindruck machen will, neige ich dazu, zu viel zu reden. Nur deshalb hatte ich ihr direkt nach meiner Ankunft nach dem dritten Glas Starka auf einem niedrigen Hocker in ihrer Küche kauernd von meiner Mission erzählt, noch bevor ich einen ersten Blick in mein Zimmer geworfen hatte. Und Frau Bryl erklärte sich umgehend zur Komplizin. Die Kutsche mit der Familie Mann sei schließlich bei deren triumphalem Einzug in Nidden ganz nah an ihr vorbeigefahren. Sie sei sich sogar sicher, die kleine Elisabeth, wenngleich verständlicherweise eingeschüchtert ob des Menschenauflaufs, habe ihr zugelächelt. So sei das eben mit ihr, sie falle den Menschen ins Auge und sei beliebt, besonders bei Kindern und Hunden, die ein Gespür dafür hätten, wem sie vertrauen können. Dabei sei sie doch eine ganz gewöhnliche Frau. Und dann stellte sie mich auch gleich ihrem Hund Ludwik vor, einem riesenhaften Owtscharka mit dem dichten weißen Fell einer Ziege, der aus dem Flur getrottet kam, vor mir stehen blieb und mich auf Augenhöhe musterte, sodass ich nicht wusste, ob ich den Blick erwidern oder lieber wegschauen sollte. Frau Bryl war sensibel genug, mein Unbehagen zu spüren, und so zog sie ihn mit sanfter Kraft von mir weg und sagte, es sei wichtig für Ludwik, alle ihre Gäste zu kennen und von Fremden unterscheiden zu können. Er sei Wachhund und »der einzige Mann im Haus«. Wie ich noch herausfinden sollte, ging diese Bewachung durch Ludwik gelegentlich so weit, dass er vor meiner Zimmertür lag und nur den Kopf hob, wenn ich rücksichtsvoll über ihn stieg.

»Also: Raus aus den Federn! Der Jäger muss mit seiner Beute aufstehen.«

»Ich möchte Thomas Mann übersetzen, nicht erlegen«, sagte ich, und das brachte sie zum Lachen.

Seit meiner Ankunft in Nidden zwei Tage zuvor versuchte ich, Kontakt zu dem berühmten Dichter aufzunehmen. Bislang hatten diese Versuche so ausgesehen, dass ich von meiner Pension nahe dem Strand eine knappe halbe Stunde durch den Nehrungswald zu seinem Sommerhaus auf einer Düne über der Lagune wanderte und in Sichtweite auf dem Weg zwischen Bäumen und Sträuchern darauf wartete, dass er aus der Tür trat. Dann wollte ich die Gelegenheit nutzen, ihn auf mich aufmerksam zu machen. Ich war mir sicher, er würde mich wiedererkennen und mir mit einem Zeichen erlauben, ihn anzusprechen. Unsere zweite Begegnung wollte ich so ungezwungen und natürlich aussehen lassen, wie es nur möglich war. Keinesfalls durfte ich mich dem großen Mann aufdrängen oder ihm gegenüber verzweifelt erscheinen. Und doch war ich es. Begierig und machtlos wie ein ausgehungerter Löwe, der einen Elefanten umschleicht. Nein, ich war kein Löwe, ich war eine Hyäne. Geduckt und unansehnlich, während er groß und majestätisch war.

»Kas tai – kas – tai …« Mit diesen Worten hatte ich mich im Jahr zuvor Thomas Mann in Königsberg vorgestellt. Nach dessen Lesung stand ich brav in der Schlange derjenigen, die sich seinen Namen in ihre Ausgabe schreiben lassen wollten. Diese vier Worte waren meine Bewerbungsrede. Man mag es mir nicht als Eitelkeit auslegen, wenn ich sage, dass ich über diese vier Worte zwei lange Nächte lang gebrütet hatte. Sie mussten stimmen. Sie mussten – wenn es nach mir ging – für die Ewigkeit sein. Ich übertreibe nicht. Denn es handelt sich um die ersten Worte eines weltberühmten Buches. Eines Buches, das das Leben seines Autors verändert hatte.

Sie glauben mir vielleicht nicht, weil Sie sich für belesen halten und diese Worte trotzdem noch nie gehört haben. Das liegt daran, dass es sich streng genommen nicht um die Worte des Autors handelt, sondern um meine. Es ist Litauisch.

Ich bin der Übersetzer.

Und es sind genau diese Worte – »Was ist das. – Was – ist das …«–, die der berühmte Mann ein gutes Jahr nach der Begegnung in Königsberg, für seine Verhältnisse überreizt durch Portwein und zutiefst erschrocken, selbst ausrufen sollte, als er die Leiche erblickte. Das heißt, streng genommen waren es nur die Beine der Leiche, die aus dem Fenster ragten. Ich sehe das groteske Bild genau vor mir. In dieser windigen Nacht im August 1930 hinter dem Hotel Königin Louise in Nidden auf der Kurischen Nehrung lud ich zu meiner ewigen Schande die Schuld an dem Tod eines Menschen auf mich. Um *ihn* zu verteidigen. Und mit ihm die Freiheit und die Liebe und die Literatur.

Das glaubte ich damals. Heute weiß ich, dass ich einfach nur die Hosen gestrichen voll hatte.

Für die wahre Geschichte, die ich hier erzählen will, gibt es keine Zeugen mehr. Alle beteiligten Personen sind schon vor langer Zeit gestorben, und auch ich werde hoffentlich nicht mehr ewig unter den Lebenden sein. Obwohl ich – seit ich das einhundertste Lebensjahr überschritten habe und mir gnädigerweise nicht mehr wehtut als jeden Morgen sämtliche Knochen – dem Leben gegenüber immer öfter eine Gelassenheit verspüre, die sich beinahe wie Unsterblichkeit anfühlt. Den Original-Redenentwurf, um den es hier gehen wird, hat meines Wissens kein Mensch je gesehen. Und das von mir angefertigte Faksimile hat der Dichter vernichtet. Für die Behauptungen, die ich in diesem Buch aufstelle, gibt es nicht die geringsten Beweise. In keinem Archiv existiert eine Photographie, die mich zusammen mit Thomas Mann auf der Kurischen Nehrung oder in Zürich oder in Princeton zeigt. Die Tagebücher, die er in dem Sommer schrieb, in dem das hier Geschilderte sich abspielte, hat er selbst viele Jahre später verbrannt.

Sie müssen meinen Worten also nicht vertrauen. Herrje, ich traue meinen Worten selbst oft genug nicht. Das ist eine Berufskrankheit. Vertrauen kann ich hingegen meinem untrüglichen Langzeitgedächtnis und den vergilbten Bildern in meinem Kopf.

In den Tagen, da ich dies aufschreibe, vermag ich mich am Abend kaum noch zu entsinnen, was meine freundliche Nachbarin aus Apartment 36B mir zu Mittag gekocht hat. Aber dieser Augenblick meiner ersten Begegnung mit dem großen Dichter ist mir so frisch in Erinnerung, als wäre er gestern geschehen. So wie alle Ereignisse, von denen ich hier erzählen möchte.

Er saß in seinem grauen Zweireiher mit weißem Einstecktuch kerzengerade an einem schlichten Holztisch, den ihm der Veranstalter der Lesung in Königsberg hingestellt hatte. Die Alva-Zigarette zwischen Zeige- und Mittelfinger der linken, den Osmia-Füllfederhalter in der rechten Hand. »Kas tai – kas – tai …« Ich muss gegrinst haben wie ein schlechter Zirkusartist, dem gerade die erste saubere Pirouette seines Lebens gelungen war. Und er bedachte mich mit diesem Blick, den ich damals schon von Bildern in der Zeitung kannte: von oben herab, obwohl er saß und ich, der Bittsteller, stand. Die Braue über seinem linken Auge um ein paar Grad nach oben gezogen, arrogant und neugierig zugleich. Hätte der Dichter in diesem peinlichen Moment so etwas Erwartbares gesagt wie »Sind Sie noch bei Trost?«, hätte ich mein Vorhaben an Ort und Stelle begraben können. Doch stattdessen presste er die Lippen gerade so fest zusammen, dass man es für ein Lächeln hätte halten können, und sagte: »Kein Grund, sich zu kasteien, junger Mann. Doch mich interessiert, was Sie da für eine Sprache sprechen.«

Frau Bryl stand nur einen Schritt von meinem Bett entfernt, näher, als es der Anstand gebot. Der Saum ihrer weißen Schürze über dem schwarzen Kleid berührte die Decke. Selbst wenn ich mich hätte erheben wollen, wäre zwischen Bettkante und ihr dafür kein Platz gewesen. Seit meiner Ankunft charmierte sie und kommandierte mich zugleich herum, als wäre ich nicht nur ihr zahlender Gast, sondern zudem ihr Mündel. Sie wollte mir gefallen und genoss die Grenzüberschreitungen, was mir schon deshalb hochnotpeinlich war, weil sie vermutlich gut dreißig Jahre älter war als ich. In der besagten ersten Nacht hatte mich der ungewohnte, stark gewürzte Kornwodka umgetrieben. Da ich eine Aversion gegen Bettpfannen habe, suchte ich nachts mehrfach das Toilettenhäuschen auf. Zum Schlafen trug ich gewohnheitsgemäß nur eine weiße Leinenunterhose und hatte keinen Morgenmantel eingepackt. So tastete ich unter dem Sternenhimmel mit den nackten Füßen über das scharfkantige, feuchte Gras auf der Suche nach dem Abort hinter dem Haus. Dabei hatte ich eine Bewegung an den Vorhängen ihres Kammerfensters wahrgenommen und keinen Zweifel daran gehegt, dass Frau Bryl mich im Mondlicht beobachtete.

»Ich bin wach, danke. Und jetzt würde ich gerne aufstehen und mich ankleiden.«

»*Excusez-moi*«, rief Frau Bryl mit dem schmerzlichen Ausdruck missverstandener Selbstlosigkeit.

Sie behauptete mir gegenüber, eigentlich Bryl-Orekhowsky zu heißen und von einer wohlhabenden polnischen Adelsfamilie abzustammen. Ihr Mann, Offizier und ebenfalls von Stand, wäre aus dem Großen Krieg nicht heimgekommen, was sie als Wink des Schicksals empfunden habe, ihrem alten Leben voller Luxus ganz den Rücken zuzuwenden. Die Villa Bernstein in Nidden habe sie deshalb günstig erwerben können, weil das Haus einsam und allein auf der »falschen« Seite der Nehrung stand, nämlich auf der Ostseeseite gleich hinter den Schutzdünen. Für die allermeisten von weit her angereisten Kurgäste war das deutlich zu weitab vom »Schuss« und von den Dingen, die zu einer gelungenen Sommerfrische gehörten wie Restaurants, Bootsrundfahrten und malerisches Dorfleben. Wer hingegen, so wie ich, bereit war, auf solche Annehmlichkeiten in der Nähe zu verzichten, wurde mit günstigen Zimmerpreisen belohnt. Und den Kochkünsten und Geschichten von Frau Bryl. Je mehr Starka sie getrunken hatte, desto größer wurde der Familienschatz, den sie bei Nacht und Nebel aus Krakau gerettet und an einem geheimen Ort auf der Nehrung versteckt hatte, desto wohlklingender wurden die Namen derer, die im Hause ihrer Kindheit angeblich ein und aus gegangen waren, und desto polyglotter wurde die Erziehung, die sie genossen, und vielfältiger die Sprachen, die sie unter dem strengen Blick von Hauslehrern hatte erlernen müssen. Neben dem Französischen, Russischen und Litauischen selbstverständlich auch das Deutsche, das sie mit ihren Gästen zwar nötigenfalls spreche, es ansonsten jedoch nicht sonderlich schätze, schließlich hätten die Deutschen ihren Mann auf dem Gewissen. Tatsächlich hörte ich sie beim Kochen oder Backen eine Art von geheimnisvoll unverständlichem Deutsch sprechen, das hauptsächlich aus Wortbrocken mit bilabialen Affrikaten wie »Eintopf«, »Gugelhupf« und »Auflaupf« – so klang es tatsächlich aus ihrem Mund – bestand, was oft sehr komisch wirkte. Sie hatte eine beachtliche Bibliothek in einem Salon, den sie nur ihren bevorzugten Gästen vorführte und zur Nutzung überließ. Nicht ohne die Ermahnung, entnommene Bücher, jedes einzelne unersetzlich, wieder genau an der Stelle im Regal einzusortieren, wo sie nach dem Alphabet hingehörten. Sie sagte, sie hasse »*confusion*« in ihrer »Schatzkammer des Wissens«, und es mache sie verrückt, wenn sie ein bestimmtes Buch darin suche, und es sei nicht zu finden. Lesen sah ich sie allerdings nie. Bei den Büchern handelte es sich in erster Linie um polnische Ausgaben, aber es gab auch eine ansehnliche Zahl von Klassikern in französischer und russischer Sprache, ein paar wenige Werke nur auf Litauisch und unter letzteren selbstverständlich keine von Thomas Mann. Er war noch nicht ins Litauische übersetzt. Dies zu ändern war meine Mission. Und dafür brauchte ich den Segen des Autors.

Seufzend blieb sie in der Tür stehen. »Wenn Sie nicht trödeln, sind die *Varškėčiai* noch warm.«

Diese litauischen Quarkbällchen waren nur ein Grund, warum ich blieb und auch im Folgejahr wieder kam. Trotz des Schreckens, den Frau Bryl mir jeden Morgen bereitete, habe ich mich in der Villa Bernstein immer wohlgefühlt. Ich mochte dieses große, honiggelb gestrichene Haus mit der Vorlaube über dem Eingang, deren Stützen spielerisch zu Kolonnaden geformt waren. Und dann kam das Jahr, in dem ich mit den anderen Gästen nächtens vor den rauchenden Ruinen der Pension stand, und anschließend wurde im Dorf geflüstert und geraunt über Geisterkutschen, Sandhexen, Spione und einen verschwundenen Schatz. Aber dies ist eine andere Geschichte, auf die es sich für Sie zu warten lohnt. Ich werde sie gerne später erzählen, sollte es mir noch vergönnt sein.

* * *

Auch an diesem Tag blieb mein ungeschickter Annäherungsversuch an den Dichter fruchtlos, und ich kehrte missmutig in die Pension zurück, wo mich Frau Bryl in dieser Stimmung am frühen Nachmittag in der Bibliothek sitzen sah. Sie stellte eine Tasse Tee vor mir ab, stemmte die Hände in die Hüften und sagte:

»Wieder kein Glück bei Herrn Mann? Sie scheinen jemand zu sein, der die Flinte sehr schnell ins Korn wirft.«

»Davon kann keine Rede sein. Aber ich will den Mann ja nicht belästigen, indem ich mich den ganzen Tag vor seinem Haus herumtreibe.«

Frau Bryl, die den Ehrgeiz hatte, über alle Vorgänge im Dorf informiert zu sein, wusste zu berichten, dass Thomas Mann nur selten auswärts aß, nicht in den Dorfladen zum Einkaufen ging und bis auf Spaziergänge keine Ausflüge unternahm. Allerdings ging er gern ans Meer.

»Und vom Briefträger weiß ich, dass der Herr Nobelpreisträger sich extra einen Strandkorb hat liefern lassen, den niemand außer ihm benutzen darf. Er soll nicht weit von hier stehen. Warum gehen Sie heute Nachmittag nicht einmal am Strand entlang, vielleicht haben Sie dort mehr Glück.«

Ich folgte ihrem Vorschlag und lief kurz darauf am Strand in Richtung Südwesten. Der feine Sand der Nehrung sammelte sich in meinen Schuhen und Hosenaufschlägen, und der Wind zerrte an meinem Jackett. Der stetige Südwestwind verleiht der Brandung des Baltischen Meeres an dieser Stelle eine Großartigkeit, die an die Nordsee erinnert. Ich selbst bin aus Respekt vor dieser Brandung nie weiter als bis zu den Waden ins Wasser gegangen. Es ist mir außerdem viel zu kalt. Kinder rannten am Saum des Meeres vor den Wellenzungen davon. Bänke bunter Steine sammelten sich an der Wasserkante, und wenn die Wellen ans Ufer leckten, klang es, als würde ein Sack Murmeln ausgeschüttet. Ich blieb stehen, klopfte mir die Hose ab und krempelte die Aufschläge hoch. Einen der Myriaden bunten Steine – einen rot-grün marmorierten, ich weiß das deshalb so genau, weil der Stein neben dem Computer liegt, den mein Urenkel mir eingerichtet hat und auf dem ich dies schreibe – hob ich auf und ließ ihn in der linken Hand kreisen, um meine Nerven zu beruhigen. Würde ich hier und heute dem großen Dichter begegnen?

Vor mir machte ich einen einzelnen dunklen Punkt im strahlenden Weiß des sonnenbeschienenen Strandes aus. Als ich näher kam, wurde die Form des Strandkorbes erkennbar. Und aus dem Strandkorb staken Beine mit weißen Schuhen an ihrem Ende. Deren Besitzer wechselte das übergeschlagene Bein, ein Fuß wippte gleichmäßig, der andere suchte Stand im Sand. Der Strandkorb gehörte dem Mann, den meine Wirtin zuvor so forsch als »Beute« bezeichnet hatte.

Ich änderte meine Richtung und hielt mich an den Brandungssaum, um einen besseren Blick auf den Strandkorb zu bekommen. Der Dichter saß vornübergebeugt und schrieb etwas auf den Knien. Zwei blonde Jungen in Badekleidung liefen zu ihm, umkreisten den Strandkorb, kickten Sand und sprangen herum, um herauszufinden, ob dieser komische Mann mit Kapitänsmütze als Anregung für ihren nie ermüdenden Spieltrieb dienen konnte. Ich weiß noch, wie ich mich schämte beim Anblick der spielerischen Unbekümmertheit, mit der sich diese Kinder dem großen Mann näherten und um seine Aufmerksamkeit buhlten, während ich, ein gestandener Mann mit ernsthaften Absichten, sich schüchtern am Rande seines Dunstkreises herumdrückte.

Und dann hatten das Schicksal und der Wind ein Einsehen mit mir. Als der Dichter sich der frechen Aufführung der beiden Jungen zuwandte und dabei die Hand von den Blättern auf seinem Knie hob, lösten sich einige davon und wurden von einer Böe davongetragen. Die Kinder reagierten sofort auf das neue Spiel und rannten los, um sie einzufangen. Die Blätter tanzten durch die Luft, verteilten sich, legten sich für einen Moment sanft auf bunte Kiesel, nur um wieder hochgehoben und wild die Richtungen wechselnd weitergetragen zu werden. Ein Knabe von etwa fünf Jahren konnte die Richtung fast so schnell ändern wie das Blatt, das er jagte, und er kam ihm schon sehr nahe, aber ich war schneller. Und glücklicher. Denn es wurde mir geradewegs durch die Hosenbeine geweht. Der Junge musste vor mir bremsen, grub die Füße in den Sand und schaute mich, den Spielverderber, mit so viel Enttäuschung und Überraschung an, dass ich kurz überlegte, ihm das Blatt zu überlassen, besann mich jedoch eines Besseren. Diesen Windstoß des Schicksals würde ich nicht ungenutzt lassen. Ich machte kehrt, rannte dem Blatt Haken schlagend nach – auch ich war gut in Form –, holte es glücklich nach kurzer Strecke ein und warf mich darauf, sprang auf und erhaschte ein weiteres. Das dritte Blatt wollte rechts an mir vorbei, doch mit einem großen Ausfallschritt trat ich darauf und machte auch dieses dingfest. Der Knabe stand noch eine Sekunde, dann schien er das Spiel vergessen zu haben, drehte sich um und rannte zu den anderen Kindern ans Wasser. Ich klopfte mir den Sand von den Hosenbeinen und warf Thomas Mann dabei einen verstohlenen Blick zu.

Der Dichter hatte sich vom Strandkorb erhoben und die Jagdszenen beobachtet. Als ich im bescheidenen Triumph die Arme mit den aufgefangenen, zerknitterten Blättern hob, schlug er sich auf die Oberschenkel und klatschte dann in die Hände.

»Ganz vortrefflich!«, rief er, und mir ging das Herz auf.

Nicht nur würde sich die Vorstellung meinerseits nun von selbst ergeben, ich hatte meinem Helden einen Dienst erwiesen, geistesgegenwärtig und selbstlos. Doch so dankbar ich über die Gelegenheit war, so neugierig war ich auch darauf, was ich da für einen Fang gemacht hatte. Also blieb ich kurz stehen, legte mir die Blätter auf den Oberschenkel und gab vor, sie ein wenig glätten zu wollen.

In meinem Kopf wurde es so still wie in einem Filmtheater, wenn das Licht ausgeht, und meine Gedanken verdichteten sich wie eine Decke, unter der ich mich zurückzog, sodass das Rauschen der Brandung, das Schreien der Möwen und die Rufe der Kinder nicht mehr zu hören waren. Drei Sekunden. Mehr brauchte ich nicht, um mir alles zu merken. Denn es waren ja nur drei Blätter.

Seit meinem ersten Tag an der Volksschule wusste ich von der

Existenz dieser Gedankendecke, unter die ich schlüpfen konnte, erkannte ich die besondere Begabung, die mir zu eigen war.

Lange hatte ich keinen Namen dafür, ich verstand nur, dass ich mich mit großer Klarheit und in kleinsten Details an Dinge erinnern konnte. Selbst dann, wenn ich nur einen kurzen Blick darauf geworfen hatte. Von der Tafel schrieb ich bloß dann ab, wenn es von mir verlangt wurde. Dabei musste ich lediglich für einen Augenblick den Kopf heben, um mir alles, was darauf stand, zu merken. Nicht nur, *was* dort stand, sondern auch, an welcher Stelle, in welcher Schrift, auf welcher Linie – bis hin zu Unregelmäßigkeiten des Striches, wenn die Kreide beim Schwung eines G oder eines J unter dem Druck der Lehrerhand abgebrochen war. Diese Fähigkeit, die ich meistenteils bewusst anwenden, die sich aber in Momenten besonderer Erregung auch verselbstständigen konnte, verunsicherte mich zunächst. Zudem merkte ich schnell, dass mir meine Begabung nicht dabei half, Dinge zu *verstehen*. Mathematische Tafelbilder blieben für mich unverständlich. Aber das war nicht wichtig, denn ich brauchte sie im Leben nie. In der Literatur hingegen brillierte ich. Die Aufnahmefähigkeit meines Gehirns schien unbegrenzt. Jedes Buch, das ich las, kannte ich nach der Lektüre auswendig. Und wie oft war es in meinem Leben auf Reisen nützlich, nur einen schnellen Blick auf den Stadtplan werfen zu müssen, um mich an einem fremden Ort mühelos zurechtzufinden, obwohl ich einen furchtbar schlechten Orientierungssinn habe.

Leider ist für diese Art visueller Gedächtnisleistung, wie mir mein Arzt vor einigen Wochen mitteilte, ein gesunder Glukosestoffwechsel im Hirn genauso Voraussetzung wie für das Kurzzeitgedächtnis generell. Er sagte noch viele andere Dinge und gab mir ein Diagnoseblatt. Als ich einen Blick darauf warf, die Stimme des Arztes trotzdem noch hörte genauso wie das Summen der Neonlampen über mir, ich also die Gedankendecke nicht mehr über mich ziehen konnte, da wusste ich, dass mich die Gabe verlassen hatte. Und ich war erleichtert. Die Erinnerung an die wichtigste Zeit meines Lebens hat mich hingegen auch im einhundertundersten Jahr nicht im Stich gelassen. Das müssen Sie mir einfach glauben. Ein Trost in meiner gegenwärtig ereignislosen Existenz.

Ich ging dem Dichter also unsicher entgegen, weiche Knie auf weichem Sand. Einmal war ich ihm schon begegnet, wie bereits gesagt, allerdings hatte er damals gesessen. Nun da er vor mir stand, bemerkte ich, wie groß er eigentlich war. Thomas Mann überragte mich um einen halben Kopf, wirkte aber noch riesiger wegen seiner kerzengeraden Haltung, wohingegen ich den Kopf zwischen die Schultern zog. Er hob die linke Augenbraue und senkte gleichzeitig das Kinn, so als wäre ihm jetzt gerade etwas eingefallen. Seine Nase hatte die Prominenz eines Schattenwerfers an einer Sonnenuhr, die auf vier Uhr stand. Wie sehr ich mir in jenem Moment wünschte, dass er mich erkennen würde.

Und da sagte er es auch schon: »Sind wir uns nicht schon einmal begegnet?« Mit diesen Worten streckte er die Hand nach den Blättern aus, faltete sie zusammen und schob sie in die tiefe rechte Tasche seines Bademantels. Ich blickte ihm in die listigen Augen, während er ein flaches, silbernes Zigarettenetui aus der anderen Tasche des Bademantels hervorholte. Er klappte es auf, entnahm ihm eine Zigarette, klopfte den Tabak auf dem Deckel fest, steckte sie sich in den Mundwinkel und wollte sie mit einem silbernen Feuerzeug entzünden, was Ostseeböen verhinderten. Mir fiel auf, wie lang und dünn seine Finger waren. Ich nahm ihm das Feuerzeug ab, sodass er das Gesicht mit beiden Händen abschirmen konnte, während ich ihm Feuer gab. »Danke«, sagte er, ließ das Dupont wieder in die Seitentasche gleiten, blies den Rauch des ersten Zuges aus und blickte aufs Meer. »Meine Frau zeiht mich oft der Nachlässigkeit im Umgang mit Papieren. Da hätte sie sich wieder entrüsten können.«

Mehr als achtzig Jahre später steht dieses Bild einem Photoabzug im Entwicklerbad gleich immer deutlicher und kontrastreicher vor meinem inneren Auge. Ich will an dieser Stelle kurz innehalten, denn ich muss Ihnen dieses Bild und diesen Mann, diesen Thomas Mann, näher beschreiben, damit Sie verstehen, warum ich jetzt nicht anders kann, als zu lächeln: Er hat sich allem Anschein nach an diesem Tag nicht rasiert, denn die Wangen sind voller ungleichmäßiger Stoppeln, und der Schnurrbart wächst ihm über die Oberlippe. Die kurzen Haare sind ungekämmt und zerzaust, als wären sie im Meer nass und anschließend achtlos trocken gerubbelt worden. Vielleicht war er tatsächlich baden, denn er trägt einen blau-grau karierten Frotteebademantel, der selbst dem großen Mann viel zu groß ist. Der Mantel steht offen, der Gürtel hängt nur noch in einer Schlaufe und schleift über den Boden, und unter dem Mantel erkennen wir einen schwarzen Badeanzug, einen Einteiler mit weißen Nähten. Die Beine sind nackt bis auf ein Paar himmelblaue Strümpfe mit Strumpfhaltern. Die Füße stecken in strahlend weißen Tennisschuhen, die so leicht und schlank und geschmeidig aussehen, als wären sie aus feinstem Antilopenleder gefertigt. Die Augen hinter der Nickelbrille sind freundlich, aber ich blicke nur auf die Zigarette in seinem Mundwinkel, die wippt und von der Asche bröckelt, wenn er spricht.

Heute kommt es mir so vor, als wäre ich damals einer der wenigen Menschen gewesen, Männer oder Frauen, der nicht rauchte. Alle rauchten. Die Damen mit Spitze und die Herren mit gelblichen Fingerspitzen. Aber es gab noch kein *Image* des Rauchens. Noch niemand hatte Humphrey Bogart auf der Leinwand gesehen, und alle anderen großen Ikonen des Rauchens, von Marlene Dietrich bis zu Steve McQueen, sollten erst noch folgen. Heute raucht kaum noch jemand, aber jeder, der bei Trost ist, würde sofort wieder zu einer Zigarette greifen, wenn ihm Lauren Bacall mit einem Streichholz Feuer gäbe. Und auch ich hätte mir an Ort und Stelle diese Unsitte zu eigen gemacht, wenn mir der große Dichter eine Zigarette angeboten hätte. Ich wollte nicht nur seinen Roman übersetzen. Ich wollte sein wie er. Mein Urenkel Jonas würde sagen: Thomas Mann war verdammt cool.

Bis auf die Strumpfhalter.

»Dass Sie sich an mich erinnern, ehrt mich, Herr Mann.« Der Dichter konnte sich jedes Gesicht merken, aber keinerlei Namen, wie ich noch herausfinden sollte.

»Darf ich mich Ihnen noch einmal in aller Form vorstellen? Žydrūnas Miuleris aus Kaunas, Student und Übersetzer aus dem Litauischen. Ich hatte seinerzeit in Königsberg den Wunsch an Sie herangetragen, Sie übersetzen zu dürfen ... also zunächst nur die *Buddenbrooks*, um genau zu sein.«

»Richtig, richtig. Jetzt, wo Sie es sagen. *Mule* heißen Sie?« Die Augenbraue ging wieder hoch. Aus seinem Munde klang mein Name wie ein amerikanisches Maultier.

»Miuleris. Das ist im Grunde die litauische Version von Müller.«

Thomas Mann nickte, zog an seiner Alva und warf sie dann in den Sand. »Sehen Sie ... Müller, darin liegt für mich die Schwierigkeit. Würden Sie ins Englische übertragen, könnte ich mir selbst ein Bild von Ihrer Arbeit machen, weil ich der Sprache mächtig bin. Würden Sie ins Schwedische übersetzen oder ins Italienische, so hätte mein Verleger sicher einen Gewährsmann im jeweiligen Land. Doch ins Litauische?« Er entzündete eine frische Zigarette. »Eine sehr kleine Sprache, wie mir scheint. Gibt es überhaupt Verlage in Litauen?«

»O ja, Herr Mann. Nicht viele, aber kleine und feine. Sehen Sie, in so kleinen Ländern laufen die Dinge etwas anders als in den von Ihnen genannten mit einer großen literarischen Tradition. Es ist nicht unüblich, dass Übersetzer als Vermittler fungieren, sozusagen als Agenten der Literatur, und Verlegern eine fertige Arbeit anbieten. Zumal mit Ihrem Segen, Herr Mann. Wir sind eine sehr alte Kulturnation, möchte ich nicht ohne Stolz sagen, einst das größte Land in Europa. Ihre Werke würden in Litauen vielfach gelesen werden – *müssen* gelesen werden!«

Mit einem Male erfüllten Stimmen die Luft. Ein Grüppchen Jugendlicher kam im Laufschritt, sportlich alert und mit lebhaftem Gesang den Strand herauf. Kommandos wurden gerufen und im Chor beantwortet. Ein weiterer Ruf, dann bildeten die jungen Männer eine Formation, nur um plötzlich auszuschwärmen und mit militärischer Präzision Aufstellung für eine Art Wehrspiel zu nehmen. Der heilige Ernst in den Gesichtern, die fühlbare Mission, mit der diese jungen Menschen erfüllt waren, ließen mich erschaudern. Nur ein Jahr später sollte an den Badehosen dieser Jungen stolz das völkische Emblem prangen.

Einer im Trupp gab die Kommandos, war seiner Stimme nach der Älteste und trug sein Hemd stramm unter die glänzende Koppel geschoben. Er erblickte den Dichter vor dem Strandkorb, erteilte seiner Schar einen scharfen Befehl, sodass die sich rührten und aus der Formation fielen. Dann näherte er sich Thomas Mann und blieb als Silhouette im Gegenlicht der Nachmittagssonne stehen. Eine Schirmmütze verdeckte das Gesicht und verlieh seinem Kopf eine nahezu dreieckige Form. Ein Bein vorgestreckt, Hände in den Hüften, stellte er sich in Pose und warf mit einer merkwürdig herrischen Geste den Kopf zurück, bevor er rief: »Herr Thomas Mann, nehme ich an?«

»Derselbe.«

»Darf ich Ihnen ganz persönlich meine Bewunderung und meinen Dank ausdrücken. Ihr Werk und Wirken strahlt weit über die Heimat hinaus«, verkündete er. »Sie sind ein leuchtendes Beispiel dafür, wie hohe Kunst, Volk und Nation eine überlegene Verbindung eingehen, dank deren Deutschland aus der Schmach von Versailles gestärkt hervorgehen wird. Wahrlich: Deutschland, Deutschland über alles!«

Aus meiner Position von der Seite betrachtet meinte ich dem Dichter seinen Widerwillen gegen die pathetische Lobhudelei ansehen zu können. Wie er sich versteifte und das Kinn senkte, wie er die Hände noch tiefer in die Bademanteltaschen schob, als wollte er einen drohenden Handschlag vorauseilend verweigern wollen. Eine seiner Augenbrauen wanderte wieder die Stirn hinauf, während er über eine Erwiderung nachzudenken schien.»Danke, das ist sehr freundlich von Ihnen. Jedoch fühle ich mich nicht Volk und Nation, sondern nur der Kunst und der europäischen Bildung verpflichtet.«

Der eben noch stramme Mensch reagierte, als hätte ihm ein Vogel auf den gestärkten Hemdkragen geschissen. Die Körperspannung löste sich auf in einem Moment des Konsternierens, bevor er sich in ein geübtes Ritual rettete, die Brust herausdrückte, den Kopf wieder zurückwarf und den Arm hob zum Deutschen Gruß:»Heil!« Damit wandte er sich ab und ging steif zurück zu seinen Leuten.

Ich hörte den Dichter sagen:»Jaja, du mich auch.« Er wandte sich dem Strandkorb zu.»So, und nun muss ich mich wieder an die Arbeit machen.«

»Wenn Sie mir erlauben, noch einmal auf die Übersetzung zu sprechen zu kommen«, sagte ich schnell. Und in der Angst, dass der abrupte Themenwechsel schon das Ende meiner Bemühungen bedeuten könnte, wurde ich Opfer meiner Eitelkeit, als ich hinzufügte:»Sie können mir vertrauen. Unnötig, zu erwähnen, dass ich ein großer Bewunderer Ihres Werkes bin. Ich möchte behaupten, ich kenne es beinahe auswendig.«

»Auswendig, sagen Sie? Ha! Ja, wie das denn, Herr Müller?« Er hatte den Kopf zur Seite geneigt und sah mich über die Gläser seiner Brille hinweg amüsiert an.»Sie könnten mir also beispielsweise den ersten Satz im dritten Kapitel des *Tonio Kröger* hier und jetzt zitieren?« Hörbar eine gutmütig spöttische Herausforderung, die ich trotzdem annahm.

Ich stellte mich aufrecht, schloss die Augen und zog für einen Moment die Gedankendecke über mich.»›Er ging den Weg, den er gehen musste, ein wenig nachlässig und ungleichmäßig, vor sich hin pfeifend, mit seitwärts geneigtem Kopfe ins Weite blickend, und wenn er irreging, so geschah es, weil es für etliche einen richtigen Weg überhaupt nicht gibt.‹«

Als ich die Augen öffnete, hatte er einen merkwürdigen Ausdruck angenommen. Der Mund stand ihm offen, und die Zigarette drohte herauszufallen. Und in seinem Blick las ich zum einen Wohlwollen, aber auch eine mitleidige Verwirrung, sodass ich schon befürchtete, er könnte mich für verrückt halten.

»Nur ein Glückstreffer«, sagte ich.

»Soso.« Thomas Mann wischte etwas Sand vom Sitzkissen des Strandkorbes, setzte sich dann wieder in den Schatten und streckte die Beine aus. »Zitieren ist eine Form der Dankbarkeit. Ich sag Ihnen was, junger Mann. Sie haben mich neugierig gemacht, und ich würde mich gern ein wenig länger mit Ihnen unterhalten. Warum begleiten Sie mich nicht auf einem Spaziergang? Sind Sie Frühaufsteher? Dann finden Sie sich morgen früh um sieben bei unserem Sommerhaus ein. Ich empfehle solides Schuhwerk.«

Ich konnte mein Glück kaum fassen. Der Wind hatte mir diese einmalige Gelegenheit direkt vor die Füße geweht, und meine schamlose Angeberei hatte ein Übriges getan. Ich würde Zeit mit dem Bewunderten verbringen können. Nur er und ich und die wilden Elche des Nehrungswaldes. Ich glaube, ich nickte nur ergeben und ging ein paar Schritte rückwärts wie am Ende einer Papstaudienz, wandte mich ab mit hochrotem Gesicht und wollte meinen Triumph genießen, als er mich noch einmal rief.

»Herr Müller?«

Ich drehte mich um.

»Ich muss gestehen, dass Sie mich in Erstaunen versetzt haben.« Er hielt die geretteten Blätter hoch. »Kann ich ruhigen Gewissens davon ausgehen, dass Sie den Inhalt von dem hier nicht auch auswendig gelernt haben?«

Er sagte es mit einem Augenzwinkern, das mich vollkommen überrumpelte. »Von dem kurzen Blick darauf? Sie scherzen, Herr Mann«, sagte ich mit einem albernen Lachen. Eine Notlüge aus dem Moment heraus, die mir noch leidtun würde.

29

KAPITEL ZWEI

Tumult

Ich war bestens gelaunt und überlegte, zur Feier des Tages in einem Gasthaus im Ort zu Abend zu essen. Doch angesichts meiner bescheidenen finanziellen Verhältnisse und der Tatsache, dass das Abendessen im Preis des Logis bei Frau Bryl inkludiert war, konnte ich mich nicht zu dieser Extravaganz durchringen. Ich aß also stattdessen auf der Veranda der Pension mit Blick nach Westen auf einen Himmel, in dem das Blau mit sinkender Sonne kräftiger zu leuchten begann. Pünktlich um sechs hatte meine Wirtin aufgetragen. Sie hatte zur Feier der erfolgreich angebahnten Begegnung mit Thomas Mann Zeppeline zubereitet. Die mit würzigem Fleisch gefüllten Kartoffelklöße lagen wie knusprige Luftschiffe in einer kräftigen Soße aus in Butter ausgelassenem Speck mit Smetana. Für jede Litauerin und jeden Litauer müssen *Cepelinai* stets genauso schmecken wie in ihrer Kindheit. Als Mutter am Sonntagvormittag mit der Zubereitung beschäftigt gewesen war und alle bei Tisch nur darauf warteten, dass sie mit von der Herdhitze erröteten Wangen, die Schüssel in der Hand, aus der Küche trat. Nichts vermag so zuverlässig unsere sentimentale Seite zum Vorschein zu bringen wie der Gedanke an die Lieblingsspeise. Ich fand jedenfalls an diesem Abend, dass Frau Bryls *Cepelinai* dem Geschmack *meiner* Kindheit schon sehr nahekamen.

Meine Ausgabe der *Buddenbrooks*, die Kladde mit den Übersetzungsnotizen und den Montblanc aus dem Besitz meines Vaters hatte ich neben den Teller gelegt und blätterte im Buch nach der Stelle, die ich zuletzt geprüft hatte. Selbstverständlich hatte ich nicht vor, zu essen und wie nebenbei an der anspruchsvollen Übersetzung zu arbeiten. Dies war eine Vorarbeit, eine mir im höchsten Maße angenehme spielerische Annäherung an die Stolpersteine eines Textes, die ich mir zur Angewohnheit gemacht hatte. Ich las, blieb an Worten hängen, für die ich Entsprechungen suchte, spielte damit herum, fand und untersuchte Varianten, sagte mir die Worte laut vor und schrieb mir dasjenige, das mir am besten gefiel, mit einem Vermerk in die Kladde. Doch das Spiel machte mir nicht so viel Freude wie sonst, denn ich war durch die Ereignisse am Strand und durch die frischen Bilder in meinem Kopf abgelenkt. Die Bilder der geschriebenen Seiten, die ich für Thomas Mann gerettet hatte. Drei Blätter, bedeckt mit seiner disziplinierten Handschrift, steil, eng, mit gleichmäßig nach rechts geneigten Unterlängen und Buchstaben, die ein Muster von Häkchen bildeten. Ich konnte das Geschriebene nicht ohne Weiteres lesen, ich musste es mit Zeit und Muße entziffern.

Doch eigentlich verbot mir das der Anstand. Denn der Inhalt der Blätter war selbstredend privat. Man liest ja auch nicht anderer Leute Briefe, nur weil die Gelegenheit günstig ist. Überdies hatte ich dem großen Dichter versichert, den Inhalt nicht zu kennen.

Ich hoffe, Sie nehmen mir ab, dass ich keinesfalls glaube, Einfluss auf die Geschichte genommen zu haben. Obwohl wir alle durch unsere Handlungen und Entscheidungen, durch die schiere Tatsache unseres Daseins dem Lauf der Dinge kaum wahrnehmbare Schubser in die eine oder andere Richtung geben. Wohlgemerkt hätte nicht Thomas Manns Leben eine andere Wendung genommen, wenn ich mich damals anders entschieden und die Blätter ignoriert hätte, meines hingegen schon.

Wie kann man etwas, das man im Kopf hat, wieder wegdenken? Vielleicht, indem man es aus dem Kopf herausholt, aufschreibt, weglegt und dann vergessen kann. Ich weiß, dass ich mir den Vertrauensbruch schönrede. Und doch glaubte ich, dem Dichter womöglich sogar einen Dienst zu erweisen, hatte ich doch gerade miterlebt, wie fahrlässig er mit seinen Notizen

umging, wie leicht ihm der Wind Gedanken aus der Hand reißen konnte. Ich würde also sein Archivar sein, schlug eine
neue Seite in meiner Kladde auf, zog mir die Gedankendecke
über den Kopf und begann, das Schriftbild sorgfältig bis ins
Detail aus meinem Gedächtnis zu faksimilieren, während ich
nebenbei die Zeppeline aß. Ich tat es ohne Eile und ohne in-
haltliches Verständnis. Entschlüsseln würde ich das Aufgeschriebene später.

Ich hatte gerade die letzte Zeile rekonstruiert und den letzten
Bissen heruntergeschluckt, als ich hinter mir eine Stimme ver-
nahm: »Haben Sie bereits mit der Übersetzung der *Buddenbrooks* begonnen?«

Ich schrak dermaßen zusammen, dass meine Hand, die auf
der Kladdenseite gelegen hatte, sich verkrampfte und das Papier
darunter zerknitterte.

»Frau Bryl, warum müssen Sie mich immerzu erschrecken?«
Wie lange hatte sie mir schon über die Schulter geschaut?

»Herr Miuleris, warum sind Sie auch so furchtbar schreck-
haft?« Sie räumte den Teller ab. »Haben Ihnen die *Cepelinai* ge-
schmeckt?«

»Hervorragend«, sagte ich wahrheitsgemäß.

»Erstaunlich, dass Sie sich überhaupt an Ihre Mahlzeit erinnern können, wo Sie doch die ganze Zeit die Nase nicht in den
Teller, sondern in Ihre Arbeit gesteckt haben.«

»Beobachten Sie mich etwa?«

Mein Misstrauen gegenüber Frau Bryl mag Ihnen übertrie-
ben erscheinen, aber zu diesem Zeitpunkt der Geschichte begann ich bereits damit, mir Gedanken darüber zu machen, wem
ich trauen konnte und wem nicht.

»Selbstverständlich beobachte ich Sie!« Sie wirkte gekränkt.
»Eine gute Wirtin hat ihre Gäste immer im Blick.«

Man musste ihr zugutehalten, dass sie ihre Sache als Pensionswirtin anständig machte. Das überraschende Hereinplatzen
in Gästezimmer und die an Übergriffigkeit grenzende Neugier-

de standen aus ihrer Sicht nicht im Geringsten im Widerspruch zu den guten Absichten.

»Kann ich Sie zu einem Digestif überreden? Einen Williams vielleicht? Oder einen schönen Tresterbrand?«

»Da muss ich leider dankend ablehnen.« Ich nahm Füller, Buch und Kladde und erhob mich. »Ich habe beschlossen, den heutigen Tag mit einem Glas Bier bei Blode ausklingen zu lassen.«

»Ganz wie Sie wünschen. Bitte vergessen Sie nicht, dass ich spätestens um elf Uhr das Haus abschließe und zu Bett gehe. Kommen Sie nicht auf die Idee, zur Unzeit an mein Schlafzimmerfenster zu klopfen.«

Zurück in meiner Kammer, sah ich mich um. Die Einrichtung bestand aus Bett, Stuhl, Tisch und Kommode mit Waschschüssel. Das kleine Fenster bot mir einen Blick auf den Wald, ein Zimmer mit Dünenblick war mir zu teuer gewesen. Ich konnte beim besten Willen keinen Ort entdecken, an dem meine Kladde vor den neugierigen Fingern und Blicken meiner Wirtin sicher gewesen wäre. Ich setzte mich an den Tisch und begann, die faksimilierten Seiten nahe der Bindung vorsichtig herauszutrennen. Dann schrieb ich – ich weiß nicht, warum, vielleicht einer antrainierten Ordnung halber – »Thomas Mann, 3.VIII.30« klein in die obere rechte Ecke jedes Blattes, faltete sie zusammen und schob sie in die Innentasche meines Jacketts.

Frohgemut machte ich mich auf den Weg zum Gasthaus Blode, denn ich hatte etwas zu feiern. Ich, Žydrūnas Miuleris, Übersetzer aus Vilnius, war eingeladen, am nächsten Tag mit dem Meister spazieren zu gehen. Eine solche Entwicklung der Dinge hätte ich mir niemals träumen lassen. Sein Interesse an mir steigerte mein Selbstwertgefühl erheblich, und ich hielt es nicht für unwahrscheinlich, dass ich den Abend mit einem Glas zu viel begehen könnte. So oder so, am Morgen zur vereinbarten Stunde wäre ich bereit, Seit an Seit mit dem Dichter durch den Wald zu wandern.

Es war noch nicht acht Uhr, und ich lief mit der tief stehenden Sonne im Rücken. Von meiner Pension auf der Meerseite der Nehrung konnte ich über anderthalb Kilometer durch den dichten Laubwald auf direktem Weg das Gasthaus Blode auf der Haffseite ansteuern. Zunächst stetig bergauf, bis ich den Dünenkamm erreicht hatte, danach bis ins Dorf sanft wieder bergab. Im Wald begegnete ich dem Ehepaar Mathies aus Stralsund, die wie ich in Frau Bryls Pension logierten. Sie grüßten freundlich und erzählten kurz und angeregt von ihrem Abendessen bei Blode. Es sei ihnen allerdings etwas zu laut geworden, als »die Herren Künstler und Schöngeister« gekommen seien – wie Herr Mathies bemerkte. Das Gasthaus Blode war Treffpunkt für Mitglieder der Künstlerkolonie von Nidden, die illustren Gäste tranken viel und neigten zum laustarken Diskutieren und Politisieren. Nun, die Mathiesens würden sich, wie sie sagten, den Abend nicht verderben lassen, denn man sei auf dem Weg zum Strand, um den Sonnenuntergang zu bewundern. Frau Mathies zog ihren Gatten am Arm, und der sagte noch: »Dort am Strand sollten diese Maler den Farben der Natur nacheifern, statt am Stammtisch Reden gegen Deutschland zu schwingen.«

Als ich mich zehn Minuten später dem Gasthaus näherte, war es schon so dämmrig, dass mir das warme Licht aus den Fenstern des großzügig verglasten Gastraumes die letzten Meter des Weges wies. Durch die Scheiben konnte ich sehen, dass die meisten Tische besetzt waren.

Damals war Nidden ein verträumtes Fischerdorf mit nur ein paar Hundert Einwohnern. Es gab fünf Gasthöfe, doch keiner lag so malerisch wie das Gasthaus des Förderers der Künste Hermann Blode: nur einen Steinwurf vom Ufer entfernt mit einem weiten Blick auf das stille Wasser des Haffs. Bei Blode saßen während der Saison zu jeder Tageszeit neben Familien in der Sommerfrische und Kurgästen Künstler aus Königsberg, Dresden und Berlin, die, von der Reinheit der Natur angelockt, auf der Nehrung das »Authentische« suchten und auf ihren Paletten die unendlich scheinenden Schattierungen von Blau mischten für Kornblumen, leuchtende Himmel, dunkles Haff und die Windbretter an den Mastspitzen der Kurenkähne. Vor vielen Jahren, als ich dank der neuen Freiheit noch reisen konnte und wollte, stand ich in einem Museum in Málaga vor einem Bild, das ein »Haus auf der Kurischen Nehrung« zeigte, und da waren sie wieder, alle diese Nuancen von Blau und noch viel mehr in dem Werk, das der Künstler mit kurzen, unruhigen Pinselstrichen gemalt hatte. Und ich musste wieder einmal an diesen schicksalhaften Abend bei Blode denken.

Als ich die Tür zum Gasthaus aufstieß, wäre ich fast mit einem Mädchen zusammengestoßen, das mit einem Tablett voller Gläser vom Ausschank kam. Insgeheim hatte ich gehofft, dass ich ihr begegnen würde.

»Zydrūnėlis!«, rief Dalia erfreut aus, und ich lächelte über das ganze Gesicht, weil sie mich so zutraulich auf Litauisch »kleiner Žydrūnas« genannt hatte.

An dieser Stelle möchte ich unbedingt betonen, dass ich entgegen anderslautenden Gerüchten, die später im Dorf die Runde machen sollten, nicht ihretwegen nach Nidden gekommen war. Dalia und ich kannten uns aus dem Studium. Ich mochte sie gern, seit wir in der Bibliothek unter dem Dach der Vytautas-Magnus-Universität von Kaunas gemeinsam an einem Katheder gesessen und uns gegenseitig bei lateinischen Deklinationen geholfen hatten. Dabei wehrte sie auf humorvolle Art einen ungeschickten Versuch von mir ab, sie zu küssen. Seither war ich entschieden verliebt in sie. Dalia war hilfsbereit und ehrlich, und ich bewunderte ihren Tatendrang. Sie hatte an einer Studentenbühne geschauspielert und setzte sich als Mitglied im Jugendverband Ateitininkai für die Zukunft junger Menschen ein. Sie lachte gern und hatte Pläne, und trotzdem konnte sie gut mit dem Gedanken leben, dass alles immer anders kommen konnte.

Ich wusste, dass sie während der Saison in Nidden Geld verdiente, und ich will gern zugeben, dass mich die Aussicht auf ein Wiedersehen mit dem lebenslustigen, blonden Mädchen freudig stimmte. Dass der Dichter sein Sommerhaus ausgerechnet an Dalias Arbeitsort gebaut hatte, war eine wahrhaft glückliche Fügung. So kam zu meiner ersten Mission – den Dichter für die Übersetzung auf meine Seite zu ziehen – unverhofft noch eine zweite hinzu: Ich wollte gemeinsam mit Dalia bei Sonnenuntergang am Strand spazieren gehen.

»Warte, Dalia«, sagte ich, und sie hielt inne, obwohl sie die Tür zum Gastraum mit der Schuler schon halb aufgestoßen hatte, das runde Gesicht allerliebst gerötet von fieberhafter Betriebsamkeit, aber die hellen, blauen Augen gespannt auf mich gerichtet, während sie sich Haare aus dem Gesicht pustete.

»Nun, ich habe mich gefragt, ob du es für sehr unangebracht hieltest, wenn ich dich fragte, ob du und ich, günstigenfalls an einem deiner freien Abende und wenn das Wetter es erlaubt …«

»Zydrūnėlis, das Tablett wird mir schwer.«

»Natürlich! Wie dumm von mir, ich halte dich von der Arbeit ab.«

»Komm mit«, sagte sie.

Ich folgte Dalia durch den Gastraum nach, dessen Wände voller Gemälde hingen, auf denen Kurenkähne, Dünen und Fischerhäuser zu sehen waren. Auf der überdachten Veranda mit dem Blick über das Haff saßen in der Restwärme des Sommertages von Bier und deftigem Essen erhitzte Menschen und erfüllten die Luft mit Stimmengewirr und Zigarettenqualm. Warm strahlte das Licht von den Petroleumlampen auf den Tischen. Am Rande der Veranda blieb Dalia hüftschwingend stehen und rief die Bestellungen für die drei Herren auf, die an dem dortigen Tisch saßen. Zwei der Herren waren ins Gespräch vertieft und sahen nur kurz auf. Der dritte im Bunde, mir gegenübersitzend, wirkte etwas verloren. Umso mehr freute er sich allem Anschein nach, mich in Dalias Schlepptau zu sehen.

»Ja, da schau her, was bringst du uns denn da, Dalia?«, rief er zur Begrüßung mit einem angenehm weichen Zungenschlag, den ich spontan im süddeutschen Raum verortete.

»Bier und nette Gesellschaft«, gab Dalia zur Antwort und schenkte mir einen lächelnden Seitenblick. Als sie ein Glas vor meinem Gegenüber abstellte, legte der ihr die Hand auf den Unterarm, und sie verzog das Gesicht, konnte sich aber nicht gegen die Berührung wehren, weil sie beide Hände voll hatte. »Lassen Sie das, Herr Pfaffenkogel.«

Sein rundliches, vom Alkohol gerötetes Gesicht strahlte ungeniert. »Herrje! Gestern war ich noch der Rudi, und heute ist Berühren mit den Pfoten schon verboten? Dabei weiß unsere Dalia die schönen Künste doch zu schätzen«, rief er plump in die Runde, »auch wenn sie sich manchmal ziert.«

Dalia drehte dem Mann den Rücken zu. »Für dich habe ich auch ein Bier übrig«, sagte sie zu mir und deutete auf die beiden freien Stühle am Tisch. »Setz dich. Und am besten bringe ich gleich noch eine Runde, dann haben die Herren etwas, an dem sie sich festhalten können.«

Ich nickte zur Begrüßung freundlich in die Runde, zog mir einen Stuhl heran und setzte mich. Ich spürte die Kühle des Glases an meinen Lippen, noch bevor sie es berührten.

»Nicht doch! Wenn Sie an diesem Tisch sitzen wollen, müssen Sie sich vorstellen und mit jedem hier anstoßen.«

Das verstanden die anderen Herren als Aufforderung, nach ihren Gläsern zu greifen und mich anzusehen. Ich erwiderte die Blicke nacheinander. »Žydrūnas Miulcris ist mein Name.«

Die anderen nannten die ihren, Gläser klirrten, der erste Schluck war eine Lust.

Der Herr zu meiner Linken, ein Mann mit eindrucksvoller Stirn über der kleinen Brille, war der Maler Ernst Mollenhauer, Schwiegersohn und Erbe des Gastwirtes. Ihm gegenüber saß Max Pechstein. Mir sagte der Name damals nichts, wie ich gestehen muss. Und seinem künstlerischen Lebenslauf zufolge klaffte zwischen Pechsteins Aufenthalten in Nidden eine Lücke von sechzehn Jahren. Ich weiß aber, dass er in diesem Sommer in Nidden war. Nicht zum Malen gekommen, sondern auf Einladung von Mollenhauer nur für zwei Wochen zur Erholung. Bei Pechstein erinnere ich mich an eine Empfindsamkeit im Blick, in dem jederzeit und ganz plötzlich der Schalk aufscheinen konnte, und an eine Nase, die fast so lang war wie die Pfeife, die er rauchte. Der Dritte im Bunde prostete mir zu mit der Verkündung:»Pfaffenkogel, Rudolf. Landschaftsmaler und Porträtist von der Münchner Secession.« Wie sich im Laufe des Abends herausstellen sollte, war Pfaffenkogel ein Mensch, der Publikum brauchte, der sich nicht unterhalten, sondern Reden schwingen wollte. Als junger Mensch, der ich damals war, gab ich mir große Mühe, weltoffen zu erscheinen. Und ich war gewiss beeindruckt davon, in der Gesellschaft von Künstlern zu sein, die ich eher am Pariser Montmartre vermutet hätte als auf der Kurischen Nehrung. Pfaffenkogel war jedenfalls groß darin, überlebensgroß zu erscheinen. Einerseits legte er dabei eine groteske Manierlichkeit an den Tag, andererseits quoll ihm der Bohemien aus jedem Knopfloch. Von denen blieben an seiner Jacke im Übrigen viele leer, weil die Knöpfe fehlten. Statt einer Krawatte trug er einen altmodischen, schlampig gebundenen Plastron um den zylindrischen Hals. Sein schwarz glänzendes Haar strich er sich immer wieder mit ausholenden Bewegungen platt nach hinten über den Kopf. Er hatte einen struppigen Walrossschnauzer und Bartstoppeln an Wangen und Kinn. Seine Augen wirkten durch die schlierigen Gläser seiner Brille wässrig und riesig. Alles in allem eine Erscheinung, die trotz einer aufgesetzt wirkenden Aufgeblasenheit dazu neigte, sich hängen zu lassen. Wenn er sprach, stützte er sich mit den Ellbogen auf den Tisch, sodass man unwillkürlich zurückwich. Und wenn man ihn zwang, zuzuhören, lehnte er sich gelangweilt zurück und drehte an den glänzenden Spitzen seines Oberlippenbartes. Hatte er genug getrunken, strahlte der Leib des Münchners die Art von

Selbstzufriedenheit aus, die sich immer und überall Platz zu verschaffen wusste, ohne sich der Anwesenheit von Mitmenschen auch nur bewusst zu sein. An jenem Abend hatte ich keine Gelegenheit, Mollenhauer und Pechstein besser kennenzulernen, weil mich vor allem Pfaffenkogel mit Beschlag belegte.

Doch zunächst bekamen wir weitere Gesellschaft, als Hermann Blode persönlich auf unseren Tisch zusteuerte. In seinem Schlepptau hatte er einen asketisch aussehenden Mann in cremig wallender Kleidung.

»Ernst«, sagte Blode, »du kennst Paul Isenfels? Wir haben uns gerade darauf geeinigt, dass er für den neuen Prospekt die Photographien machen wird.«

»Es ist mir eine Freude«, sagte Isenfels und deutete eine Verbeugung an.

»Wir bieten in unserem Gasthof übrigens nicht nur Ateliers zur Nutzung an«, sagte Mollenhauer, »sondern wir verfügen auch über eine Dunkelkammer, die Sie für Ihre Arbeit gern nutzen können.«

»Danke«, erwiderte Isenfels, »aber ich habe in meinem Haus selbst alles für die Photoentwicklung eingerichtet.«

»Dann kann ich Ihnen vielleicht noch etwas zu trinken anbieten?«, fragte Blode.

»Nur ein Glas Wasser bitte. Wenn es frisch ist.«

Pfaffenkogel gab sich keinerlei Mühe, seine Abscheu zu verbergen. »Bei Wasser weiß man nie, wo es gewesen ist.« Er schüttelte sich. »Sind Sie so etwas wie ein Abstinenzler?«

Isenfels sah den Maler mit der Gelassenheit eines Menschen an, der es gewohnt war, sich erklären zu müssen. Er hatte ein schönes Profil. »Das bin ich in der Tat.«

»Herr Isenfels ist ein Anhänger der Lebensreformer-Bewegung«, sagte Mollenhauer. »Kennen Sie sein Buch?«, wandte er sich an mich. »*Getanzte Harmonien?*«

Ich verneinte.

»Oh!«, rief Pfaffenkogel aus, »aber das kenne ich selbstverständlich. Und dabei handelt es sich um Ihr Werk? Das Buch mit den springenden ...«

»... tanzenden«, verbesserte Isenfels.

»... Nudistinnen ...«

»... Nymphen ...«

»... im Wald ...«

»... im Park der Villa Weißenburg. Allerdings.«

»Anregend, das muss ich Ihnen sagen, Herr Igelfeld ...«

»Isenfels, danke.«

»Sie werfen also Ihr photographisches Auge auf den schönen und gänzlich nackten weiblichen ...«

»... und männlichen ...«

»... Körper in all seiner natürlichen Sinnlichkeit! Aber Sie trinken Wasser? Geht es beim Genuss nicht auch um Sinnenfreude?«

»Gewiss. Doch raubt gerade die Vernebelung der Sinne die Freude an der Natürlichkeit, mein lieber Herr. Das ist eine Frage des Lebensprinzips.«

»Aber sind es nicht gerade die Naturvölker«, fragte ich neugierig, »die Blätter kauen, um sich in einen Rausch zu versetzen, in dem sie ihre Götter und Geister anrufen?«

»Nun, Sie müssen den dumpfen Rausch von der religiösen Ekstase unterscheiden. Der ursprüngliche Mensch, frei von den Zwängen der industrialisierten Gesellschaft, findet in der Natur Essenzen, die ihm im ekstatischen Tanz dabei helfen, den eigenen Geist für die Stimmen der Ahnen zu öffnen. Das ist doch etwas anderes, will ich meinen.« Er sah Pfaffenkogel durchdringend an. »Oder hören Sie etwa die Stimmen Ihrer Ahnen, wenn Sie zu viel Bier getrunken haben, Herr Pfaffenkogel?« Isenfels verzog den feinen Mund.

Dalia kam mit dem Wasser. Er bedankte sich artig bei ihr, nahm einen winzigen Schluck und gab sich die restliche Zeit seiner Anwesenheit redlich Mühe, Pfaffenkogel mit Missachtung zu strafen.

Dieser erholte sich recht schnell von der Spitze gegen ihn und richtete seine Aufmerksamkeit ab diesem Zeitpunkt vor allem auf mich. »Und Sie? Von welcher Secession sind Sie?«

»Žydrūnas malt nicht, er schreibt«, erklärte Dalia, als sie die leeren Gläser abräumte, und fügte nur für meine Ohren hinzu: »Wir reden später über deine unangebrachte Idee.« Stillvergnügt blickte ich ihr nach.

»Schreibt, ist jung und fesch und macht uns unsere Mädchen abspenstig«, sagte Pfaffenkogel. Fünf Striche sah ich auf seinem Deckel. Es sollte wohl launig klingen, aber die missvergnügte Miene verriet seine wahre Stimmung.

»*Unsere* Mädchen, sagt er?«, meinte Mollenhauer neben mir kopfschüttelnd. »*Ihre* Mädchen würden Ihnen im Münchner Bierzelt den Maßkrug über den Schädel ziehen für Ihr loses Mundwerk.«

Pfaffenkogel überging Mollenhauers Tadel. »Sie sind also Schriftsteller?«, fragte er mich. »So wie unser illustrer neuer Kurgast, der diesem kleinen Teil der Welt erst richtig Glanz verleiht?«

»Nicht doch, ich bin kein Schriftsteller. Ich bin nur deren bescheidener Diener. Genauer gesagt: Ich bin Übersetzer.« Ich fragte mich einerseits, was Pfaffenkogels spitze Bemerkung gegen Thomas Mann zu bedeuten hatte, war aber andererseits zu erfreut darüber, unverhofft so schnell Abendgesellschaft gefunden zu haben, um misstrauisch zu werden. Dennoch fügte ich die Frage hinzu: »Warum so spöttisch?«

»Will sagen«, fuhr Pfaffenkogel fort, »dass die Kurische Nehrung seit Jahrzehnten ein Refugium für Künstler ist, die der Entfremdung der Großstadt entfliehen und in der Gesellschaft einfacher Menschen nach dem ursprünglichen Dasein streben. Ernst Ludwig Kirchner sagt Ihnen was? Oder mein väterlicher Freund Lovis Corinth?« Die Betonung machte klar, dass der »Freund« wichtiger war als »Lovis Corinth«. Er seufzte wie von quälenden Zweifeln befallen. »Er hätte damals in München bleiben sollen.«

Ich tat ihm den Gefallen und fragte: »Sie kannten Lovis Corinth?«

»Allerdings. Von ihm habe ich die Aktmalerei gelernt!«

»Interessant.«

»Zugegeben«, warf Pechstein von der Seite ein, »wenn man die Geschichte zum ersten Mal hört.«

»Große Namen!«, rief Pfaffenkogel und beugte sich über den Tisch zu mir. »Wir haben nicht auf den Nobelpreisträger gewartet.«

»Na, na, mein Lieber«, sagte wiederum Pechstein. »Auch Sie sind letztlich ein Neuankömmling und sollten sich freuen über die Bereicherung, die Nidden durch die Anwesenheit Thomas Manns erfährt. Er wird kultivierte Menschen anlocken. Vielleicht sogar solche, die Ihre Bilder kaufen wollen. Und da meine ich nicht Ihre sogenannten Akte.« Er zwinkerte Mollenhauer wissend zu.

Fast tat mir Pfaffenkogel leid, weil alle sich auf ihn einzuschießen schienen.

»Meine Bilder, lieber Pechstein, werden von Kennern gekauft!« Er schlug mit der flachen Hand auf den Tisch. »Wollen Sie nicht ein Bild von mir kaufen?«, sagte er zu Paul Isenfels. »Sie können es besichtigen in meinem Atelier. Es ist ein … ein Freikörperkulturbild, gemalt nach der Natur und von betörender Sinnlichkeit.«

»Betörend oder verstörend?«, sagte Mollenhauer.

»Mein Atelier ist die Dunkelkammer«, sagte Isenfels kühl, nahm noch einen Schluck Wasser und erhob sich. »Die Herren? Herr Mollenhauer? Ich empfehle mich.«

Pfaffenkogel sah ihm glasig nach. »Was hat er denn? Dann eben nicht.«

Pechstein stieß ein Schnauben aus und rümpfte die Nase.

Dalia brachte mehr Bier, hinterließ auf meinem Deckel den zweiten, auf Pfaffenkogels schon den sechsten Strich.

Mit zunehmendem Bierkonsum wuchs auch in mir die Lust

am Geplänkel mit Pfaffenkogel, deshalb fragte ich nun nach: »Was haben Sie gegen Thomas Mann?«

»Gar nichts!«, rief der. »Ein Mann mit Talent, das gebe ich unumwunden zu. Aber zu weinerlich für meinen Geschmack. Nichts für ungut, aber Sie sind ja nur Übersetzer, wenn ich Sie richtig verstanden habe. Sie fertigen also sozusagen vereinfachte Kopien von Kunst für die breite Masse, die des Deutschen nicht mächtig ist.«

»Ich bin des Deutschen mächtig.«

»Mein Reden. Deshalb werden Sie mich verstehen. Nehmen wir nur die *Buddenbrooks*.«

»Ein Meisterwerk«, sagte ich und dachte: Du willst dich mit mir über Thomas Mann streiten? Gern und jederzeit, aber du wirst das Nachsehen haben.

»›Verfall einer Familie‹? Ich bitte Sie. Warum Verfall? Was soll am Verfall einer deutschen Kaufmannsfamilie erhebend sein? Gar preiswürdig? Das will sich doch durch Defätismus interessanter machen, als es eigentlich ist. Wenn Sie mich fragen, gäbe es da ganz andere deutsche Autoren, die den Nobelpreis verdient hätten. Was ist mit Ernst Jünger? Das frage ich Sie!«

»Ja, was ist denn mit ihm?«

»Das sage ich Ihnen, Herr Melone. Die *Strahlgewitter* nenne ich heroisch! Daran kann der Leser sich aufrichten ...« Er rieb die Gläser seiner Brille am Hemdzipfel und setzte sie sich noch schmieriger als zuvor wieder auf.

»Unser junger Freund heißt Miuleris, lieber Herr Pfaffenschnudel«, sagte Mollenhauer und lachte.

»Und in den *Stahlgewittern*«, verbesserte Pechstein ihn lakonisch, »richtet sich niemand mehr auf. Sind alle totkartätscht.«

Das Ziel ihres Spotts gab sich ungerührt »Besser, als auf achthundert Seiten lustvoll die Leiche des deutschen Bürgertums zu besingen. Wozu soll das gut sein?«

Die dumme rhetorische Frage reizte mich, und gleichzeitig fühlte ich mich von seiner flamboyanten Großspurigkeit prächtig unterhalten. »Zielt Ihre Frage ernsthaft auf den Nutzen der schönen Literatur? Muss die Schönheit für Sie einem Zweck dienen? Dienen Ihre Bilder einem Zweck?«

»Notfalls kann man damit einen Wasserfleck an der Wand abdecken«, sagte Mollenhauer trocken.

»Sie haben Thomas Mann offensichtlich gelesen«, wandte ich mich weiterhin an Pfaffenkogel. »Warum nur, wenn Sie ihn so gern bekritteln? Was halten Sie zum Beispiel vom *Zauberberg*?«

»Ach«, rief der aus, das Glas schon an den Lippen, »Krankheit, Siechtum, Tod! Ein einziger Brei organischer Auflösung! Nichts als schöne, reiche, philosophierende Untote! Wei-ner-lich! Und in dem Fall sogar über eintausend Seiten hinweg!«

Ich gab der vorbeieilenden Dalia mit dem erhobenen Finger zu verstehen, dass ich ein weiteres Getränk wünschte. Wie oft das an diesem Abend geschah, weiß ich nicht mehr. »Jetzt verstehe ich! Seine Romane sind Ihnen einfach zu dick!«

Für eine Sekunde hatte ich Pfaffenkogel tatsächlich den Schneid abgekauft. Pechstein prustete, dass die Funken aus seiner Pfeife stoben.

»Können Sie den Novellen mehr abgewinnen?« Ich musste die Stimme erheben, denn der Geräuschpegel im Gasthaus war seit meiner Ankunft noch einmal deutlich gestiegen. Das Gespräch an unserem Tisch wurde immer angeregter. Ich leerte mein Glas und kam in Fahrt, mir wurde warm, und ich zog mein Jackett aus.

»Oha! Sie wollen mich herausfordern? Sie wollen meine Meinung zum *Tod in Venedig*?«

»Nur heraus damit!«

Er schürzte die Lippen, rollte mit den Augen, zwirbelte bedeutsam den Bart. »Das ist ein starkes Stück und nur schwer erträglich für einen gesunden deutschen Mann ... Doch, doch! Hören Sie mir zu! Mir ist es vollkommen schleierhaft, was für ein Gewese um dieses Büchlein gemacht wird, in dem es doch immerhin um – ja, um was denn eigentlich ...«, er rang nach

Worten, »… etwa nicht um die Beschreibung sehr unsittlicher – ich bin versucht zu sagen: *widernatürlicher* – Gefühlsaufwallungen eines Mannes in den besten Jahren geht? Wenn es sich um ein hübsches junges Mädchen drehen würde … gut, aber so? Nachgerade undeutsch! Sie als Ausländer haben da vielleicht eine andere Haltung und Kultur. Und kommen Sie mir jetzt nicht mit den alten Griechen!«

Mit vom Alkohol befeuertem Mut sprang ich für meinen Helden in die Bresche und konnte dabei der Versuchung nicht widerstehen, ein wenig zu prahlen: »Ich kann sagen, dass ich den Autor etwas näher kenne und gewissermaßen sein Vertrauen genieße …«

»Sieh an, dann sind Sie parteiisch!«, unterbrach mich der Maler lauernd.

»… und nichts würde ihn mehr treffen als Ihre Unterstellung. Unsittlich? Malen Sie Ihre Akte etwa sittsam, Herr Pfaffenkogel? Widernatürlich? Weit gefehlt! Es geht um die Sehnsucht, um die Romantik der Seele, das ist eben gerade nicht geschlechtlich und deshalb rein!«

»Rein, raus, rein, raus, davon versteht unser Herr Pfaffenschnudel etwas«, witzelte Pechstein und stieß Mollenhauer über den Tisch hinweg an. Die beiden lachten so laut, dass ein Mann am Nebentisch sich umdrehte.

»Ich verbitte mir solche Schlüpfrigkeiten in Anwesenheit von Damen. Unmöglich, dieses Benehmen.«

»Der Herr hat recht!«, sagte ich zu Pfaffenkogel. Und schon der Umstand, dass ich diesen Einwurf von der Seite als Zustimmung verstand, macht die Eintrübung meiner Wahrnehmung deutlich. »Wo Sie Schlüpfrigkeiten sehen, geht es dem Autor in Wirklichkeit um ein Ideal. Thomas Mann gibt sich im *Tod in Venedig* als Idealist zu erkennen. Und das ist doch schon etwas sehr Deutsches, würde ich als bescheidener Kenner Ihrer Kultur sagen. Ihr Herr Hitler gibt schließlich in seinem Traktätchen auch vor, Idealist zu sein.«

»Hört, hört!«, sagte Mollenhauer und klopfte mit seinem Glas auf den Tisch.

»Jetzt kommt Schwung in die Sache«, stellte Pechstein fest und entzündete seine Pfeife neu.

»Ein hochinteressantes Werk«, rief Pfaffenkogel, schon deutlich angetrunken, aber der Rede gerade noch mächtig. »Wenn auch unordentlich und langatmig und sehr grob geschnitzt. Er haut zu viel auf den Juden herum, das ist billig. Da gibt es ein paar sehr anständige, sogar hier auf der Kurischen Nehrung. Aber dass Sie *Mein Kampf* kennen, mein Herr! Res-pekt!«

»Jawohl, ich habe *Mein Kampf* gelesen! Ich dachte, Hunderttausende Deutsche können nicht irren. So wie die Fliegen, die um den Pferdeapfel kreisen.«

Der Tischnachbar drehte sich erneut um: »Genug! Das ist eine Beleidigung, mein Herr. Nehmen Sie das zurück!« Das dünne Resthaar hatte er streng nach hinten gekämmt, gescheitelt und pomadisiert. Die Frau neben ihm legte ihm die Hand auf den Arm.

Es gibt die traurigen Betrunkenen und die komischen Betrunkenen. Es gibt diejenigen, die gefährlich werden, weil der Alkohol ihren dünnen zivilisatorischen Firnis auflöst, und diejenigen, die katatonisch werden, weil der Alkohol den dünnen besänftigenden Schleier vor der bösen Welt auflöst. Und dann gibt es Menschen wie mich, die stur werden, die Situation falsch einschätzen und gute Ratschläge missachten. Und die die Gefahr nicht kommen sehen. So war es mein Leben lang: Wenn ich auch nur zwei Bier gehabt habe, weiß ich alles besser, koste es, was es wolle.

»Was soll ich Ihrer Meinung nach zurücknehmen?«, fragte ich sehr sachlich, wie es mir vorkam. Auch andere Gäste auf der Veranda hatten nun wahrgenommen, dass Unterhaltung geboten wurde, sie unterbrachen ihre Gespräche und blickten belustigt oder besorgt zu uns herüber.

»Ich habe alles mit angehört«, sagte der Mann, der nun drohend von seinem Stuhl aufsprang. »Sie haben *Mein Kampf* mit den *Buddenbrooks* verglichen, und das ist ungehörig. Was maßen Sie sich als Ausländer an? Das eine ist ein aufrüttelndes politisches Manifest, das die Welt verändern wird, das andere ein fadenscheiniger Unterhaltungsroman! Weichlich, wie Ihr Bekannter richtigerweise sagte.«

»Sie haben kein Recht, meiner Meinung zu sein!«, rief hinter mir Pfaffenkogel.

»Irrtum, mein Herr. Das eine ist das Geschrei eines Irren, und das andere ist Weltliteratur!«, rief ich und stand so energisch auf, dass mein Stuhl umkippte.

»Das nehmen Sie zurück!«, schrie der Pomadisierte. »Im Namen Deutschlands, das nehmen Sie sofort zurück!«

Der Tisch knirschte über den Fliesenboden, als Mollenhauer sich erhob und Platz verschaffte. »Sie sind in Litauen, mein Herr«, erinnerte er den Mann. »Hier herrscht die Freiheit der Kunst und des Wortes, und Herr Miuleris kann sagen, was er will!«

»Das Memelland ist deutsch!«, schrie der Mann und ballte die Fäuste. »Und das mit der Freiheit hat sich bald erledigt, Sie werden schon sehen!«

»Paul, lass doch gut sein«, sagte seine Begleiterin flehentlich.

Pechstein hieb sich lachend auf die Schenkel.

Paul stierte mich an und hatte die Fäuste geballt. Dalia blieb bei uns stehen, warf unserem erregten Tischnachbarn einen Blick zu und fragte: »Der Herr wollte zahlen?«

Und was dann geschah, versuche ich noch nach Jahrzehnten zusammenzusetzen, weil es so schnell ging, dass das Auge kaum zu folgen vermochte. Jemand tauchte hinter Paul auf, wie aus dem Boden gewachsen, ein großer, vornehmer Mann mit Zigarre im Mundwinkel, tippte ihm auf die Schulter mit den Worten »Mäßigen Sie sich, Sie Jahrmarktskrakeeler«, woraufhin Paul wie angestochen mit dem ausgestreckten Arm herumfuhr, um dem vermeintlichen Angriff zuvorzukommen. Wie der Schlag sein Ziel verfehlen konnte, ist mir ein Rätsel, doch es wirkte so, als wäre der große Mann, dem er gegolten hatte, in einer geschmeidigen Bewegung unter Pauls Faust hindurchgetaucht, ohne dass auch nur ein Flocken Asche von seiner Zigarre fiel. Doch Pauls Schlag ging nicht ins Leere, und ich muss das kommende Unglück geahnt haben, denn mein Oberkörper und mein rechter Arm schossen vor, um – wie ich beschwören könnte – die unschuldige Frau des Rohlings zu schützen, geriet aber auf diese Weise zwischen dessen Faust und ihre Wange, gerade als er traf und sie laut aufschreiend die Hände vors Gesicht schlug.

Ich starrte Thomas Mann an. Alle im Raum starrten Thomas Mann an. Ich zog mir für einen Wimpernschlag die Gedankendecke über den Kopf, und als ich wieder darunter hervorkam, beugte dieser Paul sich mit schreckgeweiteten Augen über seine jammernde Frau.

Katia Mann, die ganz ruhig die Hand ihres Mannes hielt, sagte: »Da kann man wohl nur sagen, das ging ins Auge.«

KAPITEL DREI

Geständnis

Ein Gast auf der gegenüberliegenden Seite des Ganges sprang auf und stellte sich mit grimmiger Miene schützend vor den Dichter, andere schrien, applaudierten spontan oder riefen Beleidigungen. Damen kreischten, Hunde krakeelten, Stühle fielen um. Ich wollte Thomas Mann beistehen, trat dabei Paul auf die Füße, der mich mit dem Ausruf »Sie haben meine Frau geohrfeigt!« wegstieß, sodass ich rückwärts gegen Dalia stolperte, deren Tablett aus dem Gleichgewicht geriet, woraufhin sich mir ein halbes Dutzend volle Gläser über Hosen und Füße ergoss, bevor sie mit einem Knall auf dem gefliesten Boden zerschellten. Aus dem Tumult wäre mit großer Wahrscheinlichkeit eine ausgewachsene Keilerei geworden, hätte nicht Hermann Blode eingegriffen und mit lauter Stimme allen Beteiligten mit Rauswurf gedroht. Er lotste das Ehepaar Mann unauffällig vom Tatort weg zu einem freien Tisch am Fenster und kümmerte sich danach um die arme Frau des Cholerikers. Pechstein und Mollenhauer schlugen mir anerkennend auf die Schulter. Weil ich mich verpflichtet fühlte, Dalia beim Auflesen der Scherben zu helfen, verpasste ich die Gelegenheit, mich gegen die grob verfälschenden Anwürfe des sich beim Wirt heftig über mich beschwerenden Ehepaares zu verteidigen, weshalb Hermann Blode es schließlich nach wahrheitswidriger Bewertung der Lage für geboten hielt, mich mit einem festen Griff am Arm zur Tür zu lotsen, wobei ich Pfaffenkogel und Dalia in einen Winkel des Gastraumes gestenreich streiten sah, dann wurde ich vor die Tür gesetzt. Meine dringende Bitte, den Waschraum aufsuchen zu dürfen, ignorierte Blode geflissentlich. Erst als ich die kühle nächtliche Brise auf der Haut spürte, reagierte ich angemessen und hämmerte mit der Faust gegen die Tür.

»Geben Sie wenigstens mein Jackett heraus!«, forderte ich. Und tatsächlich kam der Wirt meiner Forderung umgehend nach, die Tür öffnete sich erneut, und das geforderte Kleidungsstück wurde mir entgegengeschleudert mit den Worten: »Und für Sie gilt ab sofort: Betreten verboten!« Ich schäme mich nicht zu sagen, dass die heftige Gemütsaufwallung, gepaart mit einem Wunsch nach Vergeltung für erlittenes Unrecht, mich dazu verleitete, mir Erleichterung an einer Rosenstaude im Garten des Gasthofes zu verschaffen.

Der heftige Streit mit Paul und das überraschende Auftauchen Thomas Manns hatten mich ernüchtert und aufgewühlt, und mir schlug das Herz immer noch bis zum Hals. Der mir bevorstehende Rückweg zur Pension durch den Wald trug nicht zur Beruhigung meiner Nerven bei. Schon wenige Meter nach Westen hinter dem Ortsausgang war ich umfangen von fast absoluter Dunkelheit. Zwar konnte ich mich nicht verlaufen, wenn ich stur geradeaus ging, und die Schneise durch den Wald war ausreichend breit, aber der Wind in den Blättern der Bäume und das Knirschen der Schritte waren Gift für meine lebhafte Phantasie. Ich bildete mir ein, ein Tier mit spitzem Maul lauere hinter einem grotesk gekrümmten Baum. Ein anderes schien sich raschelnd von der Seite zu nähern.

Um mich abzulenken, musste ich mich auf etwas konzentrieren. Und so begann ich als Übung gegen die Angst und wider besseres Wissen in meinem Kopf die Blätter Thomas Manns zu entziffern, Buchstabe für Buchstabe, Wort für Wort. Es sollte mich beruhigen, aber es geschah das Gegenteil. Denn je mehr ich rekonstruierte, desto mehr wurde ich von Erregung gepackt.

Schon nach den ersten Zeilen erkannte ich, dass dies kein zusammenhängender Text war, sondern eine Sammlung pointierter Gedanken, manchmal in ganzen Sätzen formuliert, manchmal bruchstückhaft. Einzelne Halbsätze hatte Thomas Mann durchgestrichen und daneben neu formuliert.

Dies war, was ich beim Gang durch den Wald entzifferte:

Ich las von einem »Seelendunkel des Deutschen«, das dem »bürgerlichen Fortschrittsglauben« entgegenstehe. Von einem »alten Herrschaftssystem«, von dem Deutschland im Kriege »zum Äußersten geführt« worden sei »gegen die Humanität«. Ich hatte nicht vergessen, dass Thomas Mann in den *Betrachtungen eines Unpolitischen* die Monarchie gepriesen und die Demokratie als etwas »Widerdeutsches« bezeichnet hatte. Und nun pries derselbe Thomas Mann den »demokratischen Tugendmut« der Gegner Deutschlands im Großen Krieg? Ich entsinne mich heute noch der Erregung, die mich erfasste. Was ich vor meinem inneren Auge sah, so wurde mir klar, war kein Ausschnitt einer entstehenden Novelle oder Erzählung. Und dies waren auch keine Notizen zu einem Roman. In die Dunkelheit hineinlaufend, buchstabierte ich weiter, fuhr mit der Vorstellung meines Fingers an den Zeilen entlang. Ein Schauer der Sensation ließ mich an meinem sonst so überaus verlässlichen Gedächtnis zweifeln. Der Dichter schrieb über das den Nationalsozialismus nährende »bedrohliche Gefühl der Zeitenwende« und das »primitive blauäugige Wunschbild« dieser »Veitstanz-Bewegung«, der bei klarem Verstand niemand folgen könne, dem Deutschland am Herzen liege. Nie hatte ich Thomas Mann im Verdacht gehabt, Sympathien für den Faschismus zu hegen. Doch er hatte sich, soweit mir bekannt war, auch nie zuvor öffentlich gegen die Nationalsozialisten gestellt. Und nun das: Der »Wahnsinn« würde die »Reste von Hirn verkleben«, die den nationalsozialistischen »Barbaren« nach selbstberauschenden durchzechten Nächten noch geblieben seien. In der letzten Zeile, die untypisch ein wenig nach rechts abfiel, wirkten die steilen Schrifthaken, an denen Mann seine Gedanken aufhängte, noch eckiger, trotziger, wie von wütender Hand geschrieben: »völkisch, rassisch, bündisch – abgeschmackt!«

Die Worte kamen einer Verdammnis gleich, und mir stockte der Atem. Die wichtigste deutsche Stimme in der Welt, der meistbewunderte deutsche Autor der Gegenwart formulierte

Gedanken, in denen er sich kategorisch gegen die mächtigste und bedrohlichste politische Bewegung der Gegenwart stellte. Waren diese Gedanken überhaupt für eine Veröffentlichung gedacht? Wenn ja, würde Thomas Mann sich Hitler und Konsorten zu Todfeinden machen.

Mit jedem Wort, das ich entzifferte, wuchs in mir das Gefühl, von etwas äußerst Wichtigem, Unerhörtem, ja Gefährlichem Kenntnis erlangt zu haben.

Ich näherte mich der Pension und stellte erleichtert fest, dass noch Licht durch die Ritzen der Haustür drang. Als ich die Klinke betätigte, war die Tür verschlossen, aber gleich darauf wurde ein Schlüssel gedreht, und Ludwik füllte den Türrahmen aus, hinter ihm im Morgenmantel, so als hätte sie die ganze Zeit nur auf mich gewartet, Frau Bryl.

»Es ist schon bald elf, Herr Miuleris. Ich wollte gerade absperren«, sagte sie vorwurfsvoll. »Haben Sie sich im Wald verlaufen?«

»'tschuldigung, wurde bei Blode aufgehalten.«

»*Mais vous êtes ivre!*«

Ludwik rührte sich nicht von der Stelle, erst als Frau Bryl zur Seite trat, durfte ich mich auch an ihm vorbei ins Haus drücken. Ich kam an der offenen Tür des Salons vorbei, erblickte Herrn Mathies in einem Lehnsessel, blieb stehen und hielt mich am Türrahmen fest. Er blickte gähnend von seinem Buch auf, als er mich bemerkte.

»Wie war der Sonnenuntergang?«, fragte ich.

»Ein erhabenes Schauspiel. Und wie war es bei Blode?«

»Spektakulär. Hätte mich fast mit einem gewissen Paul über Hitler geschlagen. Unangenehmer Mensch, also dieser Paul, Hitler aber auch.« Ich winkte ab. »Und dann kamen auch noch Herr Mann mit Gattin.«

»Thomas Mann bei Blode? Das ist selten«, sagte Frau Bryl.

»Wir gehen morgen früh um sieben spazieren«, sagte ich. »Ich bitte darum, zeitig geweckt zu werden. Kann aber sein, dass ich nicht ganz auf der Höhe bin.« Dann rief ich »Nacht!« und stieg die Treppe hoch zu meiner bescheidenen Kammer, hinter mir die schweren Pfoten von Ludwik, der vor meiner Tür »Platz« machte, als ich sie ihm vor der Nase zuschlug. Ich schaffte es noch, das Jackett auszuziehen und fallen zu lassen, und sank dann so, wie ich war, auf das Bett.

Die ältesten Bilder in meinem Kopf erinnern an Stillleben holländischer Meister: in gelblich-natürliches Licht getauchte Gegenstände eines vergangenen Alltags in Räumen, die erst auf den zweiten Blick erkennbar werden. Ein Raum mit scheinbar endlosen Reihen von Setzkästen mit noch mehr verschnörkelten Lettern in der Offizin in Kaunas, in der mein Vater als Akzidenzsetzer arbeitete und wo mein älterer Bruder und ich ihn manchmal besuchen durften, bevor er krank wurde. Vater setzte Werbeanzeigen für gelehrte Prosabändchen, Heroin gegen Warzen, zuverlässige Motorräder oder schön machende Zigaretten. Er brachte Andrucke für Werbebroschüren nach Hause, und einmal schenkte er mir ein geschwungenes Agfa-A, das schönste Ding, das ich je besessen habe. Die Punze war an einer Stelle beschädigt, die mit bloßem Auge kaum zu erkennen war, aber meine Finger konnten die scharfe Kante ertasten. Die Letter war von ungewöhnlicher Größe, und ich wog sie fasziniert in der Hand, säuberte sie und bewahrte sie auf wie einen Schatz. Ich liebte Schrift schon, als ich noch gar nicht wusste, was ich damit ausdrücken konnte. Und bald liebte ich auch die Sprache, der sie dient. Mein Vater starb, als ich vierzehn war. Ich habe den Geruch der Setzerei nach Papier und Druckerschwärze noch in der Nase, aber ich höre die Stimme meines Vaters nicht mehr und bin mir nicht sicher, ob das Gesicht, das ich vor mir sehe, wenn ich ihn mir vorstelle, wirklich seines ist oder das Gesicht eines ganz anderen Menschen.

Mein Urenkel sagte mir neulich, dass Akzidenzsetzer heute Desktop-Publisher heißen. Was für ein Unfug.

Die Stimme des Dichters habe ich hingegen noch im Ohr. Nicht die Stimme aus historischen Radioansprachen, sondern die Stimme, die nur für meine Ohren gedacht war, wenn ich mich im Gehen zu ihm hinüberbeugen musste, um ihn zu hören, weil der Wind so laut blies oder der Morgennebel und die feuchten Blätter und das dichte Unterholz im Elchwald die Worte aus seinem Mund verschluckten, kaum waren sie ausgesprochen.

Nach dem peinlichen Abend bei Blode und einer traumlosen Nacht hatte Frau Bryl mich wie immer geweckt, indem sie plötzlich wie ein böser Geist vor meinem Bett aufragte und an meinen Schultern rüttelte. Mit pochendem Schädel sprang ich auf, taumelte und musste mich am Bettpfosten festhalten. Es sei schon nach sechs, sagte sie, ob ich meine Verabredung mit Herrn Mann um sieben vergessen habe. Wie ich denn aussähe! Sie würde mindestens noch schnell mein Jackett lüften und bürsten, sonst müsse man sich ja in Grund und Boden schämen. Sie könne es später am Tag auch reinigen, aber das koste selbstverständlich extra.

Ich machte mir nicht einmal die Mühe, die zerknitterte und muffige Kleidung zu wechseln, und spritzte mir nur etwas Wasser ins verquollene Gesicht. Allein im Speisezimmer, trank ich nur ein Glas Milch und hoffte, das würde meinen Magen beruhigen. Zurück auf dem Zimmer, wartete bereits meine Wirtin und hielt mir nach einem letzten prüfenden Blick mit der Bürste in der Hand das Jackett hin. Dann rannte ich aus dem Haus und im Laufschritt durch den Wald, immer mit der Angst im Nacken, ich könnte zu spät zu der bis dahin wichtigsten Verabredung meines Lebens kommen.

Pünktlich um sieben trat er aus dem Haus im grauen Anzug mit Homburger, weißem Einstecktuch und dunkler Krawatte. Er zog die Tür zu, steckte sich eine Alva an, blickte auf und hob die Hand.

»Guten Morgen, Herr Mann.«

»Guten Morgen, Müller.«

Ich muss einigermaßen derangiert auf ihn gewirkt haben, denn er zog skeptisch eine Augenbraue hoch und fragte: »Sie sehen mitgenommen aus von gestern Abend. Tut Ihnen etwas weh?«

Ich schüttelte den Kopf, was wehtat. »Es hätte schlimmer kommen können. Das ist mir erspart geblieben. Dank Ihnen.«

Er nickte. »Gut. Gehen wir ein Stück.«

Ich glaube, in der folgenden Viertelstunde haben wir kein Wort gewechselt. Um das Schweigen nicht zu schwer werden zu lassen, begann ich, über die Schwierigkeiten und Besonderheiten der litauischen Sprache zu sprechen, vor allem die altertümlichen grammatischen Formen. Als ich die Verwandtschaft mit einer im siebzehnten Jahrhundert ausgestorbenen altpreußischen Sprache erwähnte, wurde er hellhörig.

»Und ich war der Annahme, Litauisch sei eine slawische Sprache wie Russisch oder Polnisch.«

»Ein weit verbreiteter Irrtum, weil sie zwar wie diese der Familie der indogermanischen Sprachen zugeordnet wird, aber innerhalb dieser zu den baltischen Sprachen gehört. Es gibt viele ähnlich klingende Worte, wie zum Beispiel *agni*. Das heißt Feuer in Sanskrit. Auf Litauisch *ugnis*.«

»Faszinierend.« Sein Gesicht verriet nicht, ob er das ernst meinte oder nur freundlich sein wollte.

Ich war jedenfalls in meinem Element, denn schon immer habe ich Sprachen und deren Ursprünge geliebt. »Das finde ich auch. Die litauische Grammatik macht es erforderlich, dass wir alle Namen adaptieren. Sie wären Tomas Manas.«

»Klingt wie ein biblischer Imbiss.«

»Oder wie die Nahrung in der geistigen Wüste unserer Zeit.«

»Müller, Sie schmeicheln mir, und das mag ich nicht. Mit Manas auf dem Titel müsste ich mich erst anfreunden.«

»Tomas Manas: *Budenbrokai*. Denn was für Ihren Namen gilt, gilt natürlich auch für die Namen Ihrer Figuren. Wenn der alte

Johann Buddenbrook in Gelächter ausbricht, wird er in der Übersetzung im Nominativ zu Johanas Budenbrokas.«

»Verstehe. Sie hängen in Ihrer Sprache also einfach immer ein -as an?«

»Durchaus nicht, da gibt es viel mehr zu bedenken. Zunächst einmal haben die unterschiedlichen Geschlechter unterschiedliche Endungen. Mit Endungen werden aber auch unterschiedliche Fälle angezeigt. *Für* Thomas Mann wäre Tomui Manui. Also Akkusativ. Im Genitiv würde Ihr Name hingegen zu Tomo Mano.«

»Mano? So bleibt ja von dem ganzen Mann nur die Hand übrig.«

Ich stutzte, lachte, als ich begriff, und sagte: »Nur für den, dem das spanisch vorkommt.«

Thomas Mann sah mich nicht an, aber ich glaube, er lächelte.

Ich fühlte mich ermutigt, mit meinem kleinen Referat fortzufahren: »Es ist nicht ganz leicht zu erklären, wie im Litauischen gebeugt wird. Es gilt, den jeweiligen Fall zu beachten, sowie das Geschlecht und das Verwandtschaftsverhältnis, all diese Dinge. Für verheiratete Frauen gelten andere Endungen als für ledige. Ihre Elisabeth Buddenbrook, geborene Kröger, würde in der Übersetzung zu einer geborenen Kreger, aber ihr Lachen ist das Lachen der Krögers, also der Kriogeriai.«

»Ha!«, rief er aus. Und dann – ich schwöre es – hörte ich Thomas Mann im Weitergehen einen Singsang mit »Kriogeriai, Kriogeriai« anstimmen, so als imitierte er eine Vogelstimme.

Wir waren tief im Wald. Die ursprüngliche Fahrspur war zu einem Weg geworden, der zu einem überwucherten Pfad geschrumpft war. Die Bäume des Nehrungswaldes neigten sich vom ewigen Wind gezaust nach Osten. Wir schoben Äste füreinander zur Seite und mussten über bemooste Baumstämme klettern. Es gab einen irritierend angenehmen Moment der Berührung, als er, um mich abzusichern, meine Hand hielt. Für mich hatten der Nehrungswald und seine Bewohner in ihrer gleichgültigen Wildheit zu Anfang etwas Bedrohliches, und doch ging ich leichthin neben ihm her, glücklich darüber, dass ich den verehrten Mann so hatte anregen können, und mit einem guten Gefühl für meine Übersetzung.

Da blieb er mit einem Male stocksteif stehen und hielt mich mit dem ausgestreckten Arm zurück. Wir rührten uns nicht. Nur der Zigarettenstummel in seinem Mundwinkel zuckte, als er daran zog.

Zwanzig Meter vor uns raschelte es im Gebüsch. Dann trat in zwei gravitätischen Schritten eine Elchkuh auf den Weg, drehte den merkwürdigen, länglichen Kopf mit unendlich melancholischem Ausdruck zu uns.

Thomas Mann beugte sich langsam zu mir herüber, ohne das Tier aus den Augen zu lassen, und raunte: »Elchiai.«

Ich musste lachen. Die Elchkuh betrachtete uns gelassen und überquerte dann ohne Eile den Weg. Wie überrascht war ich, als ihr Sekunden später zwei weitere Tiere folgten, Kälber mit lang gestreckten Körpern auf kantig-stelzenartigen Beinen.

»Wie eigentümlich, nicht wahr?« Mann ließ die Zigarette fallen und trat darauf. »Als wäre man in eine Urwelt eingetaucht.«

Wir gingen weiter und überquerten die Poststraße. Der Wald begann sich zu lichten, und das Rauschen der Brandung kündete von der Nähe des Meeres. Kurz darauf blieben wir zwischen Dünengras in der Morgensonne stehen und blickten nach Westen auf das Wasser. Der Strand unter uns war menschenleer. Es herrschte Flut. Endlich wagte ich die Frage zu stellen, die mich seit vergangener Nacht beschäftigte.

»Wenn Sie erlauben: Woran arbeiten Sie gerade?«

»An den *Geschichten Jaakobs,* dem ersten Band der *Joseph-Romane.* Ich habe in Königsberg daraus gelesen, als wir uns das erste Mal begegnet sind. Sie werden mich noch mindestens ein Jahr beschäftigen.«

Ich nickte. »Ein gewaltiges Vorhaben. Ich kann mich entsinnen.«

»Sie sind zu bescheiden, Herr Müller. Bestimmt könnten Sie noch jeden Satz aus der Lesung wiederholen.«

»Nein, nein, so arbeitet mein Gedächtnis nicht. An Gehörtes und Erlebtes kann ich mich nicht besser erinnern als jeder andere. Ich memoriere unbewegte Bilder, ein Ding, einen Raum, einen Text, wenn ich ihn in der Hand halten kann.« Da war sie wieder, meine Schwäche: Ich redete zu viel, um Vertrauen zu schaffen. Zu spät begriff ich, dass ich mich bei dem Dichter verraten hatte.

»In der Hand halten also«, sagte er lauernd. »So wie meine Notizen, die Sie gestern gefangen haben.«

Sollte bei Ihnen durch meine Erzählung bis hierher der Eindruck entstanden sein, Thomas Mann habe etwas Weltfremdes, etwas gelegentlich lachhaft Verschrobenes an sich gehabt – und ich gestehe, dass die wahrheitsgemäße Erwähnung der Strumpfhalter am Strand und der Kapitänsmütze diesen erzeugen könnten –, so ist jetzt der Zeitpunkt gekommen, diesem Eindruck entgegenzuwirken. Ja, Herr Mann hatte eine amüsante, nachgerade liebenswert naive Seite in seinem Wesen, an die ich nicht denken kann, ohne dass mir warm ums Herz wird. Ich glaube, dass diese Seite verantwortlich ist für komische Figuren in seinem Werk wie den Settembrini aus dem *Zauberberg,* von dem der Satz stammt: »*Das Lachen ist ein Erglänzen der Seele.*« Doch wäre es Ihnen vergönnt gewesen, Thomas Mann persönlich kennenzulernen, so hätten Sie zuallererst unter dem Eindruck einer natürlichen Autorität gestanden. Sein Gesicht war auf den ersten Blick freundlich, geradezu weich. Da war ein Lächeln um seinen Mund, das er nie ganz ablegen konnte. Auf Bildern wirken seine Augen stets klein, aber für mich waren es gleichwohl besonders seine Augen, in die er alle Möglichkeiten seines Ausdrucks hineinzulegen vermochte. In einem Moment waren sie stechend und kalt, im nächsten besorgt und scheu. Alles lag in diesen Augen, während sein Mund im Wesentlichen zwei Ausdrucksformen kannte: mit und ohne Zigarette. Und wenn er einen ansah und man die Botschaft seiner Augen nicht richtig deutete, die Warnung, die Herausforderung, die Einladung oder die Ablehnung nicht verstand, so reichte ein leichtes Neigen des Kinns, ein Runzeln der Brauen, um sein Gegenüber in die Flucht zu schlagen oder zu besänftigen.

Mir blies der Wind ins Gesicht. Ich war aufgeflogen.

»Herr Mann, ich versichere Ihnen, dass Ihr Vertrauen in mich gerechtfertigt ist.« Ich versuchte ihm zu erklären, dass mein ungewöhnliches Erinnerungsvermögen Segen und Fluch zugleich war. Ich behauptete, dass ich zwar *gesehen* hätte, was auf den Blättern geschrieben stand, ich es jedoch nicht *lesen* konnte und auch gar nicht wollte. Und dass ich wisse, dass mich nichts davon etwas anging, und niemals auch nur ein Sterbenswörtchen darüber verlieren würde.

Himmel, was für ein Narr ich war! Indem ich die Bedeutung des Inhalts derart hervorhob, beunruhigte ich den Dichter nur noch mehr. Vor seinem Blick wäre ich am liebsten im Dünensand versunken.

»Mit Verlaub: Das soll ich Ihnen glauben?«

Alles, was ich mir in diesem Augenblick wünschte, war, sein Vertrauen zurückzugewinnen. Womit ich im nächsten Augenblick entsetzlich scheitern würde.

»Sie haben also jedes Detail haarklein im Kopf?«

Ich nickte.

»Und nur im Kopf?«

»Nun ich … Ich habe, wenn Sie so wollen … also, ich habe eine Sicherungsabschrift angefertigt. Nur für den Fall … Sie wissen schon … sollte noch mal ein Windstoß …«

»Himmel, Sie drucksen herum wie ein ertappter Pennäler! Eine Abschrift, sagen Sie?«

»Ein Faksimile …«

Der Dichter nahm die Zigarette aus dem Mundwinkel, zog einmal kräftig daran und blies mir den Rauch ins Gesicht, doch was mir in den Augen brannte, war die Enttäuschung, die ich in seinem Blick lesen konnte. »Ich fordere Sie auf, mir diese Abschrift sofort auszuhändigen!«

Ich hatte meinen Helden erzürnt, hatte mit der Einbildung kokettiert, er müsste Vertrauen in mich gefasst haben, nur weil ich ihn verehrte. Hatte mir angemaßt, ihn beschützen zu wollen, und mit meiner Eitelkeit alles vermasselt. »Ich habe sie ja bei mir«, sagte ich wie ein geprügelter Hund und griff in die Innentasche meines Jacketts.

Sie ahnen, was kommt? Dann fehlt es Ihnen gewiss auch nicht an der Phantasie, sich den Schrecken auszumalen, der mich erfasste, als ich in meine leere Jacketttasche griff. Nur um in wachsender Verzweiflung sinnlos auch alle anderen Taschen abzuklopfen, zu durchsuchen und Innenfutter herauszuziehen. Die Abschrift war verschwunden.

»Das kann nicht sein. Das kann nicht sein! Herr Mann, glauben Sie mir bitte, ich hatte sie die ganze Zeit bei mir, gestern Abend und heute Morgen, damit niemand …«

Und wie das manchmal so ist, wenn beim Sprechen die Gedanken hinterherhinken, wurde mir bei diesem letzten Wörtchen klar, wie falsch ich lag. Von »niemand« konnte keine Rede sein, »jeder« traf es eher. Mitten im Radau bei Blode, als mein Jackett achtlos auf dem Boden gelegen hatte, hätte jeder die Abschrift an sich nehmen können. Menschen mit guten Absichten oder solche, die Thomas Mann Böses wollten.

Er schnaubte, verschränkte die Arme, als müsse er an sich halten, und entfernte sich kopfschüttelnd einige Schritte, bis er auf dem Dünenkamm stehen blieb und den Blick auf das Meer richtete. Ich wagte nicht, mich zu rühren.

»Müller, wie konnten Sie nur.«

KAPITEL VIER

Krisis

Und damit beginnt die eigentliche Geschichte. Denn Sie sind
ja nicht hier, um etwas über die Herausforderungen beim
Übersetzen der *Buddenbrooks* ins Litauische zu hören. Das wäre
albern. Ab diesem Moment auf der Düne ging es nicht mehr um
die Übersetzung, sondern darum, *meinen* Fehler nicht zu *seinem* Verhängnis werden zu lassen. Es war meine Pflicht, den
begangenen Fehler auszubügeln. Und das so schnell wie möglich, bevor die Handschriften mit ihrem brisanten Inhalt in die
falschen Hände gerieten.

Anders, als Pfaffenkogel behauptet hatte, sind Übersetzer keineswegs billige Kopisten, sondern vielmehr Detektive des Wortes. Sie kombinieren, sie leiten das Besondere aus dem Allgemeinen ab, sie haben die Gabe, die tiefe Bedeutung zu erfassen
und Rätsel zu lösen, die nur auf den ersten Blick einfach erscheinen. War ich der richtige Mann, um die Blätter wiederzubeschaffen? Ja, das war ich. Durchaus überrascht hingegen war ich
von dem detektivischen Spürsinn des Dichters, der, als es darauf
ankam, mit einem beinahe spielerischen Übermut an die Ermittlungen herangehen sollte.

Aber noch war Thomas Mann beherrscht von Ärger über
mich und von Sorge um seine Notizen. Zitterten seine Finger
leicht, als er das Zigarettenetui zückte und sich eine weitere ansteckte? Ich weiß es nicht mehr, aber ich weiß, dass ich zitterte,
als er mich mit einem Blick bedachte, den Lehrer sich für Unruhestifter im Unterricht vorbehalten.

»Es tut mir leid«, war alles, was ich hervorbrachte.

»Erinnern Sie sich noch an den strammen Burschen gestern
am Strand ... Sie verstehen, was er repräsentiert?«

»Ich denke, ja.«

»Er hätte mir wohl kaum so geschmeichelt, wenn er gewusst hätte, was in den Blättern steht, meinen Sie nicht?«

»Bestimmt nicht.«

»Dann können wir jetzt mit dem Versteckspiel aufhören, denn Sie wissen, was ich geschrieben habe«, sagte er und trat nahe an mich heran. »Ich unterstelle Ihnen keine bösen Absichten.«

»Das ist sehr freundlich von Ihnen.«

»Aber ich unterstelle Ihnen die Schlampigkeit und den Leichtsinn der Jugend ... Hören Sie mir zu: Was Deutschland droht, bedroht die Welt, auch Ihr Land. Worte werden in diesen Zeiten zur Gefahr. Bald schon könnten sogar Gedanken zur Gefahr werden. Meine Worte haben Gewicht und können Deutschland helfen, jedoch nur, wenn ich das Moment der Überraschung vor dem richtigen Publikum zu nutzen weiß. Sie wissen also, was jetzt zu tun ist?«

Ich nickte und verstand, dass er mir eine Antwort auf meine stumme Frage gegeben hatte: Der Inhalt der Blätter *war* zur Veröffentlichung bestimmt. Ich vermutete in diesem Augenblick, dass er an einer Rede schrieb.

»Ich muss diese Abschrift unbedingt wiederbeschaffen«, sagte ich. »Oder sichergehen, dass sie zerstört wird.«

Im Gesicht des Dichters stand jetzt weniger Verärgerung als Entschlossenheit. »Sehr richtig, Müller. Doch das werden Sie nicht allein tun. Ich werde jedenfalls nicht Daumen drehen. Wenngleich es keinesfalls sicher ist, dass der Finder oder Dieb eine Verbindung von Ihnen zur mir herstellt, will ich meinen.« Und dann fragte er mit Blick auf mich besorgt: »Geht es Ihnen nicht gut? Sie machen einen blässlichen Eindruck, Müller.« Er hielt mir das geöffnete Etui hin. »Hier, nehmen Sie eine Zigarette. Die wird Ihnen guttun.«

»Aber ich rauche nicht.«

»Würden Sie's tun, hätten Sie bessere Nerven, mein Lieber.

Nun zieren Sie sich nicht. Das Rauchen wird deshalb nicht gleich zur Gewohnheit.«

Ich nahm eine Zigarette, klemmte sie mir in die Mitte zwischen die Lippen und sah ihn fragend an.

»Richtig so«, er gab mir Feuer, »und jetzt schön tief inhalieren.«

Ich hustete, würgte.

Er sagte: »Sehen Sie, das befreit.«

Ich nickte und schob mir die glimmende Zigarette in den Mundwinkel, so wie ich es bei ihm gesehen hatte. Während sie in den nächsten Minuten herunterbrannte, gab ich mir große Mühe, rauchfrei durch den anderen Mundwinkel zu atmen. Es gelang einigermaßen, aber der Rauch stieg mir brennend ins rechte Auge und ließ es tränen, weshalb ich die Zigarette schließlich ausspuckte, als er nicht hinsah. Ich wollte nicht, dass er dachte, ich wisse seine Fürsorge nicht zu schätzen. Schlimmer als diese Zigarette schmeckte nur noch die dicke Zigarre, die er mir zu einem späteren Zeitpunkt anbot und die ich um nichts in der Welt abgelehnt hätte.

Thomas Mann schaute über das Meer, gab mir einen Wink, und ich folgte ihm. Wir staksten durch den rutschenden Sand die Düne hinab auf den Strand und wandten uns nach Süden.

Mir lag ein weiteres schweres Geständnis auf der Zunge, aber noch hoffte ich, es vermeiden zu können.

Thomas Mann kniff die Augen zusammen. »Waren Sie schon einmal in Davos?«

»Bedauere, nein. Würde uns das weiterhelfen?«

»Vor vielen Jahren besuchte ich dort meine Frau während ihres Sanatoriumaufenthaltes und kam privat in einem Haus unter, in dem zuvor schon meine geschätzten Kollegen Arthur Conan Doyle und Robert Louis Stevenson wohnten, als sie sich in Davos zur Kur befanden.« Er blieb wieder stehen. Laut denken und gleichzeitig laufen war nicht seins, und wenn Thomas Mann in Plauderlaune war, kam man nicht besonders schnell voran. »Haben Sie gehört, dass er gestorben ist?«

»Welcher von beiden?«

»Conan Doyle natürlich. Anfang des Monats. Nicht dass ich ein eifriger Leser von Detektivgeschichten wäre, aber ich musste an Davos denken, als ich die Meldung in der Zeitung las. Auf meinem Nachttisch fand ich damals eine deutsche Ausgabe des *Sherlock Holmes* vor. Sicher kein Zufall, sondern vielmehr der anbiedernde Versuch der Gastgeber, die Werbetrommel für ihr Haus zu rühren. Ich fand die Geschichten auf eine ulkige Art recht unterhaltsam. Und wussten Sie, dass ausgerechnet die *Schatzinsel* von Stevenson, dieser grellbunte Abenteuerschwank um einäugige Piratenkapitäne auf den Sieben Meeren, zu einem Gutteil in den Schweizer Bergen entstanden ist?«

Ich verneinte und gab zu, *Die Schatzinsel* nicht gelesen zu haben.

»Aber Arthur Conan Doyle haben Sie gelesen?«

»Ob ich Sherlock Holmes kenne, meinen Sie? Als junger Mensch habe ich diese Geschichten gerne gelesen, ja sicher.«

»Obacht, Herr Müller, Sie kokettieren schon wieder. Mir geht es um Sherlock Holmes' Technik der Ermittlung, um die sogenannte Deduktion. Wir müssen deduzieren, wenn wir herausfinden wollen, wo sich die Abschrift meiner Notizen befindet.«

»Aber wir wissen doch noch gar nicht, ob es überhaupt etwas zu deduzieren gibt? Vielleicht habe ich sie einfach verloren. Sie könnte mir aus der Tasche gefallen sein, und dann hat der Wind sie hinaus aufs Meer getragen, und niemand wird sie jemals zu Gesicht bekommen.« Bei diesem Szenario war wohl der Wunsch der Vater des Gedankens.

»Dann beginnen wir anders. Bemühen Sie Ihr brillantes Gedächtnis, Herr Müller. Erzählen Sie mir genau, was Sie damit getan haben, ab dem Moment der Verfertigung.«

»Nun, ich habe Ihre Notizen während des Abendessens in der Pension aus dem Gedächtnis in meine Kladde übertragen. Dabei saß ich auf der Terrasse.«

»Aha. Wie lange haben Sie dafür gebraucht?«

»Ich habe mit der Arbeit begonnen, bevor die Zeppeline gekommen sind …«

»Sie haben gestern Zeppeline über Nidden gesehen? Wir haben ebenfalls im Freien diniert, uns müssen sie entgangen sein.«

»Keine fliegenden Zeppeline. Ich spreche von einem litauischen Gericht dieses Namens. Sie standen jedenfalls noch nicht
auf dem Tisch. Ich besitze keine Uhr, aber Frau Bryl hat das
Abendessen um sechs aufgetragen, und meinem Gefühl nach
hat das Abschreiben etwa eine halbe Stunde gebraucht.«

»Könnte jemand Sie dabei beobachtet haben?«

»Ja, sicher. Alle, die sonst noch auf der Terrasse gegessen ha-
ben: das Ehepaar Matheis aus Stralsund, die alleinstehende
Dame vom Zimmer gegenüber, der große Herr mit dem kleinen
Hund …«

Er blieb stehen und stemmte die Arme in die Hüften. »Die saßen alle einfach um Sie herum, während Sie meine geheimen Gedanken in aller Seelenruhe in Ihr Heft geschrieben haben? Ich bin
wirklich versucht, Ihnen die Ohren lang zu ziehen, junger Mann!«

»Sie saßen zu weit von mir entfernt, um etwas sehen zu können. Meine Arbeit bestand ja darin, aus dem Gedächtnis Ihre
Handschrift genau zu rekonstruieren, und die ist – nichts für
ungut, Herr Mann – wenngleich keine Sauklaue, so doch auch
nicht die leserlichste.«

Er sah mich indigniert durch den Qualm seiner Zigarette
hindurch an. »Finden Sie? Vielleicht gereicht mir das sogar zum
Vorteil in dieser misslichen Situation, die Sie zu verantworten
haben. Denn wenn niemand lesen könnte, was ich geschrieben
haben, hätte ich auch nichts zu befürchten. Wollen Sie mich damit beruhigen?«

Wohl kaum, dachte ich bei mir, hatte ich doch auch noch mit
idiotischer Sorgfalt seinen Namen und das Datum auf der Abschrift notiert.

Schweigend gingen wir weiter, untermalt nur vom Rauschen
der Brandung.

»Frau Bryl, meine Pensionswirtin, hat mir beim Schreiben über die Schulter geschaut.«

»Na bitte«, sagte er. »Da haben wir die erste Verdächtige. Könnte sie die Blätter entwendet haben?«

»Ich wüsste nicht, warum. Frau Bryl hat ihre Eigenarten, aber sie kommt mir nicht wie eine Diebin vor. Und sie ist nicht einmal in die Nähe der Blätter gekommen.« Aber kaum hatte ich das ausgesprochen, nagte ein Zweifel in mir. Da gab es noch etwas mit meiner Wirtin, auf das ich in diesem Augenblick nicht den Finger legen konnte. »Ich habe die Kopien aus der Kladde herausgetrennt und in meinem Jackett aufbewahrt. Hier drin.« Ich klopfte mir auf die Brust, als könnte ich den Verlust immer noch nicht glauben. »Und seither habe ich sie nicht mehr angerührt.«

»Ist das Ihr einziges Jackett?«

»Ich benötige nur dieses.«

Erneut verzögerte er seinen Schritt und warf die Zigarette in den Sand. Eine Möwe landete daneben, pickte einmal danach und flog davon. »Also haben Sie es auch bei Blode getragen.«

Ich nickte. Auf dem Waldweg in der würzigen, kühlen Luft war es mir und meinem Kater leidlich gut gegangen. Nach der ungewohnten Zigarette und so unsicher über den Sand stolpernd, spürte ich die Übernächtigung und den Alkohol, und mir schwindelte.

Der Dichter tippte sich an die Stirn. »Wissen Sie, mein Gedächtnis ist auch nicht so übel, Müller. Und wenn ich mich recht entsinne, waren Sie gestern Abend ganz leger in Hemdsärmeln.«

Ich blinzelte in die Sonne, die im Osten schon über den Dünen stand. »Herr Mann, könnten wir bitte ein Stück ohne Pause laufen? Ich möchte mich in der Pension etwas erfrischen.«

»In Hemdsärmeln, ja, so war es. Und Sie waren ein wenig angekneipt. Ich will hoffen, dass es nicht zu Ihren Gewohnheiten gehört, während der Arbeit Alkohol zu sich zu nehmen. Das merkt man dem Ergebnis durchaus an. Wissen Sie deshalb nicht mehr, was Sie mit Ihrer Kleidung angestellt haben? So versuchen Sie doch, sich zu entsinnen!«

Ich gab mir Mühe. Der Lärm der Gastwirtschaft, der laute Disput mit Pfaffenkogel über den Tisch hinweg, die lächelnde Dalia, die ein Bier nach dem anderen brachte, Schweiß auf der Stirn, als der Tischnachbar sich einmischte … Stück für Stück kamen die Erinnerungen zurück. »Ich habe es ausgezogen. Vielleicht auf den Stuhl gelegt oder darüber gehängt.«

»Glückwunsch, Herr Müller! Mit anderen Worten: Sie haben das Jackett samt Inhalt im Tumult aus den Augen verloren?«

»Das steht zu befürchten. Ich glaube, Herr Blode hat es mir an der Tür wieder ausgehändigt.« Ich kam mir furchtbar dumm vor.

»Aber Sie wissen doch hoffentlich noch, wer bei Ihnen am Tisch gesessen hat?«

»Also, da war Herr Pechstein …«

»Mollenhauer erwähnte, er sei mal wieder in Nidden …«

»… und eben der genannte Ernst Mollenhauer …«

»Ein feiner Mensch und des Diebstahls vollkommen unverdächtig. Ihm haben wir letztlich das Sommerhaus zu verdanken. Herr Blode ist sein Schwiegervater und mir sicherlich ebenfalls wohlgesinnt. Er war es, der uns im Juli einen so großen Empfang bereitet hat.«

»Und ein Herr Pfaffenschnudel, ein Maler aus München, glaube ich …«

Thomas Mann zog eine Augenbraue hoch.

»Nein, nein, er hieß anders … Pfaffenkogel.«

»Ist mir nicht bekannt. Was halten Sie von ihm?«

»Nun ja, ich fand ihn etwas aufgeplustert, aber unterhaltsam.«

»Aus München, sagen Sie?«

Ich nickte. »Wir haben uns gestritten.«

»So? Worüber denn?«

»Über Sie. Er mag Ihre Bücher nicht.«

»Ha! Entschieden verdächtig der Mann. Weiter?«

»Ein Photograph namens Isenfels.«

»Der war auch da? Ich habe ihn gar nicht gesehen.«

»Er hatte genug von Pfaffenkogels Gesellschaft und ist früher gegangen. Sie kennen einander?«

»Flüchtig. Er wollte mich knipsen, aber mir ist sein Charakter etwas zu luftig. Ich glaube, er macht in erster Linie Postkarten mit Elch- und Segelfliegermotiven.« Er zog an seiner Zigarette und hob den Zeigefinger. »Ihn sollten wir im Auge behalten.«

»Gut.«

»An wen denken Sie noch?«

Ich beschwor das Bild in meinem Kopf herauf, das ich nach Pauls Schlag von dem erstarrten Raum gemacht hatte. Ich sah die Künstler an meinem Tisch, die aufgesprungen waren; ich sah das ungerührte Ehepaar Mann und den rotgesichtigen Paul mit der Hand im Gesicht seiner unglücklichen Frau; da war ein dicklicher Herr am Fenster, der den Mund nicht zubekam, seine ebenso korpulente Frau schlug sich die Hand gerade davor; Blodes Walrossschnauzer war im Hintergrund zu erkennen; Dalia stand mir am nächsten und versuchte, ihr Tablett zu beschützen. Und dann entdeckte ich hinter Dalia, fast von ihr verdeckt, einen, der nicht ins Bild zu passen schien, der sich allem Anschein nach von der Aufregung nicht hatte anstecken lassen, denn er war über seinen Teller gebeugt und aß in aller Seelenruhe etwas, das wie Königsberger Klopse aussah. Aus meiner Warte konnte ich nur einen Teil seines scharfen Profils sehen, das allerdings von einer Art Kappe verfremdet wurde. Ich tauchte unter der Gedankendecke hervor. »Da saß ein Herr allein an einem Tisch auf der anderen Seite des Ganges. Nicht weit vom Geschehen, aber unbeteiligt. Irgendetwas an ihm kommt mir suspekt vor, aber ich kann den Finger nicht darauf legen.«

»Sehr vage, muss ich sagen. Aber setzen wir ihn mal auf die Liste. Sonst noch jemand?«

Sollte ich Dalia erwähnen? Innerlich weigerte ich mich, in ihr eine Verdächtige zu sehen. »Man müsste auch das Fräulein befragen, das an unserem Tisch bedient hat«, sagte ich nur. »Und da war natürlich dieser Mensch, der Ihnen an den Kragen wollte. Ich muss schon sagen, Herr Mann! Wie gekonnt Sie dem Angriff dieses Kerls ausgewichen sind!«

Das Gesicht des Dichters verfinsterte sich. »Kennen Sie den Namen dieser Kanaille?«

»Seine Frau saß neben ihm und nannte ihn ›Paul‹, als sie ihn zu besänftigen versuchte. Sind Sie geübt im Faustkampf?«

»Ich? Niemals. Jedwede Art von Leibesertüchtigung ist mir zuwider. Ich habe einmal in der Schweiz den Versuch unternommen, auf Skiern zu stehen, und bin sehr schnell wieder zur Vernunft gekommen. Spazierengehen ist mein Sport. Und geistige Beweglichkeit wird stets rohe Gewalt schlagen, merken Sie sich das, Müller. Ich muss schon sagen, das war ein unwürdiges Spektakel, das meiner Frau und mir gestern in diesem Etablissement geboten wurde. Auch das anschließende Essen war sehr durchschnittlich. Wieder einmal wurde ich daran erinnert, warum ich Menschenansammlungen grundsätzlich meide. Man macht zu häufig unangenehme Erfahrungen.«

»Also schön. Damit haben wir eine recht ansehnliche Liste von Personen, die die Abschrift hätten an sich nehmen oder finden können: Pfaffenkogel, dieser Paul und seine Frau, der Herr mit den Klöpsen, außerdem Isenfels, Hermann Blode, Max Pechstein und Ernst Mollenhauer ...«

Thomas Mann schien ganz bei der Sache, als er der Aufzählung lauschte. »Vergessen Sie nicht Ihre Pensionswirtin. Sie ist unsere erste Verdächtige.«

Diesmal blieb ich stehen. »Herr Mann, müssen wir eigentlich von ›Verdächtigen‹ sprechen? Das klingt so unangenehm nach ›Verbrechen‹. Die Menschen sind doch oft ehrlicher, als man ihnen zugutehält. Was, wenn in diesem Moment jemand im Besitz der Blätter ist und sie liebend gern an ihren rechtmäßigen Besitzer zurückgeben möchte? Man sollte doch erst fragen, bevor man hängt, meinen Sie nicht? Die Kurische Nehrung ist schließlich nicht der Wilde Westen?«

»Sehr verständig gesprochen, lieber Müller. Und ich stimme Ihnen zu. Glauben wir bis zum Beweis des Gegenteils an das Gute im Menschen. *Honni soit qui mal y pense.*«

Wir hatten uns vom Meer abgewandt und stiegen langsam die Düne hinan, hinter der meine Pension lag. Wenige Minuten später hatten wir sie erreicht. Die Bewegung hinter der Gardine im Erdgeschoss blieb mir nicht verborgen.

»Ich muss mich nun wieder meiner Arbeit widmen«, sagte Thomas Mann mit Blick auf die Armbanduhr. »Unter normalen Umständen gehen meine Frau und ich genau eine Stunde am Morgen im Wald spazieren. Aber die Ereignisse haben jetzt schon meinen Tagesablauf durcheinandergebracht, was ich ganz und gar nicht schätze. Es steht zu befürchten, dass ich mein Pensum nicht schaffe und Korrespondenz liegen bleibt. Der Tag droht gänzlich zu missraten, wenn es mir nicht gelingt, die Zeit wieder hereinzuholen.« Er sah mich an und ließ die Schultern hängen. »Hinwiederum haben Sie meinen Tag bereits, wie man so sagt, in die Grütze geritten.« Der Griff ging erneut zum Silberetui. Er rauchte nachgerade Kette. »Ihre Übersetzung muss nun warten, Müller. Ziehen Sie los, folgen Sie Ihrer Nase, forschen Sie in Ihrem Gedächtnis und suchen Sie die genannten Personen auf. Lassen Sie jedoch keinesfalls durchblicken, worum es geht. Und schützen Sie meinen Namen. Ich wünsche nicht, ins Gerede zu kommen oder gar von der litauischen Polizei behelligt zu werden.« Dann legte er mir eine Hand auf die Schulter. Mit der Arroganz eines Habichts blickte er auf mich herab. Die halb geöffneten Augen unter den dichten Augenbrauen verliehen ihm die unheimliche Aura eines Sehers. Er roch nach Nikotin und Kölnisch Wasser. »Sie sind ein verständiger junger Mensch, Müller. Deutschland und Europa stehen am Scheideweg, und die Barbaren sind ante portas. Ich habe nicht nur

Freunde in der Heimat. Und wer sich heute noch Bewunderer nennt, wird mich bald schon als Verräter zum Teufel wünschen. So wie der schneidige Jungscharführer am Strand. Seien Sie auf die Hut.«

Er sprach die mahnenden Worte in größter Ruhe, doch die Heftigkeit, mit der er an seiner Zigarette gezogen, und die Geschwindigkeit, mit der sich die Glut den Fingern gefährlich genähert hatte, verrieten seine innere Erregung. Er ließ die Kippe fallen, drehte den Absatz darauf, machte kehrt und ging gemessenen Schrittes in den Wald hinein.

Ich wollte gerade die Treppenstufen zu meinem Zimmer nehmen, als Frau Bryl den Kopf durch die Küchentür in den Gang steckte. »Wie war der Spaziergang mit dem Nobelpreisträger? Sind Sie auch seiner Frau begegnet? Wohin sind Sie gegangen? Haben Sie einen *rapport amical* zu ihm gefunden?«

»*Rapport amical*« … Die Neugierde brachte sie fast um, konnte sie aber nicht von ihrem hohen Ross herunterbringen. »Wir haben Elche gefunden«, sagte ich.

»Ach, nun seien Sie nicht so! Ich weiß doch, wie wichtig Ihnen das ist.«

»Die Frage meiner Beziehung zu Thomas Mann ist Ihnen anscheinend ebenso wichtig, Frau Bryl. Ich habe bemerkt, wie Sie hinter dem Vorhang gestanden haben, als ich mit ihm vor dem Haus war. Wenn Sie schon spionieren, dann sollten Sie sich dabei nicht erwischen lassen, sonst wird Ihnen Ihre Neugierde noch einmal zum Verhängnis.«

»Spioniert, sagen Sie! *Mais non!* Das ist ein zu böses Wort.« Sie legte sich die Hand auf die Brust und schien vor Empörung kurz um Fassung zu ringen. »Der Fluch unserer Zeit ist die Gleichgültigkeit. Ich zeige Interesse an meinen Zeitgenossen und nichts weiter. Auch Sie, Herr Miuleris, interessieren mich. Ängstigt Sie das so?«

»Es ängstigt mich keineswegs.« Ich muss rot geworden sein,

71

denn sie sah mich teilnahmsvoll an. Über mir wurde eine Zimmertür geöffnet und wieder geschlossen. Schritte kamen über den Teppich den Gang herunter zum Treppenabsatz. Ich drehte mich um, sah hohe braune Schnürschuhe, grüne Strickstrümpfe, hellbraune Knickerbocker. Ich verrenkte mir den Hals, bis ich das Gesicht des Mannes durch die Streben des Geländers sehen konnte. Und als Reaktion machte ich beinahe einen Satz, weil ich mich derart beeilte, an Frau Bryl vorbei in die Küche zu schlüpfen. Ich bemerkte ihren überraschten Blick, der von mir zu der Person ging, die meine Wirtin mit einem »Guten Morgen, Herr Hofreiter, Ihr Frühstück steht schon auf dem Tisch« grüßte. Sie schloss die Tür und wandte sich mir zu. Hocherfreut über die Aussicht, alles über meinen Morgen mit dem Dichter zu erfahren, stand sie näher vor mir, als einem anderen Menschen mit mehr Feingefühl angenehm gewesen wäre. Frau Bryl focht das nicht an.

»Nun also? Wie ist er so? Haben Sie seinen Segen für Ihre Übersetzung?«

»Das noch nicht. Aber wir ... wir arbeiten zusammen.«

»Sie und Thomas Mann? Was tun Sie denn für ihn, wenn ich fragen darf? Sind Sie so etwas wie sein Sekretär? Lecken Sie seine Bleistifte an? Stehen Sie mit der Tintenwippe hinter ihm?«

»Ach, Sie machen sich wieder über mich lustig!« Ich trat einen Schritt zur Seite, um mich aus der bedrohlichen Position zwischen Wirtin und Tür zu befreien. Auf dem Küchentisch stand ein Teller dicker Weizenbrei mit Zimt und Zucker, bei dessen Anblick mein Magen sich vernehmlich räusperte.

»Sie dürfen nicht jedes Wort von mir auf die Goldwaage legen. Und wenn ich auf Ihre Kosten einem Spaß nicht widerstehen kann, dann nur deshalb, weil ich weiß, dass Sie ihn vertragen.« Sie musste meinen hungrigen Blick auf den Teller bemerkt haben, denn sie schob mich zum Tisch und deutete auf einen Stuhl. »Nun setzen Sie sich, essen Sie etwas und erzählen Sie schon.«

»Die Zusammenarbeit zwischen Thomas Mann und meiner Wenigkeit besteht im Augenblick in einer Art Recherche«, sagte ich zurückhaltend. »Eine – nennen wir es – literarische Spurensuche, die ein gewisses Fingerspitzengefühl voraussetzt. Nicht unheikel.«

»Wie Sie mich auf die Folter spannen, das ist ja zum Verrücktwerden!« Sie schob mir den Teller hin. »Essen Sie, essen Sie, ich vergifte Sie nicht. Sie wissen, wie sehr ich Sie schätze, auch wenn mir klar ist, dass Sie mich für ein Plappermaul halten. Doch ich sage Ihnen, Sie täuschen sich in mir. Ich beherrsche lediglich die Kunst, das zu sagen, was nötig ist, um alles zu erfahren, was wichtig ist. Eine rein weibliche Kunst. Eines aber müssen Sie über mich wissen: Wer viel reden kann, versteht auch lange zu schweigen. Und was Fingerspitzen angeht? Niemand hat gefühlvollere als ich.« Sie grinste auf eine Art, die ansteckend und furchteinflößend zugleich war.

Ich löffelte den Brei, der noch warm war. Sie trat an den gusseisernen Herd, legte die Hand prüfend an die schwarze Kaffeekanne, nahm eine Tasse aus dem Schrank, schenkte Kaffee ein und brachte ihn mir. »Was für ein Glück Sie haben, dass heute Montag ist. Der Kaffee ist frisch von gestern. Anders als gewisse andere Häuser hier im Ort koche ich ihn nur zwei Mal auf. Danach ist er ungenießbar, wenn Sie mich fragen.« Sie trat an den Tisch mit dem Milchtopf und einem Sieb, das sie über meine Tasse hielt. »Sagen Sie Halt.«

»Danke, das ist genug. Und noch etwas Zucker, bitte.«

»Naturlich, Herr Miuleris, ich weiß doch, wie Sie ihn am liebsten trinken.« Sie stellte die Dose auf den Tisch und setzte sich mir gegenüber.

Ich beschloss, Frau Bryl zum Test aus der Reserve zu locken. »Sie erlauben, dass *ich* für einmal *Ihnen* eine Frage stelle: Als sie heute Morgen freundlicherweise meine Jacke ausgebürstet haben, ist Ihnen da etwas aufgefallen? Oder ist vielleicht etwas herausgefallen?« Ein geradezu amateurhaftes Vorgehen, ich weiß.

Damals kam ich mir bei dieser Frage jedoch besonders schlau vor. Weil sie einerseits nichts verriet. Sie andererseits aber Frau Bryl gleich zu verstehen gab, dass ich sie im Visier hatte, sollte tatsächlich sie es gewesen sein, die das Faksimile an sich genommen hatte.

»Aufgefallen oder herausgefallen, Herr Miuleris? Was für eine merkwürdige Frage. Aufgefallen ist mir der strenge Geruch nach Fett und Zigarettenqualm. Und natürlich die kaputte Naht am Innenfutter. Wenn Sie möchten, kann ich die für Sie reparieren. Am beklagenswerten Gesamtzustand des Kleidungsstücks ändert das gewiss wenig.«

So viel zu der geschickten Formulierung meiner Frage. Sie prallte an der gutmütigen Ironie dieser Spottdrossel ab. Und ja, ich hielt Frau Bryl letztlich für gutmütig und unschuldig. Sogar für eine mögliche Verbündete.

»Das wäre sehr freundlich von Ihnen. Ich gebe Ihnen mein Jackett heute Abend, wenn Sie damit einverstanden sind.«

»Als Geheimniskrämer taugen Sie nicht viel«, sagte sie kopfschüttelnd. »Heraus mit der Sprache: Was ist aus dem Jackett herausgefallen? Was haben Sie verloren?«

Ich sah sie an und überlegte. Frau Bryl war eine Person, die schamlos Fragen stellte und die Antworten darauf für ihr gutes Recht hielt. Sie wusste, was in Nidden geredet wurde, und kannte die Quellen des Geredes. Sie bewunderte Thomas Mann, weniger als Schriftsteller von Rang denn als hochgestellte Persönlichkeit. Als einen willkommenen Anlass für weiteres interessantes Gerede. Außerdem mochte sie mich gut leiden. Alle diese Eigenschaften, so überlegte ich, konnten sehr nützlich sein bei meiner Suche nach dem Faksimile.

Ich hatte vorgehabt, mein Visier nur einen Spaltbreit zu öffnen, doch kaum hatte ich zu sprechen begonnen, schenkte sie mir mit einem Lächeln Kaffee nach und lauschte mit großen Augen. Und ehe ich es mich versah, hatte ich ihr alles erzählt: Wie ich am Strand als Retter der Blätter aufgetreten war, wie ich sie mir mithilfe meines angeborenen photographischen Gedächtnisses zunächst gemerkt und anschließend kopiert hatte. Wie ich diese Kopien in meinem Jackett vergessen und den Verlust erst beim Spaziergang mit Thomas Mann an diesem Morgen bemerkt hatte. Dass sie spurlos verschwunden waren. Und ohne ins Detail zu gehen, machte ich ihr klar, wie wichtig ihr Inhalt war. So wichtig, dass allein der Gedanke, Feinde des Dichters könnten Kenntnis davon erlangen, mir einen kalten Schauer über den Rücken jagte. Es war heraus. Und ich konnte nur hoffen, dass ich nicht einen weiteren schweren Fehler damit begangen hatte, indem ich mich Frau Bryl anvertraut hatte.

Am Ende meines Berichts sagte sie: »Sie stecken wirklich voller Überraschungen. Ein photogenes Gedächtnis haben Sie?«

»Photographisch.«

»Das klingt anstrengend. Man will doch manchmal Dinge auch einfach vergessen, n'est-ce pas?«

»Ich habe gelernt, es nur dann einzusetzen, wenn etwas wirklich bemerkenswert ist.«

»Nun, in diesem Fall stimmt das wohl nicht, sonst hätten Sie sich den Ärger ersparen können.«

»Zugegeben, ich konnte nicht widerstehen. Wie oft im Leben fliegt einem im wahrsten Sinne des Wortes die Möglichkeit zu, etwas Unveröffentlichtes von Thomas Mann zu lesen?«

»Und jetzt bereuen Sie es. Was hat er denn Schlimmes geschrieben, dass Sie geradezu Angst haben, jemand anderes könnte es lesen?«

»Das kann ich Ihnen nicht sagen. Ich habe Herrn Mann versprochen, kein Wort darüber zu verlieren.«

»Das verstehe ich. Doch jetzt bin ich in gewisser Weise in den Fall verstrickt, oder etwa nicht? Immerhin logieren Sie als Geheimnisträger in meiner Pension und machen es ziemlich dramatisch. Und nicht ohne Grund werden Sie mich gefragt haben, ob ich mich an Auffälligkeiten erinnere. Sollten diese Dokumente in meiner Pension gestohlen worden sein, würde das bedeuten, dass ich einen Dieb beherberge. Und das werde ich unter keinen Umständen tolerieren. Also: Wenn Sie irgendeinen Verdacht haben, müssen Sie ihn mir mitteilen.«

Überraschenderweise hatte Frau Bryl recht mit ihrer Beobachtung, dass ich für das Drama verantwortlich war. Dabei hatte ich fest damit gerechnet, sie würde auf meine Schilderungen mit einer gewissen Lust am Skandal reagieren. »Das verschwundene Manuskript des Thomas Mann« klang selbst schon wie der Titel eines Sensationsartikels. Stattdessen sprach *ich* von »Gefahr« und von »Feinden«, und *sie* war die Vernunft selbst. Mit anderen Worten, ich hatte Frau Bryl für ein rechtes Tratschweib gehalten und ihr damit unrecht getan.

Bei der Einschätzung von Menschen liege ich öfter daneben, als mir lieb ist, und ich vermute, das hat mit meinem Gedächtnis zu tun. Es arbeitet mit der Fähigkeit, Muster zu erkennen, die andere nicht sehen. Dies, gepaart mit dem unseligen Hang zu einer gewissen Überheblichkeit, hat mich im Leben immer wieder zu dem unsinnigen Glauben verleitet, ich könnte auch in menschlichem Verhalten Muster erkennen. In Wahrheit sind diese Muster nur aus Denkfaulheit vorgefasste Meinungen, die sich selbst bestätigen.

»Der Mann, der gerade die Treppe herunterkam … ist der auch Pensionsgast?«

»Herr Hofreiter? Ja. Er und seine Frau Konstanze sind das erste Mal in meiner Pension, und ich musste mich offen gestanden bereits über sie ärgern. Gestern Abend haben sie mich beispielsweise noch nach Ihnen aus dem Schlaf geholt. So wie Sie bei seinem Anblick reagiert haben, bin ich davon ausgegangen, Sie kennen sich. Oder möchten Sie, dass ich Sie einander vorstelle?«

»Vorerst lieber nicht. Erwähnen Sie mich am besten gar nicht.«

»Herr Miuleris, jetzt haben Sie es geschafft, dass ich mich bei der Sache nicht mehr wohlfühle. Ich muss darauf bestehen, dass

Sie mich einweihen und mir offen sagen, was Sie von ihm wollen. Steht der Herr für Sie im Verdacht, der Dieb zu sein?«

»Er hat gestern Abend versucht, Thomas Mann mit einem Faustschlag zu Boden zu strecken«, sagte ich im Flüsterton.

»Was sagen Sie da? Das ist skandalös!«

»Aber wahr. Ich habe es mit eigenen Augen gesehen, und es gibt ein Dutzend weitere Zeugen.«

»Für Attentäter auf Nobelpreisträger ist in meinem ehrenwerten Haus kein Platz. Ich werde die Herrschaften sofort auffordern müssen, zu packen und zu gehen.« Sie hatte die Hand schon an der Tür.

»Tun Sie das nicht, Frau Bryl!«, sagte ich. »Jedenfalls noch nicht. Bevor er zum Schlag gegen Herrn Mann ausholte, habe ich mit ihm über Politik gestritten. Er war der Meinung, ich hätte Hitler verunglimpft. Ich hielt dagegen, er hätte Thomas Mann beleidigt. Jedenfalls bin ich überzeugt, er wollte eigentlich mich ohrfeigen, und Thomas Mann wurde nur zufällig um ein Haar das Opfer.«

»Mein lieber Herr Miuleris, wenn Sie sich schon nicht aus Diskussionen heraushalten wollen, so sollten Sie sich zumindest zurückhalten. Das hier ist zwar jetzt Litauen, aber viele Menschen fühlen sich als Deutsche, und die grüne Grenze zum Reich beginnt gleich hinter der Parnidis-Düne. Ich kriege ebenfalls mit, was meine deutschen Gäste so reden, und seit dem Beschluss, den Reichstag aufzulösen und Neuwahlen auszurufen, wird bei den Mahlzeiten mit Eifer politisiert. So mancher bekundet dabei Sympathie für diesen Hitler. Hofreiter ist da nicht der Einzige.« Sie sah mich an, als ginge ihr gerade ein Licht auf. »Sie denken, Hofreiter hat die Abschrift gestohlen, um Ihnen eins auszuwischen?«

»Der Gedanke war mir schon gekommen, Frau Bryl. Wir wollen ihn unauffällig im Auge behalten, denn wenn ihm erst einmal klar ist, dass er und ich im selben Haus wohnen, wird er auf der Hut sein, verstehen Sie?«

Sie nickte. »Wie Sie meinen. Aber wie sollen wir ihn ›im Auge behalten‹, wie Sie es nennen? Ich habe jedenfalls keine Zeit, von morgens bis abends um ihn herumzuschleichen.«

»Das wäre das Gegenteil von unauffällig, Frau Bryl. Nein, Sie gehen Ihrem gewohnten Tagwerk nach. Und wenn Sie im Zimmer der Hofreiters die Betten machen und lüften …«

»Herr und Frau Hofreiter haben getrennte Zimmer.«

»Umso besser. Wenn Sie also in seinem Zimmer zu tun haben, könnten Sie sich dabei ein wenig umsehen. Was machen Hofreiters tagsüber?«

»Sie scheinen das schöne Wetter zu genießen, wie andere Gäste auch. Sie spazieren am Strand, lesen auf der Veranda, trinken Tee, und um fünf muss ich für Hofreiters den Sherry aus dem Schrank holen. Für heute hat er ein Fuhrwerk bestellt.«

»Er lässt sich abholen? Wann und von wem?«

An der Küchenwand hing eine weiße Uhr. Frau Bryl entnahm der Schublade des Tisches einen einfachen Schlüssel, trat auf die Uhr zu, klappte das Glas über dem Zifferblatt auf und steckte den Schlüssel in ein Loch über sechs Uhr und zog sie auf. »Steht die Kutsche von Pinkis schon im Hof?«

Ich trat an das Fenster und schob die Vorhänge auseinander. Vor dem Haus stand ein Zweiachser. An einem der beiden Pferde, die Hand am Geschirr, lehnte ein Mann mit kurzen stämmigen Beinen. Sein Gesicht war braun wie ein verschrumpelter Apfel, und darin waren kleine Augen, gelb von Sand und Salz, die Stürme, Krankheit, Hunger und Geister gesehen hatten. Er erblickte mich am Fenster, nickte mir zu, dann zog er sich die Fischermütze tief in die Stirn und schloss die Augen.

»Pinkis ist eigentlich Fischer. Nachts ist er mit seinem Kahn auf dem Haff, und tagsüber fährt er Kurgäste auf der Nehrung herum.«

Und er schläft zusammen mit seinen Pferden im Stehen, dachte ich bei mir.

»Das ist die Gelegenheit«, sagte ich. »Sobald Hofreiter weg ist, durchsuchen Sie sein Zimmer, und ich werde ihm folgen. Besitzen Sie ein Fahrzeug, das Sie mir leihen könnten?«

»Sie wollen der Kutsche folgen? Dafür werden Sie kein Fahrzeug brauchen. Pinkis nimmt es gemütlich und gibt nie die Peitsche. Ein kräftiger junger Mann wie Sie kann ihm zu Fuß folgen und muss dabei noch aufpassen, ihn nicht zu überholen.«

»Ich hätte trotzdem lieber einen fahrbaren Untersatz.«

»Dann kommen Sie mit mir«, sagte sie, warf einen Blick in den Gang und gab mir ein Zeichen, dass die Luft rein war. Wir nahmen den Hinterausgang und liefen am Haus entlang bis zum Schuppen. Ein Damenfahrrad mit goldenen Linien auf schwarzem Lack stand glänzend im Sonnenlicht, das durch die geöffnete Tür des Schuppens fiel. »Sie können mein Miele nehmen«, sagte die Wirtin. »Aber Sie müssen mir versprechen, darauf aufzupassen.«

»Das ist genau das Richtige«, sagte ich und fühlte die Luft in den Reifen. Das Lederzeug roch nach frischem Fett. Das Fahrrad war so gepflegt wie die ganze Villa Bernstein. Ich schob es zur Schuppentür und spähte hinaus, gerade als Paul Hofreiter in sportlicher Anzugjacke an die Schwelle der offenen Tür trat. Er strich sich mit der Linken über das Haar, schob mit der rechten den Borsalino darauf und griff nach einer neben ihm auf dem Boden stehenden Aktentasche. Pinkis schlug die Augen auf und bestieg den Bock. Mit einem Schnalzen seiner Zunge zogen die beiden Pferde sanft an.

KAPITEL FÜNF

Parnidis

V on der Hausecke aus sah ich das Fuhrwerk im Osten kleiner werden. Ich wartete, bis es vom Fahrweg abbog, erst
dann schwang ich das Bein über den Sattel und radelte hinterher. Die ersten hundert Meter wurde ich von Ludwik begleitet,
dann bemerkte ich zu meiner Erleichterung, dass er anscheinend gelangweilt umkehrte.

Pinkis steuerte das Fuhrwerk über einen schnurgeraden
Waldweg, was die Verfolgung einerseits leicht machte, andererseits erschwerte. Hätte Hofreiter sich umgedreht, wäre ich nicht
zu übersehen gewesen. Frau Bryls Fahrrad rollte leicht, aber das
vordere Schutzblech klapperte penetrant, sodass ich einen großen Abstand halten musste, um nicht aufzufallen. Der Weg nach
Süden führte leicht bergauf und wurde sandiger. Mehrfach
musste ich absteigen und das schwere Rad schieben, weil ich
nicht genug Schwung bekam, um durch weiche Senken zu fahren. Dann verlor ich das Fuhrwerk für Minuten aus den Augen.
Der Weg machte einen Bogen nach rechts. Hier war der Wald
noch stiller, dichter und dunkler, sogar an einem sonnigen Vormittag wie diesem. Ständig befürchtete ich, einem seiner mäch-
tigen Tiere zu begegnen, die mich in ihrer teilnahmslosen An-
dersartigkeit mit einem tiefen Unwohlsein erfüllten. Doch dann
lichtete sich zu meiner Erleichterung der Wald, und ich erkannte, dass ich den Rand der großen Wanderdüne erreicht hatte. Ich
stieg vom Fahrrad, ging langsam weiter und hielt Ausschau
nach Hofreiter und Pinkis. Und hätte nicht eines der Zugpferde
den Kopf im Geschirr geschüttelt, wäre ich unversehens in die
beiden hineingelaufen. So konnte ich mich gerade noch rechtzeitig ducken und blinzelte durch das Strauchwerk. Zehn Meter

vor mir stand das Fuhrwerk. Pinkis war vom Bock gestiegen und hielt die Pferde, während Hofreiter herunterkletterte und den Kutscher anwies, auf ihn zu warten. Er trat aus dem Schatten der Bäume in die nur spärlich mit Gras bewachsene Sandlandschaft.

Meine Position am Rande des schmalen Fahrwegs erschien mir zu exponiert, weshalb ich mich ein Stück seitlich ins Gebüsch schlug, das Fahrrad leise ablegte und mich auf den Bauch flach daneben.

Zwischen den Stämmen zweier verkrümmter Bergkiefern hindurch konnte ich Hofreiter den Kamm der Düne emporsteigen sehen. Oben am Kamm stand eine dunkle Gestalt als Scherenschnitt im grellen Gegenlicht. Vor ihr eine Staffelei, in den Händen hielt sie, so wie es aussah, eine Palette und einen Pinsel. Das Gesicht konnte ich nicht erkennen, zumal es von einem Hut mit breiter Krempe verdeckt wurde. Doch die runden Schultern, auf denen der zylindrische Hals saß, und die lächerlich-linkische Formvollendung, mit der er Hofreiter begrüßte, verrieten ihn.

Sie waren zu weit entfernt, als dass ich die Vorgänge zwischen ihnen *en détail* erkennen hätte können, zumal die beiden Herren in einer Linie standen, sodass Hofreiter den Maler verdeckte. Anscheinend unterhielten sie sich, doch ich konnte keine Stimmen hören, so beschränkte ich mich auf die Beobachtung von Gesten. Sie wirkten einerseits nicht vertraut miteinander, doch schien Pfaffenkogel andererseits auch nicht überrascht, Hofreiter an diesem Ort zu sehen. Sofort fragte ich mich, ob ihre Begegnung dem Zufall geschuldet oder ob dies ein vereinbartes Treffen war. Jetzt standen sie näher zusammen. Gaben sie sich die Hand? Tauschten sie etwas aus? Es war für mich nicht genau zu erkennen. Eine Art Handel, sagte ich mir, war es in jedem Fall.

Erschüttert von dem übermächtigen Gefühl des Verrats, sank ich noch tiefer in die Deckung. Bisher hatten sich selbst meine schlimmsten Ängste nicht über die Möglichkeit hinaus verstiegen, dass im Fall der verschwundenen Handschrift die Gelegenheit den Dieb gemacht haben könnte. Dass jemand gefunden hatte, was mir aus Unachtsamkeit abhandengekommen war, und dass dieser Finder etwas Dummes, für den Dichter Schädliches damit anstellen könnte. Dass also schlimmstenfalls ein dem Dichter unfreundlich gesinntes Individuum den Zufall für sich nutzen und überlegen könnte, das gewonnene Wissen gegen ihn zu verwenden. Doch mit meiner jetzigen Beobachtung erschien alles mit einem Mal in einem anderen Licht, und diese Erkenntnis ließ mir die Nackenhaare zu Berge stehen: Wenn mindestens zwei Personen sich zum Schaden einer anderen verabredeten, dann wäre das nichts Geringeres als ein Komplott!

Konnte ich das ernsthaft annehmen? Wer könnte ein Interesse daran haben, ein solches Komplott anzuzetteln? Wann hatte es begonnen? Und zu welchem Zweck?

Ausgerechnet Pfaffenkogel als Verräter? In Kumpanei mit diesem Paul Hofreiter? Es erschien mir bodenlos. Beide hatten am Abend zuvor bei Blode nicht den Anschein erweckt, als seien sie besser untereinander bekannt. Hatte ich dem Maler nicht Sympathien entgegengebracht, indem ich mich auf ein ziemlich persönliches Gespräch über Lesegewohnheiten und Geschmäcker eingelassen hatte? Und hatte er mich nicht anfänglich gegen diesen Möchtegernschläger Paul verteidigt, zumindest mit Worten? Doch wenn ich es jetzt recht bedachte, hatten die beiden mich geradezu in die Zange genommen. Vor mir Pfaffenkogel, in meinem Rücken Hofreiter. Der Abend könnte also einem perfiden Plan gefolgt sein mit dem einen Ziel, mich um die Abschrift zu erleichtern. Und ich hatte mich wie ein Idiot übertölpeln lassen. Ja, so musste es gewesen sein. Zunächst fesselt der joviale Maler meine Aufmerksamkeit und verwickelt mich in einen Disput über Thomas Mann. Und der andere, der Raufbold, lauert auf die sichere Provokation, die seinen Einsatz markiert. Wer war noch in das Komplott verwickelt? Dalia hatte mich zu dem Tisch geführt, hatte mich auf dem Stuhl zwischen Pfaffenkogel und Hofreiter platziert. War sie eingeweiht gewesen? Was war mit Mollenhauer und Pechstein? Wie groß war die Gruppe der Verschwörer? Dienten sie einer größeren Macht im Hintergrund?

Doch woher hätte irgendjemand wissen sollen, dass ich überhaupt im Besitz der Handschrift von Thomas Mann war?

Nein, ich war dabei, die Nerven zu verlieren. Und meine Überlegungen waren nicht detektivische Deduktion, sondern wildeste Spekulation. Ich durfte mir vor Stolz, von Thomas Mann als »Watson« erwählt worden zu sein, nicht den Kopf verdrehen lassen. Dichter waren nun einmal dramatisch, das lag in ihrem Wesen, da ging es immer ums Ganze, aber das sagte nicht viel darüber aus, wie schwerwiegend der Verlust der Blätter tatsächlich war. Der Dichter hatte mich durchschaut wie einen Lampenschirm und gesehen, dass dahinter nichts glomm als Unterwürfigkeit und Schuldbewusstsein. Wie leicht war es für ihn gewesen, mich zu verführen und zu seinem Werkzeug zu machen. Oh, diese durchtriebenen Genies! Und meine dumme kleine Mission. Wohin hatte sie mich geführt? Zum ehrenvollen Dienst an der schönen Literatur? Lachhaft! Ich war wie die Kinder am Strand, spielte ein albernes Spiel, schlich wie ein Apache aus einem Karl-May-Kolportageroman Kurgästen nach und beschmutzte mir dabei die Kleidung im Unterholz. Jetzt spürte ich etwas auf meinem Kopf kribbeln, das eine Spinne oder ein Tausendfüßler oder etwas ähnlich Ekelerregendes sein mochte, aber immerhin wohl kein Elch. Ich machte dem Ärger über mich selbst Luft, indem ich heftig um mich schlug. Dabei stieß ich den Lenker des Fahrrades an, und die dicke glänzende Glocke daran tat einen einzigen obertonreichen Schlag, der weithin über die Düne zu hören sein musste. Ich warf mich wieder flach auf den Bauch und beobachtete durch das Blattwerk, wie die beiden Männer auf dem Kamm in ihrem Gespräch innehielten, die Blicke auf der Suche nach dem Ursprung des Geräusches schweifen ließen, für einige Atemzüge in meine Richtung zu starren schienen, sich dann aber wieder einander zuwandten. Ich blieb liegen, wie ich war, auch wenn es kurz darauf noch mehr kribbelte als zuvor.

Bevor meine Gedanken gar zu wirr wurden, besann ich mich auf das Wesentliche. Ich schuldete dem Dichter Wiedergutmachung für die Veruntreuung des Faksimiles. Nur darum ging es. Und darum, was ich nüchtern mit eigenen Augen gesehen hatte.

Pfaffenkogel und Hofreiter hatten etwas miteinander zu schaffen. Sie hatten etwas ausgetauscht, das allerdings nicht dem Format der Blätter entsprach. Es könnte sich um Geld gehandelt haben. Ich hob den Kopf und kniff die Augen zusammen. Der Maler hatte inzwischen Pinsel und Palette auf den Klapphocker vor der Staffelei gelegt und stand breitbeinig mit den Armen in den Hüften da, die Schuhe halb im Sand versunken. Hofreiter hielt die Hände hinter den Rücken. Sie sprachen auf Abstand, mal streckte der eine herausfordernd den Kopf vor, mal streckte der andere mahnend den Zeigefinger in die Luft.

Da krachte es hinter mir, und etwas Schweres brach durch das Gebüsch. Mein Erschrecken war so groß, dass ich aufgeschrien haben muss, während ich mich zur Seite rollte, um nicht von dem Elch zertrampelt zu werden. Aber es war kein Elch, der sich plump neben mir auf den Bauch fallen ließ und sich einen schwieligen Finger vor die weichen Lippen legte, bevor er fragte: »Was krauchst du Fixniedel hier rum?«

Ich starrte den Kutscher an, der, wie ich mir gemerkt hatte, von Frau Bryl Pinkis genannt worden war. Die wässrigen Äuglein schienen zu lachen, obwohl sich die Lederhaut um sie nicht in Fältchen ziehen konnte, weil da schon nichts als Fältchen waren. Eine Melange aus Gerüchen nach Pferd, Fisch und Wachs fasste mich an wie etwas Schweres, Stoffliches, und ich musste ein Stück von ihm abrücken, weil ich spürte, dass meine Augen zu tränen begannen.

Weil ich so überrumpelt war und nicht sicher sein konnte, was er mich in seinem ostpreußischen Dialekt gefragt hatte, blickte ich ihn nur stumm an.

Er wechselte ins Litauische: »*Policija?*«

»*Policija? Ne.*«

»*Privatus detektyvas?*«

»Nein, ich bin weder das eine noch das andere. Ich … Ich suche hier nur etwas.« Würde bald ganz Nidden wissen, dass ich Cowboy und Indianer spielte? Dann wäre die klandestine Suche nach den verlorenen Blättern bald vorbei.

Da stieß mich Pinkis an, deutete auf die beiden Männer auf der Düne und sagte wieder in seiner Sprache: »Das verlodderte Packzeug. Jemand sollte denen Zunder geben.«

»Was meinen Sie?«

Als wäre ich schwer von Begriff, schüttelte er unwirsch den Kopf und sagte – diesmal für mich wieder ins Litauische wechselnd: »Die Sauerei, um die es hier geht.« Das Hin und Her der Sprache, obgleich in gewissem Sinne mein Metier, mache ich mitverantwortlich für das Missverständnis, das aus dem dann folgenden Wortwechsel entsprang.

Denn Pinkis gebrauchte das Wort *šlykštynė*. Ein in litauischen Ohren fast schon lyrisch anmutender Ausdruck für »Sauereien«. Und weil es schon schlimm genug war, dass er mich erwischt hatte, und weil ich einfach meinen Fehler wiedergutmachen und das alles hinter mich bringen wollte, bezog ich seine Aussage auf mein unmittelbares Problem und die empörenden Vorkommnisse, die zu dem Verlust des Faksimiles geführt hatten. Eine Sauerei, das war die ganze Geschichte nämlich tatsächlich. Und Pinkis wusste anscheinend etwas darüber. Vielleicht, so keimte in mir die Hoffnung auf, gab es einen schmerzfreien und schnellen Weg aus dem Schlamassel.

»*Ką jūs žinote?* – Was wissen Sie?«

»Ich weiß, dass der Maler Blätter verkauft«, raunte er.

»Verkauft? An wen? Den Hofreiter?«

»Blätter, die nicht für alle Augen bestimmt ist.« Pinkis deutete in Richtung Düne. »Er war ganz gieprig auf der Fahrt.«

»Noch mal, bitte. Wer war ›gieprig‹?« Was immer das bedeuten mochte. »Hofreiter?«

»Aufgeregt, gierig«, erläuterte Pinkis für mich und zeigte grimmig Zähne, die groß und klobig wie Würfel in seinem Mund verteilt waren. »Er kenne irgendwelche wichtigen Herren daheim im Reich, die großes Interesse daran hätten.« Er spuckte neben sich in den Dreck. »Schafzagel, aufgeplusterter.«

Erregung nahm von mir Besitz. Also war ich auf Anhieb der richtigen Spur gefolgt. Wer hätte gedacht, dass in mir ein so guter Detektiv schlummerte. Doch dann stieg Wut in mir auf: Pfaffenkogel verging sich an meinem Eigentum und vergoldete seinen Diebstahl auch noch? Das war unerhört. Ich würde dafür sorgen, dass der Mann hinter Schloss und Riegel kam. Aber zuerst, überlegte ich, würde ich mich als interessierten Käufer zu erkennen geben, mir die Blätter zeigen lassen, sicherstellen, dass es die gesuchten waren, und dann zuschlagen. Ich stellte mir vor, wie ich dem großen Dichter mit Stolz die Lösung des Falles präsentierte. »Müller«, würde er sagen – insgeheim empfand ich diesen aus Dünkel und wohl auch Faulheit geborenen Spitznamen als Ausweis unserer wachsenden Vertrautheit –, »Sie haben Ihre Mission mit Bravour erfüllt und die Scharte ausgewetzt. Ich bin stolz auf Sie.«

Ist es Ihnen aufgefallen? Dieses Wort? Gleich zwei Mal taucht es anklagend und verräterisch zugleich im letzten Absatz auf. Der »Stolz«. Meine ewige Schwäche. Er wird mir noch beinahe zum Verhängnis werden. Er hinderte mich am klaren Denken. Sonst hätte ich in diesem Moment schon zweifeln müssen.

Da raschelte es erneut hinter uns, und ich dachte, dafür, dass ich hier inkognito ermitteln wollte, ging es wirklich zu wie im Taubenschlag. Pinkis und ich drehten uns gleichzeitig um und erblickten die Erscheinung, die mit Anzug und Krawatte dort im Gebüsch ziemlich deplatziert wirkte.

»Herr Mann, was machen Sie denn hier?«

»Gut, dass ich Sie treffe, Müller. Sie sagten mir, ich müsse von Ihrer Pension aus immer nur geradeaus gehen, um zum Schwiegermutterberg zu gelangen, aber dass sich der Weg an einer Stelle gabelt, vergaßen Sie zu erwähnen. So muss ich wohl vom Weg abgekommen sein.« Er entdeckte Pinkis, nahm eine Hand hinter dem Rücken hervor und tippte sich an den Hut. »Guten Tag, lieber Pinkis. Wie praktisch, dass wir uns hier begegnen.«

»Sie kennen sich?«

»Aber ja, der gute Pinkis ist meiner Familie oft zu Diensten.«

»Herr Mann, darf ich Sie bitten, aus der Sonne zu gehen? Ich habe die Befürchtung, man könnte Sie sehen. Besonders Ihr weißes Einstecktuch.«

»Was haben Sie gegen das Einstecktuch?« Thomas Mann zupfte es sich aus der Brusttasche, wischte sich damit einmal über die Stirn – ich wunderte mich überhaupt, dass es ihm in diesem Aufzug und vor allem mit der straff sitzenden Krawatte um den Hals nicht zu warm war.

»Am besten, Sie legen sich hier neben mich.«

»Ich soll mich in den Staub werfen?« Der Dichter hatte sich eine Zigarette in den Mundwinkel geschoben und hielt das silberne Feuerzeug schon in der Hand.

»Das ist keine Frage der Würde, sondern erfolgreicher Beschattung. Und keine Rauchzeichen, bitte.«

»Oh!«, sagte er da in plötzlichem Verstehen, und er trat zügig hinter einen Baum. »Beschattung, sagen Sie? Wen beschatten wir?«

Ich deutete auf die Gestalten auf dem Dünenkamm. »Pfaffenkogel und Hofreiter«, sagte ich, und weil das, wie ich seinem fragenden Gesichtsausdruck entnehmen konnte, als Erklärung nicht ausreichte, fügte ich hinzu: »Pfaffenkogel ist der Maler, mit dem ich gestern Abend bei Blode am Tisch saß. Und Hofreiter ist die Kanaille, die Sie schlagen wollte.«

»Was Sie nicht sagen.« Der Dichter verzog anerkennend den Mund. »Und haben wir schon etwas herausgefunden?«

»In der Tat. Anscheinend verhandeln Pfaffenkogel und Hofreiter gerade über die Blätter.«

»Das ist doch nicht zu glauben! Worauf warten wir dann noch? Gehen wir hoch und beenden das unwürdige Theater.«

»Nicht so laut, wenn ich bitten darf, Herr Mann. Wir wissen nicht, ob einer der beiden die Blätter jetzt gerade bei sich hat. Dieser Hofreiter wohnt jedoch praktischerweise in derselben Pension wie ich, er entwischt uns also keinesfalls. Ich denke deshalb, es ist klüger, zunächst diesem Pfaffenkogel auf den Zahn zu fühlen. Allem Anschein nach ist er der Verkäufer, wenn ich Sie richtig verstanden habe?« Ich sah Pinkis fragend an.

Der schaute von mir zum Dichter, runzelte die Stirn und nickte dann.

»Pinkis, Sie haben den Rohling herkutschiert und also letztlich das Treffen mit diesem Trottel von Maler ermöglicht?«, sagte er indigniert mit einem Seitenblick auf die beiden Gestalten, die immer noch auf der Düne beieinanderstanden.

»Ich kann mir meine Fahrgäste nicht aussuchen, Herr Mann. Aber Sie fahre ich viel lieber.«

»Das ist löblich, und ich nehme Sie gern jetzt gleich wieder in Anspruch. Es ist nur gerecht, wenn wir dem Herrn etwas Bewegung verschaffen und Sie mich gleich zu meinem Sommerhaus fahren, nicht wahr? Warten Sie bitte bei der Kutsche auf mich.«

Pinkis kroch ein Stück rückwärts, richtete sich auf und verschwand im Unterholz.

»Also, wie lautet Ihr Vorschlag zum weiteren Vorgehen, Müller?«

»Ich gebe mich zunächst Pfaffenkogel gegenüber zu erkennen und mache ihm klar, dass er die Blätter nur an mich verkaufen darf.«

»Als Käufer? Aber er hat die Abschrift doch von Ihnen gestohlen. Wird er nicht abstreiten, sie zu haben?«

»Sicher. Wenn ich als Ankläger auftrete und die Abschrift einfach zurückfordere«, sagte ich und kam mir sehr scharfsinnig vor. »Doch es liegt die Vermutung nahe, dass es Pfaffenkogel um den schnöden Mammon geht. Das ist eine gute Nachricht, verstehen Sie? Anscheinend hat er keine politischen Absichten und will Ihnen nicht persönlich schaden.«

»Nun, um mir zu schaden, müsste es ihm zunächst möglich sein, mir die Abschriften zuzuschreiben. Und wie sollte ihm das gelingen?«

Bisher hatte ich ihm verschwiegen, dass ich den Namen des Verfassers fein säuberlich und fahrlässig auf meine Abschriften notiert hatte. Jetzt, da ich mich selbst verraten hatte, blieb mir nur ein weiteres Geständnis. Er hörte meinen Ausführungen und Ausflüchten mit ungeduldiger werdender Rauchentwicklung zu. Zuletzt zupfte er das Einstecktuch aus der Brusttasche, nahm den Hut ab und wischte sich über die Stirn. Ihm war nun doch heiß geworden.

»Müller, Müller«, raunte er, und dass er nicht die Stimme gegen mich erhob, hatte ich wohl nur dem Umstand zu verdanken, dass er unser Versteck nicht verraten wollte. »Sie haben das bemerkenswerte Talent, eine gut gemeinte Tölpelei an die nächste zu reihen.«

»Ich weiß. Es tut mir leid.«

»Aber daran ist nun nichts mehr zu ändern, und möglicherweise schätzen Sie seine Motive richtig ein.« Er zog an der kalten Zigarette. »Man könnte sogar sagen, für einen Dieb ist Habsucht der ehrlichste Beweggrund zur Tat.«

»Rohling und Trottel, wie Sie die beiden so treffend genannt haben.« Ich war inzwischen Feuer und Flamme für das Deduzieren. »Ein Trottel weiß nicht, dass er ein Trottel ist, und hält sich vielmehr für besonders gerissen. Ich rechne auf seine Gier und werde ihm zu verstehen geben, dass ich es mir einiges kosten lassen würde, die Blätter wiederzubekommen. Ich vereinbare ein konspiratives Treffen für die Übergabe mit ihm, und da werden Sie dann, Herr Mann, überraschend auftauchen und sich zu erkennen geben, und dann wird Pfaffenkogel einsehen müssen, dass sein Spiel aus ist.«

»Ein konspiratives Treffen«, sagte der Dichter nachdenklich und zog sich den Homburger tiefer in die Stirn. Eine Geste, mit der er – wie mir heute klar wird – ein Sujet aus amerikanischen Agentenfilmen späterer Jahre vorwegnahm. »Aber ohne Kostümierung oder ähnlichen Firlefanz, will ich hoffen.«

Ich weiß noch, dass ich ihn in diesem Augenblick verkleidet mit Bademantel und Strumpfhaltern vor mir sah, und dachte, warum nicht.

»Ihr Plan könnte aufgehen, Müller. So machen wir es«, beschied der Dichter, und mir schwoll die Brust. »Aber erst nach dem Mittagsschlaf. Mit dieser lieb gewonnenen Angewohnheit will ich trotz des Chaos, das Sie in meinem heutigen Tagesablauf angerichtet haben, nicht brechen.«

Thomas Mann wandte sich ab und verschwand zwischen den Bäumen, und im Weggehen hörte ich ihn murmeln: »Verkauft meine Handschriften an den Meistbietenden, dieser *crétin* …«

So waren wir also in dem Glauben, eine heiße Spur zu haben – wie man so sagt –, und auch wenn diese Spur anderswo hinführte als gedacht, würde sich ihre Verfolgung als eine hervorragende Prüfung für das frischgebackene Detektivgespann Mann & Müller erweisen.

Der Dichter brach keine Sekunde zu früh auf. Ich hatte Pinkis kaum leise mit der Zunge schnalzen und das Zuggeschirr klirren hören, als sich die beiden Männer auf der Düne ohne Handschlag trennten und ich Hofreiter dem Waldrand zustreben sah. Auf halbem Weg stutzte er und blieb stehen. Ich sah ihn die Arme werfen und hörte ihn schimpfen, dass auf diese Litauer einfach kein Verlass wäre. »Ungeheuerlich, mich einfach so abzuservieren, na, der wird was zu hören kriegen, wenn ich ihm begegne.«

Seit Mann und Pinkis gegangen waren, fiel es mir zunehmend

schwer, still zu liegen. Eine Ameise lief mir über die Hand, etwas kitzelte mich im Nacken. Im Sand unter mir krabbelte es kreuz und quer. Noch widerstand ich dem überwältigenden Drang, aufzuspringen und mir die Kleider vom Leib zu reißen.

Erst nachdem Hofreiter, noch weitere grobe Unflätigkeiten ausstoßend, an meinem Versteck vorbei im Wald verschwunden war, erhob ich mich und klopfte mich hektisch ab. Danach war ich einigermaßen derangiert und musste zunächst meine Kleider wieder ordnen. Ich sah den Maler mit dem Rücken zu mir breitbeinig vor seiner Leinwand stehen, den Kopf zurückgeworfen. Jeden Pinselstrich führte er mit so großer Geste, als erwarte er dafür Applaus von einem unsichtbaren Publikum. Ich trat ins Licht auf den Kamm der großen Wanderdüne, bereit, ihm entgegenzutreten.

Die Düne ist – wie ich erst später erfuhr – kein Wunder der Natur, sondern auf interessante Art eine menschengemachte Warnung gegen die Versündigung an ihr. Die jahrhundertelange Abholzung des Waldes auf der Nehrung hatte erst dazu geführt, dass der Boden versandete und sich im Ostseewind zu dem, was man Sahara des Nordens nennt, auftürmte und formte. Aus Tälern von erdrückender Ödnis stieg man hinauf in Höhen mit majestätischer Aussicht auf Meer und Haff. Scharf getrennt lag auf der Nehrung die vor Leben berstende Urwelt des Waldes neben dem Gebirge aus Sand, das so wüst und leer war wie die Erde am ersten Schöpfungstag. Und der Mensch, stets in Bewegung, schaut auf diese Natur und missversteht sie als etwas Unveränderliches, etwas Ewiges. Er steigt auf die Düne mit seiner Staffelei, mit seiner photographischen Apparatur, will das Ewige auf Leinwand oder Zelluloid bannen und verändert es dabei. Denn er tritt Millionen von Sandkörnern los, die, einmal in Bewegung versetzt, Millionen weitere mit sich reißen, unbemerkt vom Menschlein, das denkt, nur in ihm pulsiere etwas, dränge etwas immer weiter vorwärts. Dabei ist es genau umgekehrt, und der Mensch wird gedrängt, wird gegen seinen schwachen Willen bewegt, von der Natur, vom Wind, von den Schwankungen des Grunds, von Flüssen, die über Ufer treten, Feuerwalzen und Lawinen. Drei Mal mussten die Einwohner von Nidden am Fuße der Düne hilflos mit ansehen, wie die Sandmasse unerschütterlich langsam, aber unaufhaltsam ihre Häuser und Ställe fraß. Drei Mal zogen sie weiter, drei Mal holte die Düne sie ein. Ganze fünfzehn Dörfer sind im Laufe der Jahrhunderte auf der gesamten Nehrung vom Sand verschluckt worden wie Jonah von dem Wal. Was für ein mustergültiges Beispiel dafür, dass die Verehrung der Natur durch uns dieser ganz gleichgültig ist. Oder es ist gerade diese Gleichgültigkeit, die der Mensch bewundert? Weil er zwar Teil der Natur ist, aber die einzige Art, die an der eigenen Existenz leidet? Weil der Mensch eben selbst gern widerstandsfähiger wäre, gleichmütiger gegen das Schicksal und im Leben klar und konsequent, rätselhaft und doch vollkommen.

Verzeihen Sie diesen reichlich verzierten Ausflug in meine belanglosen Gedanken. Ich bin schon zu lange am Leben und trage sie schon zu lange mit mir herum, als dass ich der Gelegenheit, sie jetzt in diesen Memoiren aufzuschreiben, widerstehen könnte. Es ist schließlich meine Geschichte. Und wenn Sie ihr bis hierher gefolgt sind, werden Sie ihr hoffentlich nicht nur wegen einer kleinen Abschweifung untreu werden.

Ich näherte mich Pfaffenkogel von hinten und anscheinend von ihm unbemerkt über den sandigen Pfad. In einigen Metern Abstand blieb ich hinter ihm stehen und betrachtete das Bild, an dem er arbeitete. Dargestellt war der Blick aufs Meer über den scharfen Dünenkamm von diesem Fleck aus. Aber gelungen konnte ich das Bild nicht finden. Eigentlich stimmte nichts daran: Pfaffenkogel hatte die Dünenschatten in einem recht mutigen Lila mit braunen Schattierungen gemalt, darüber spannte sich ein zart rosafarben fleckiger Himmel. So weit, so gut, aber das Wasser der Ostsee, das heute recht zahm unter uns den Strand umspülte, war bei ihm ein ganz ungebrochenes

Blau, das er zudem nach Art von Kindern mit regelmäßig verteilten weißen Sprengseln verziert hatte, die anscheinend dekorative Schaumkrönchen darstellen sollten. Auf seinem Bild näherte sich ein Gefährt der Küste, das der Künstler erstaunlich detailgetreu zustande bekommen hatte, was die Sache allerdings nicht besser machte. Denn es sollte offensichtlich einen Kurenkahn darstellen, deutlich war die typische Rautenform des aus vielen Teilen zusammengenähten Segels zu erkennen und der hölzerne Kurenwimpel an der Mastspitze. Aber die Dimension des Kahns war falsch. Er war zu groß geraten. Beinahe wirkte es so, als wäre der Wimpel auf Höhe des Kamms, auf dem wir standen. Besonders blamabel war, dass sich Pfaffenkogels Kurenkahn auf der Meerseite befand statt auf der Haffseite, wo er hingehörte.

»Pfaffenkogel!«

Überrascht ließ er Pinsel und Palette sinken und drehte sich um. Den fleckigen Strohhut gegen die Sonne hatte er sich tief über die Augenbrauen gezogen. Offenbar erkannte er mich nicht.

»Ich bin es. Der Übersetzer.«

»Herr Melone?«

Der Witz war inzwischen alt und ich ihn leid. »Für Sie immer noch Miuleris.«

Er sah an mir vorbei in Richtung Waldrand.

»Hofreiter ist nicht mehr da, falls Ihnen das Sorge bereitet.«

»Wie kommen Sie darauf?«

»Leugnen ist zwecklos, ich habe Sie beide beobachtet.« So wie jetzt seine Reaktion auf meine Eröffnung.

»Beobachtet? Aber zu welchem Zweck?« Ich musste ihm zugestehen, dass er gekonnt die Unschuld vom Lande spielte, so wie er mich durch seine trübe Brille hindurch anblinzelte. Ich fragte mich, wie er mit so wenig Durchblick Farben mischen, geschweige denn malen konnte? Vielleicht kein Wunder, dass der Kahn auf seinem Bild aus der Fasson geraten war.

»Weil ich etwas Bestimmtes suche und den starken Verdacht hege, Sie könnten es haben.«

»Mein Herr«, sagte er langsam und betont, »bedaure, aber Sie sprechen in Rätseln. Was suchen Sie? Und was soll ich haben?«

»Das wissen Sie ganz genau!« Mein Ton wurde anklagender. Ich weiß nicht, warum, aber ich rechnete mit einem Mal damit, dass Pfaffenkogel es nicht bei gespielter Unschuld belassen würde, wenn er erst einmal aufgeflogen war. Er könnte mir drohen, überlegte ich, mich möglicherweise angreifen, wenn er sich in die Enge gedrängt fühlte. Was wusste ich schon über den Mann? Und deshalb wappnete ich mich für alles und ballte schon die Fäuste, als ich ihm an den Kopf warf: »Ich spreche von bestimmten Blättern. Hat Hofreiter Ihnen vor wenigen Minuten Geld dafür geboten? Schämen Sie sich!«

Er riss die Augen auf und wirkte tatsächlich ertappt, gar schuldbewusst. Dann streckte er die Brust raus und holte zu einer seiner kleinen Ansprachen aus. »Ich soll mich schämen, sagen Sie? Scham ist eine bürgerliche Kategorie, und als Künstler führe ich eine Existenz jenseits moralischer Beschränkungen. Und überhaupt: Was geht Sie das an?«

»Was mich das angeht? Ich will die Blätter haben!«

Das schien ihn nun vollkommen aus dem Konzept zu bringen, jedenfalls blickte er mich ohne den Schimmer einer Erkenntnis an. Schließlich hellte sich sein Gesicht auf, er hob die Augenbrauen, bleckte die Zähne und mahnte spielerisch mit dem Zeigefinger vor meiner Nase. »Wer hätte das gedacht? Sie werden ja geradezu leidenschaftlich.«

»Sie können sich Ihre gönnerhaften Vorträge sparen, Herr Pfaffenkogel.«

Nun wurde er ernst und geschäftsmäßig. »Im Übrigen sind Sie nicht der Einzige, wie Sie sich denken können. Die Existenz der Blätter spricht sich herum und weckt Begehrlichkeiten. Ich biete die Kopien und das Original an. Letzteres hat selbstverständlich seinen Preis. Aber wenn Sie bereit sind, tiefer in die Tasche zu greifen, ist alles verhandelbar.«

Seine Unverfrorenheit machte mich beinahe sprachlos. Pfaffenkogel war ertappt und zeigte nicht die geringste Reue. Prahlte noch mit dem Wert seines brisanten Diebesguts. Hatte er den Ernst der Lage nicht verstanden? Oder ich nicht die Pointe? Waren »die Originale« die Pointe? Obwohl wir auf der nackten Düne der ganzen Kraft der Sommersonne ausgesetzt waren, wurde mir kalt. Er konnte unmöglich im Besitz der Originalblätter sein. Ich hatte sie Thomas Mann am Strand zurückgegeben, ein Irrtum war ausgeschlossen. Aber war es auch vollkommen ausgeschlossen, dass der zur Unachtsamkeit neigende Dichter sie erneut verloren hatte? Oder war dieser schlaffe Möchtegernkünstler ein verkappter Meisterdieb?

Pfaffenkogel wandte sich hochmütig wieder seiner Staffelei zu. »Überlegen Sie es sich. Aber warten Sie nicht zu lange.«

Ich hatte genug. »Wo?«

»Wie meinen?«

»Wo sind die Blätter?«

»In meinem Atelier. Das letzte Haus am nördlichen Dorfrand.«

»Wir treffen uns dort heute Nachmittag. Ich will das Original und die Kopien. Und Sie verkaufen an niemanden sonst, oder …«

Er drehte sich zu mir um und hob ironisch die Hände mit Pinsel und Palette. »Nicht doch, Sie müssen mir nicht drohen, ich bin ein vernünftiger Mann und verstehe Ihre Nöte.«

Er hatte es tatsächlich geschafft, dass mein Kopf schwirrte. Doch ich weiß heute noch, wie erleichtert ich war, als ich mich umdrehte und die Düne hinunterstapfte. Ich hatte das Gespräch hinter mich gebracht und etwas Zeit gewonnen.

Zurück am Waldrand, zog ich Frau Bryls Miele aus dem Gestrüpp auf den Weg und schwang mich auf den Sattel. Der Meister musste so schnell wie möglich erfahren, dass der Plan von Mann & Müller erfolgreich ins Werk gesetzt war.

KAPITEL SECHS

Medi

Weil ich auf dem weichen Weg zu oft ins Schlingern geriet, stieg ich ab. Es musste schon auf die Mittagszeit zugehen, denn die Sonne stand hoch über dem Blätterdach. Ich lief in der erhöhten unebenen Mitte der Fahrspur und führte das Fahrrad durch die ausgefahrene rechte Rille. Unter den Sohlen meiner Schuhe raschelte spitzes Gras, knirschten Zapfen und Knospenschuppen. Abwechselnd durchschritt ich ein Durcheinander aus Sonnenflecken und schattigen Inseln, ausgefranst und konfus wie Schären aus Licht. Aus der wild wuchernden Krautschicht von Farnen und Wacholdersträuchern wuchsen gleichmäßig vom Wind gebeugte, lebendig wirkende Bäume dicht an dicht, Erlen, Birken und Bergkiefern, deren Harz, von der steigenden Temperatur des Tages herausgeschwitzt, die Luft mit einem würzigen Duft erfüllte.

Alles in diesem Wald schien mich zum Innehalten und Schweigen aufzufordern. Ich blieb stehen, weil mir das unregelmäßige leise Geklapper des Schutzbleches mit einem Mal ungeheuerlich den Nerv tötete. Ruhe bedeutet mir viel. Auch deshalb habe ich einst den Beruf des Übersetzers gewählt. Allein gelassen zu werden und dabei alle Kraft und Konzentration auf einen Punkt, eine Aufgabe zu richten, das kommt meiner Art und meinem Wesen sehr entgegen. Dabei bin ich nicht menschenscheu. Aber ich kann nicht leugnen, dass ich meiner eigenen Spezies a priori eher misstrauisch begegne. Fast immer wollen Menschen etwas, und das meist für sich selbst. Dagegen wäre nichts einzuwenden, wenn *es* – sei es Geld, Macht oder Zuneigung – nicht zum Schaden anderer angestrebt würde. Alexander von Humboldt hat geschrieben, dass in der großen Verkettung von Ursachen und Wirkungen kein Stoff, keine Tätigkeit isoliert betrachtet werden darf. Ich bin davon überzeugt, dass alles mit allem zusammenhängt. Nichts verschwindet auf Erden, und nichts kommt hinzu. Ergo muss ich, um etwas besitzen zu können, es jemand anderem weggenommen haben. Wir sind alle Diebe. Wirklich noble Taten sind deshalb so selten wie die noblen Menschen, denen sie sich verdanken. Ich rechne mich keineswegs dazu. Es mag sein, dass es jemandem wie mir, der seine Sache mit Freude und Stolz tut, aber nicht wetteifert, leichter fällt, nobel zu sein. Ich erhebe keine Ansprüche. Außer darauf, dass mich diejenigen, die bereit sind, alle denkbaren Torheiten und Gemeinheiten zu begehen, um ihren eingebildeten Anspruch auf Geld, Macht und Zuneigung geltend zu machen, mich und die Menschen, die mir am Herzen liegen, gefälligst in Ruhe lassen.

So in meinen Gedanken, erreiche ich nach einer Viertelstunde den breiten Fahrweg, der links zu Frau Bryls Pension und rechts direkt nach Nidden führte. Ich wandte mich nach rechts, schwang mich aufs Rad und trat kräftig in die Pedale. So kräftig, dass es einen Schlag tat, ich mit dem Fuß abrutschte und beinahe der Länge nach hingeschlagen wäre. Ich bin kein passionierter Fahrradfahrer und konnte auf Anhieb nicht erkennen, was passiert war. Das Miele schien heil zu sein, aber wenn ich trat, gab es keinen Widerstand an der Kette. Ich würde den Unmut von Frau Bryl auf mich ziehen. Seufzend schob ich das Rad also über die unbefestigte Straße in das Dorf, vorbei an den niedrigen roten, mit Reet gedeckten Häusern, neugierig beobachtet von den Bewohnern, die hinter Staketenzäunen ihre Gemüsegärten bestellten, an der Kirche und dem Friedhof vorbei erreichte ich Skrusdin und die Abzweigung auf den Schwiegermutterberg. Oben beim Haus der Manns angekommen, war ich einigermaßen erschöpft. Das Fahrrad zu nehmen war eine dumme Idee gewesen, es hatte mir bisher rein gar nichts genützt und war mir im Gegenteil nur zur Last gefallen.

Am Haus gab es kein Tor, keinen Zaun, nichts, was einen Besucher daran gehindert hätte, sich ihm zu nähern. Aus der Distanz wirkte es groß, aber wenn man davor stand, machte es einen bescheidenen Eindruck. Das Haus war ganz im Stil des Ortes gehalten, schilfgedeckt und mit rotbrauner Holzverkleidung, blauen Fensterläden und den heidnisch anmutenden gekreuzten Pferdeköpfen am Dachgiebel. Einzelne Bäume standen auf der sandigen Erhebung. Zur Rechten konnte man den Hafen von Nidden erkennen. Gerade legte ein Dampfboot zwischen den ankernden Kurenkähnen an. Der Tag war so klar, dass man über dem Haff am Horizont das Festland ausmachen konnte. Gibt es solche Himmel heute noch? Nicht durchfurcht von Flugzeugspuren und diesig von Abgasen? Ein Himmel wie ein unendlich hoher, klarer Raum, belebt mit Wolken, die einen zu sich emporzuziehen scheinen?

Ein halbwüchsiges Mädchen trat aus dem Haus. Ihr dunkler Pagenschopf wurde von einem breiten Band zusammengehalten, in dem einen Unzahl bunter Federn steckte. Auf der Brust ihres Matrosenhemds lag eine mit Muscheln und Bärenklauen verzierte Kette. Sie war barfuß. Ihr Blick war ernst und neugierig, als sie mir ein paar Schritte über den Sand entgegenschlenderte. In einigen Metern Abstand blieb sie zunächst stehen und betrachtete mich neugierig.

»Guten Tag, ich wollte zu Herrn Thomas Mann.«

»Der Vater hält Mittagsschlaf und darf nicht gestört werden.«

»Ah, das will ich dann besser nicht tun. Lohnt es sich zu warten?«

Sie zuckte mit den Schultern. »Von mir aus.« Wenn sie lächelte, formte ihr Mund keinen Bogen, sondern einen breiten horizontalen Strich. »Haben Sie Durst?«

»Allerdings. Sieht man mir das an?«

»Wie einem Apachen im Llano Estacado.«

Da mussten wir beide lächeln. »Über ein Glas Wasser würde ich mich freuen.«

Sie lief augenblicklich los und verschwand ins Haus. Ich ging ein paar Schritte um die Südostecke des Häuschens und blieb neben der Veranda stehen, auf der ein runder Holztisch mit weißer Tischdecke und vier Korbstühlen stand. In einem beugte sich ein Junge mit Stift über einen Block. Er war nur mit einer Fransenhose und einem Federkopfschmuck bekleidet. Er sah mich mit dem finsteren Blick eines Indianers an, der seine Gefühle im Griff hatte. Das Mädchen kam wieder aus dem Haus und stellte ein Glas auf den Tisch. Ich verstand das als freundliche Einladung und trat näher. Dabei versuchte ich, möglichst leise aufzutreten, um den Schlaf des Dichters nicht zu stören.

»Vielen Dank. Bist du seine Tochter?«

»*Aš esu Elisabeth*«, sagte sie. »Und das ist Michael.«

»Angenehm«, sagte ich. »*Malonu susipažinti, aš esu Žydrūnas.*«

»Was heißt das?«

»Dass mein Name Žydrūnas ist und dass ich mich freue, deine Bekanntschaft zu machen.«

»Schüdrunas«, wiederholte sie, »klingt ein bisschen, als würde man mit vollem Mund sprechen.«

»Da bist du nicht die Einzige, die das denkt. Von wem hast du denn gelernt, dich auf Litauisch vorzustellen?«

»Von unserem Niddener Mädchen. Ich begleite sie manchmal zum Einkaufen und weiß, wie man nach Milch und Butter fragt.«

»Also?«

»*Pienas* ist Milch, und *Sviestas* ist Butter.«

»Beinahe richtig. *Pieno* und *Sviesto,* wenn du zu der Verkäuferin im Laden sagst: Ich hätte gern Milch und Butter. Akkusativ im Deutschen, aber Genitiv im Litauischen.«

»Sind Sie Lehrer?«, fragte Michael.

»Nein.«

»Also ein Schlauberger«, sagte Elisabeth.

»Vielleicht.«

»Wie Vater. Aber sagen Sie ihm nicht, dass ich das gesagt habe.«

»Kein Wort.«

»Warum schieben Sie Ihr Fahrrad?«

»Irgendwas ist kaputt. Ich konnte nicht mehr treten.«

»Ich bin gut darin, Dinge zu reparieren. Soll ich mal nachschauen?« Sie wartete meine Antwort nicht ab und sprang von der Veranda. Michael schob seinen Stuhl zurück und folgte ihr und mir zu dem Fahrrad, das ich an die Hauswand gelehnt hatte.

»Die Kette ist abgesprungen.«

»Oh, und was macht man da?«

»Na, die muss wieder drauf.«

»Und ihr wisst, wie man das macht?«

»Sie sind wohl doch nicht so ein Schlauberger«, sagte Elisabeth. Zusammen mit ihrem Bruder legte sie das schwere Miele zunächst auf den Boden und zog es dann an den Rädern hoch, bis es auf Sattel und Lenker balancierte. »Haben Sie ein Taschentuch?«

»Ja.« Ich zog es aus der Tasche und reichte es ihr. »Brauchst du nicht einen Schraubendreher oder so was?«

»Nein …«, sagte sie, griff die Kette nahe am hinteren Zahnrad mit dem Taschentuch, legte sie auf das Zahnrad und hielt sie fest, während sie Michael anwies, langsam an der Kurbel zu drehen, bis die Kette wieder einrastete.

»Aber Sie brauchen ein neues Taschentuch.« Sie reichte es mir zurück. Ölige Schlieren klebten daran.

»Oh! Ich hoffe, Frau Bryl kriegt das wieder raus.«

Die Kinder stellten das Fahrrad auf, Elisabeth stieg auf den Sattel und nahm Schwung. Michael sprang breitbeinig auf den Gepäckträger, und so begannen sie, enge, wackelige Kreise zu drehen. »Sehen Sie! Jetzt fährt es wieder!«, rief Elisabeth.

»*Ačiū!*«

»Gesundheit! Sind Sie erkältet?«

»*Ačiū* heißt danke.«

»Ah, und wie sage ich ›gern geschehen‹?«

»*Nèra už ką.*«

»Neera uschka«, wiederholte sie, und Michael machte rhythmisch »Uschka uschka!«.

»Klingt wie Indianersprache«, sagte Elisabeth.

»Bist du auf dem Kriegspfad, Medi?« Thomas Mann war aus dem Haus gekommen und stand da, die Hände in die Hüften gestemmt. Er hatte den grauen Anzug gegen einen weißen aus Leinen getauscht und wirkte geradezu leger.

»Los, wir binden den Vater an den Marterpfahl«, rief Michael. Er und seine Schwester sprangen vom Fahrrad, das ich gerade noch auffangen konnte, und umzingelten ihren Vater mit Geheul.

Der Dichter hob die Arme, so als würde er sich ergeben, sah mich an und sagte: »Müller, sind Sie bereit, in diesem Spiel die Kavallerie zu sein und mich zu retten?«

Aber das war gar nicht nötig, denn zwischen den Bäumen näherte sich ein blondes Mädchen und rief Elisabeth beim Namen. Sie ließ von ihrem Opfer ab und rannte ihm entgegen mit ihrem Bruder im Schlepptau.

Der Dichter wurde sofort ernst. »Hat dieser Pfaffenschnudel sich auf das Treffen eingelassen?«

»Ja. Und er ist noch gieriger als erwartet. Wir haben die Übergabe für heute Nachmittag vereinbart.«

»Und er weiß nicht, dass ich auch komme?« Eine Zigarette tauchte in seinem Mundwinkel auf.

Ich schüttelte den Kopf.

»Vortrefflich! Sie haben anscheinend das Talent, Menschen den Schein als Wahrheit zu verkaufen.«

Das war einer dieser Sätze des Dichters, die mich daran erinnerten, warum ich in seiner Gegenwart besser auf der Hut war. Was sollte dies bedeuten? Es klang ein wenig beleidigend in meinen Ohren, und ich war versucht, mich zu verteidigen. »Ich habe Ihnen gegenüber nie die Unwahrheit gesagt.«

»Na, na, mein Lieber, Sie wollten mich immerhin in dem Glauben belassen, Sie hätten die Blätter nicht gelesen … nein, schlimmer: Sie hätten sie nicht verstanden.«

»Zugegeben, aber Sie haben mir nicht geglaubt. Was mein Talent zur Lüge wohl infrage stellt.«

»Seien Sie nicht gleich eingeschnappt, Müller.« Er blies eine dichte Rauchwolke aus. »Ich spreche nicht von der Lüge, sondern von der Täuschung. Und die ist – richtig eingesetzt – eine Kunst, die Sie, wie mir scheint, durchaus beherrschen, möglicherweise durch den erzwungenen Umgang mit Ihrer besonderen Begabung. Im Übrigen haben wir damit etwas gemeinsam. Auch mir ist in meinem Leben oft der Vorwurf gemacht worden, ich würde in Erzählungen durch die Verwirrung von Schein und Sein den Leser gewissermaßen betrügen. Ein Vorwurf, der mich so amüsiert, dass ich mich mit dem Gedanken trage, die Idee für einen Hochstapler-Roman wieder aufzugreifen.«

Er drehte sich um, als seine Frau an der Verandatür erschien. Katia Mann trat zu ihrem Mann, wobei sie mit der Linken seinen Arm auf eine vertraute und wohl beruhigende Art drückte. Ihr Lächeln wirkte selbstsicher und ein wenig künstlich, wie bei einem Menschen, der irgendwann beschlossen hatte, das Leben zu nehmen, wie es ist, weil es sinnlos war, sich zu viele Gedanken zu machen. Ich rechnete damit, dass der Dichter ihr von den verschwundenen Blättern erzählt hatte. Wie ich noch lernen sollte, hatten Katia und Thomas Mann nur sehr wenige Geheimnisse voreinander. Eines, ein großes, sollte am Ende dieses Sommers dazukommen.

Ich stellte mich ihr vor.

»Sie sind der litauische Übersetzer, den mein Mann seinen Watson nannte?«, sagte Katia Mann ohne eine Spur von Ironie in ihrem Mienenspiel und bestätigte damit meine Vermutung. »Ich verlasse mich darauf, dass Sie ihn davon abhalten, sich in ungesunde Abenteuer zu stürzen.« Und so hatte sie mit nur zwei

Sätzen einerseits unsere Ermittlungen zu einem Kleine-Jungen-Spiel und andererseits mich zum Hüter ihres Mannes erklärt.

»Sie können ganz unbesorgt sein, Frau Mann, ein kleines Missverständnis, nichts weiter. Ich denke, es wird sich noch heute aufklären.«

Ihr Händedruck war überraschend dünn, trotzdem hatte ich das Gefühl, dass wir uns verstanden.

»Wie beruhigend«, sagte sie mit diesem gezwungenen Lächeln und wandte sich um, weil die drei Kinder herbeiliefen.

»Mama, wir brauchen einen Korb, wir wollen mit Marija Waldbeeren sammeln gehen«, sagte Elisabeth. Wie alle Manns hatte sie eine Art zu sprechen, die niemals aus vernünftigen Gründen mit Widerspruch rechnete.

»Die verkaufen wir dann an die Kurgäste«, sagte das Mädchen Marija.

»In diesem Aufzug? Eure Kunden werden das Weite suchen.« Katia schüttelte den Kopf.

»Wieso? Das sind Indianerbeeren. Machen unverwundbar«, sagte Michael.

»Und was habt ihr mit dem Geld vor?«, fragte Thomas Mann.

»Pferde kaufen«, sagte Elisabeth.

»Ein Korb müsste in der Küche sein. Wollt ihr nachher noch an den Strand?«, fragte Katia.

»Wenn Vater mitgeht.«

»Zuerst haben Müller hier und ich noch etwas Wichtiges zu erledigen«, sagte der Dichter, »aber ich komme nach.«

KAPITEL SIEBEN

Schande

N ette Kinder«, sagte ich, als der Dichter und ich etwas später nebeneinander am Haff entlangliefen. Ich schob das Fahrrad rechts, er ging links von mir.

»Ja, die Jüngsten sind mir eine große Freude, die Älteren bieten doch oft genug Anlass zur Sorge. Sind Sie verheiratet? Haben Sie Kinder?«

»Weder noch.«

»Darf ich fragen, wie alt Sie sind?«

»Gerade zwanzig.«

Er nickte. »Dann nehmen Sie einen Rat von mir entgegen: Lassen Sie sich Zeit mit Ehe und Nachwuchs. Es braucht einen gefestigten Charakter, um als Vater verschmerzen zu können, wie unterschiedlich sich die eigenen Kinder entwickeln, obgleich man doch der inneren Überzeugung ist, allen seinen Kindern mit derselben liebevollen Ansprache und fürsorglichen Strenge das nötige Rüstzeug fürs Leben mitgegeben zu haben. Trotzdem ist die eine liebreizend, der andere aufbrausend, die eine gefestigt, der andere labil, die eine fleißig, der andere faul.«

Ich sah ihn an und dachte, es müssen ja nicht gleich sechs sein. Und erkannte ich da ein Muster in seiner Aufzählung? Liebreizend, gefestigt, fleißig – waren seine Töchter. Da blieben für die Söhne nicht viel positive Eigenschaften übrig.

Wir hatten den kleinen Hafen von Nidden inzwischen hinter uns gelassen und befanden uns auf einem unbefestigten Weg direkt am Ufer des Haffs, dessen Wasser träge an den schmalen Strand spülte. Vor uns zeichnete sich am Horizont die große Parnidis-Düne ab. Ich musste aufpassen, den Pfad nicht zu verpassen, der zum Dorfrand führte, wo der Münchner Maler sein Atelier hatte.

»Aber sagen Sie mir: Was hatten Sie für einen Eindruck von diesem Pfaffenkogel?«

»Gestern Abend dachte ich noch: Er ist zwar großspurig und versteht nichts von der Literatur, aber er hat das Herz am rechten Fleck, weil er mich gegen Hofreiter verteidigt hat. Vorhin auf der Düne wurde er richtiggehend frech. Wenn Sie mich fragen, ein Mensch ohne Moral.«

»Aber er hat zugegeben, die Blätter zu haben?«

»Nicht nur das. Er erwähnte außerdem Originale, die er mir für viel Geld verkaufen würde. Können Sie sich das erklären?«

Thomas Mann war mit gesenktem Blick stehen geblieben. »Aber das ist ganz und gar unmöglich.«

»Es sei denn, Sie hätten gestern am Strand Ihre Notizen ein weiteres Mal verloren.«

»Sie scheinen mich für einen ausgemachten Unglücksmenschen zu halten, Müller. Ich kann Ihnen versichern, dass ich das nicht bin. Pfaffenkogel muss etwas anderes gemeint haben. Nun, wir werden ja sehen.«

Wir näherten uns einem alten Bauernhaus. Es lag halb versteckt zwischen Birkenwäldchen und Düne. Der ehemalige Gemüsegarten war von Unkraut überwuchert, die ausgebleichten Wände hatten schon lange keinen Anstrich mehr gesehen, und das Reetdach war gräulich und schadhaft. Ich lehnte das Miele an den Gartenzaun. Ein niedriges Tor hing schief in den Angeln, machte aber kein Geräusch, als ich es aufstieß.

»Stellen Sie sich hier neben die Tür, damit er Sie nicht sofort sieht«, wies ich den Dichter an.

»Was soll ich bei meinem Auftritt sagen?«, fragte er.

»Wonach Ihnen gerade der Sinn steht.«

Für einen Augenblick sah er mich stirnrunzelnd an, dann schien ihm ein Licht aufzugehen.

Nachdem ich geklopft hatte, wurde von innen ein Riegel zurückgeschoben, und in dem Türspalt, der sich auftat, erschien das teigige Gesicht des Malers. Er erkannte mich, öffnete die Tür etwas weiter, und ich konnte in den schmalen Gang hinter ihm blicken.

»Anscheinend können Sie es gar nicht erwarten«, sagte er zur Begrüßung in amüsiertem Ton.

»Bringen wir es einfach hinter uns, Pfaffenkogel. Geben Sie mir sämtliche Blätter. Die Kopien sowie das Original.« Ich wechselte schnell einen Blick mit dem im toten Winkel lauernden Dichter.

»Haben Sie mir denn auch etwas mitgebracht? Geld, Piepen, Moneten?« Er lachte fröhlich. »Ich muss schließlich auch von etwas leben.«

»Sie leben also vom Diebstahl?«

Schlagartig nahm er eine abwehrende Haltung ein. »Was fällt Ihnen ein!«

»Ich habe Ihnen nicht *etwas* mitgebracht, sondern *jemanden!*« Damit gab ich dem Dichter ein Zeichen, und er trat aus dem Schatten des Vordaches in Pfaffenkogels Sichtfeld.

Dessen Augen wurden so rund wie die Gläser seiner Brille. »Thomas Mann! Sie sehen mich … überrascht!«

Der Dichter durchbohrte Pfaffenkogel mit einem Blick, räusperte sich und sprach: »Mache am Tag nur solche Geschäfte, dass du des Nachts ruhig schlafen kannst.«

Pfaffenkogel sah von Mann zu mir und wieder zurück, und ein nervöses Lachen entfuhr ihm. »Weise Worte eines großen Mannes«, stammelte er. »Was verschafft mir die Ehre?«

»Das fragen Sie noch?«, stieß ich gereizt hervor. »Wo sind die Blätter? Herr Mann hat seine Zeit nicht gestohlen.«

Der mit einem Mal aufkeimende Eifer des Malers war unangenehmer als alle Unverschämtheiten, die er zuvor vom Stapel gelassen hatte. Pfaffenkogel rieb einen farbfleckigen Lumpen zwischen den Händen, nickte beflissen und wagte sogar, den

Dichter anzublinzeln, als er sagte: »Auch der größte Künstler ist nur ein Mann, verzeihen Sie das Wortspiel. Womit ich nur sagen will, wir sind doch Männer von Welt und mit Niveau.« Er senkte die Stimme. »Und wie ich immer sage: Wer einen besonderen Geschmack hat, darf sich nicht vor den Anfeindungen der G'schamigen fürchten.« Er ließ uns in den Gang treten. Ich erinnere mich an eine verwitterte, hölzerne Klappe auf Kniehöhe, aus der ich schloss, dass der Raum auf der anderen Seite der Wand einmal als Schweinestall gedient haben mochte. Und ein solcher Schweinestall – im übertragenen Sinne – war es immer noch, wie der Dichter und ich kurz darauf erfahren sollten. Aber zunächst öffnete sich eine weitere Tür zu einem Maleratelier: Leinwände, bemalt und unbemalt, stapelten sich an den Wänden. Neben der Tür lehnte das Bild, das Pfaffenkogel auf der Düne begonnen hatte. Auf Tisch und Boden lagen Paletten, ausgequetschte Farbtuben und Blechdosen voller Pinsel in allen Größen und eine kleine schwarz glänzende Dose, nicht viel größer als ein dicker Daumen. Im Nachhinein weiß ich um ihre Bedeutung. In diesem Moment war sie nur ein winziges Detail in einem Wimmelbild.

Man musste aufpassen, nichts zu berühren und nirgendwo draufzutreten. »Einen Augenblick, die Herrschaften, gleich ist es so weit«, sagte Pfaffenkogel so geheimnisvoll, als wäre er der Nikolaus. Schon verschwand er im hinteren Teil des Raumes.

Natürlich ist der Leser dem Missverständnis, um das wir herumtanzten, längst auf die Spur gekommen. Und wenn nicht, dann wird es ihm beim Lesen so gehen wie dem Dichter und mir, während wir den Maler rumoren hörten und gespannt auf seine Rückkehr warteten. Da wir selbstverständlich nicht die leiseste Absicht hatten, Lösegeld für das Diebesgut zu bezahlen, rechnete ich damit, dass es zu einem Handgemenge mit Pfaffenkogel um die Blätter kommen könnte. Ich war dazu bereit.

Dann kam er wieder und hielt aber nicht Papier in der

Hand, sondern eine Leinwand, die er mit großer Geste vor unseren Augen umdrehte und mir direkt vor das Gesicht hielt. Und was ich dann sah, war so schockierend, dass ich es zuerst nicht als das erkennen konnte, was es war, vielmehr glaubte ich, ein fremdartiges Ungeheuer würde mich von dem Bild anstarren mit weit aufgerissenem Maul und klaffenden Lefzen. Ich hielt die Luft an, aber dann fügte sich Element um Element zu einem Bild, die Schenkel, die Andeutung eines Bauches im Hintergrund und am Horizont zwei vage Spitzen, aber all das zentrierte den Blick nur noch mehr, zwang den Betrachter wie hypnotisiert auf das atemberaubende, blutrote Zentrum zu starren. Ich war auf einen Kampf gefasst gewesen, aber nicht auf diesen Kampf, der in meinem Inneren zu toben begann.

Thomas Mann holte tief Luft.

»Die Herrlichkeit des Eros«, sagte Pfaffenkogel und machte dann ein schmatzendes Geräusch, das auf mich noch abstoßender als das Bild selbst wirkte. »Heilige weibliche Unterwelt, gemalt nach der Natur.« Er seufzte wie von sich selbst ergriffen. »Ein lettischer Sonnenmythos, erzählt von der Sonnentochter, die, in ein Goldvlies oder einen roten Rock gehüllt, abends ins Meer sinkt und ertrinkt. Wollen Sie bei dem Anblick nicht viel lieber in dieser Abendröte ertrinken?«

»Das ist …«, setzte ich an.

»… genial, ich weiß. Die Ausführung ist noch etwas grob, aber bedenken Sie, dass ich sehr zügig am lebenden Objekt arbeiten musste.« Es klang in meinen Ohren so, als wäre ihm ein totes Objekt lieber gewesen. »Wenn die Photographien jedoch erst einmal entwickelt sind, habe ich eine solide Grundlage für weitere …«

»Das ist empörend«, unterbrach Thomas Mann Pfaffenkogels Redefluss und blies ihm den Rauch seiner Zigarette ins Gesicht.

Der Maler hatte mir die Leinwand in die Hände gedrückt, sodass ich nicht anders konnte, als auf das sich mir entgegendrängende Geschlecht zu starren. Ich schloss die Augen, und das war ein Fehler, denn auf diese Weise zog ich mir die Decke über den Kopf, und das Bild brannte sich in mein Gedächtnis ein in all seinen Details.

Von der bildenden Kunst verstand ich nicht viel, dennoch erkannte ich schon damals das Bild als das, was es war. Eine verschwitzte Grobheit für Männer mit Machtgelüsten. Was hatte dieser Kerl bei Blode nicht für Reden geschwungen über das Erhabene in der Literatur, über Kunst, an der man sich aufrichten können müsse. Nun, an dieser Kunst richtete sich nur der kleine Mann auf, und zwar der ganz kleine, wenn Sie verstehen, was ich meine.

Thomas Mann fing sich schneller als ich. »Was soll das bedeuten? Warum belästigen Sie uns mit dieser Geschmacklosigkeit?«

»Wie meinen? Nun, weil es sich hierbei – wie gesagt – um das Original handelt. Ich fertige auch einfache colorierte Kopien davon an, die unter aufgeklärten Herren mit kleinerem Geldbeutel reißenden Absatz finden, glauben Sie mir. Hofreiter hat gleich mehrere Blätter bestellt. Und wenn er sie nicht alle in seinem Herrenzimmer aufhängt, wird er einige davon daheim in Hannover mit Gewinn weiterverkaufen. Oh, werden Sie denken, schadet ein solcher Schwarzhandel nicht dem eigentlichen Künstler, also mir? Aber nein, sage ich da, im Gegenteil. Ich betrachte das als sehr gute Reklame.«

»Und was ist mit der dargestellten Person?«, ereiferte ich mich. »Ist das für Sie auch gute Reklame?«

»Jetzt kehrt Herr Melone wieder den Moralisten heraus?«, sagte Pfaffenkogel. »Da ist doch niemand zu erkennen, oder sehen Sie hier etwa ein Gesicht? Eben nicht. Weil es niemanden interessiert.« Er grinste Thomas Mann an. »Ich muss mich wundern, Herr Mann, Ihr Werk ist doch alles andere als lustfeindlich, aber wenn man stets nur knabenhafte Früchtchen anschmachtet, dann fällt man beim Anblick einer so saftigen Pflaume wohl gleich in ein Loch.«

Ich sehe die Szene noch vor mir, habe vor Augen, wie es im Gesicht des Dichters arbeitet, wie er langsam das Kinn senkt und bedrohlich die Braue kräuselt und wie der Maler ein Stück zurückweicht, weil er eine Grenze überschritten hat und geradezu körperlich zu spüren scheint, dass seine saftige Pflaume jeden Moment mit einer noch saftigeren Ohrfeige quittiert werden könnte, aber dann trafen ihn zu seinem Glück nur Thomas Manns ätzende Worte.

»Pornographen sind keine Künstler, sondern Kapitalisten im Götzendienst niederer Instinkte.«

»Das geht zu weit, Herr Mann. Auch für Künstler gelten die Gesetze des Marktes …«

»Und der Markt ist der Ort, an dem man Menschen wie Sie nackt anbinden sollte, damit andere Schmierfinken Ihrer zweifelhaften Couleur Gelegenheit bekommen, Ihr unbedeutendes Gemächt nach der Natur zu malen.«

Wie klein Pfaffenkogel da mit einem Mal war, wie er nach dem Bild griff, als wäre es ein hässliches Gebinde verwelkter Blumen, wie er schluckte und dem kalten Blick des Dichters zu entkommen suchte, um dann schließlich ein raues »Was wollen Sie wirklich?« herauszupressen.

»Die Blätter mit meinen Aufzeichnungen, die Sie gestern Abend bei Blode gestohlen haben.«

»Ich verwahre mich …«

»Oh, er verwahrt sich. Gleich fordert er mich womöglich noch zum Duell. Lassen Sie das ungereimte Geschwätz. Haben Sie sie absichtlich gestohlen, oder hat die Gelegenheit den Dieb in Ihnen geweckt?«

»Weder noch.«

»Ich warne Sie, Pfaffenschnudel. Sollte ich herausfinden, dass Sie mich belogen haben, werde ich Sie wegen Verbreitung unsittlicher Zeichnungen anzeigen. Dann können Sie sich nur

noch als fünftklassiger Postkartenmaler in Schwabing durch-
schlagen.« Damit drehte der Dichter sich um und verließ das
Atelier.

Vor der Tür entzündete sich Thomas Mann eine Zigarette
und sah mich an. »Ich muss schon sagen, was für eine ausgesprochen irregulär anmutende Persönlichkeit.«

KAPITEL ACHT

Disput

Diese Tage sind mir wahrhaftig als ein Auf und Ab der Gefühle in Erinnerung geblieben. Der stille Stolz während des Spaziergangs mit dem Dichter, gefolgt von der Scham über den Verlust der Blätter. Die kindliche Abenteuerlust bei der Beschattung von Hofreiter, schließlich die Ernüchterung nach der Konfrontation mit Pfaffenkogel.

Auf dem Rückweg ins Dorfzentrum hatte sich Thomas Manns Enttäuschung über den Rückschlag bei den Ermittlungen zunächst in weiteren Verbalinjurien gegen den »windschiefen Charakter« des Malers entladen, schließlich aber ganz unerwartet gegen mich gerichtet.

»Ein Schlag ins Wasser«, sagte er. »Eine ganz und gar sinnlose Expedition, zu der ich mich von Ihnen habe überreden lassen.«

»Zugegeben, wenn wir mehr nachgebohrt hätten, wäre uns diese Peinlichkeit erspart geblieben.«

»Wir?«

»Nun, Pinkis hat mir gegenüber Andeutungen über ›Schweinereien‹ gemacht, und Sie hätten Gelegenheit gehabt, noch einmal nachzubohren, als er Sie mit dem Fuhrwerk nach Hause gefahren hat.«

»Nachzubohren.«

»Und ich hätte Pfaffenkogel auf der Düne fragen sollen, was er mit dem ›Original‹ meint. Sie und ich sind unseren eigenen falschen Schlussfolgerungen auf den Leim gegangen.«

Der Dichter wirkte abwesend, geradezu desinteressiert, und in mir stieg Verärgerung darüber auf, dass er die Flinte anscheinend schon nach der ersten Schlappe ins Korn zu werfen gedachte.

»Wir müssen uns die Tatsache eingestehen, Herr Mann, dass wir Anfänger sind.«

»Anfänger.«

»Als Detektive, meine ich. Aber es ist noch nichts verloren«, fügte ich schnell hinzu, »weil sich die Lage nicht verändert hat, begreifen Sie? Wir haben streng genommen bisher nur einen Verdächtigen ausgeschlossen. Uns bleiben noch weitere.« Und schon während ich das sagte, wurde mir klar, dass ich zu optimistisch klang. Weil ich Frau Bryl bereits eingeweiht hatte und Mollenhauer, Pechstein und Blode als nachweislichen Ehrenmännern und Bewunderern des Dichters die Veruntreuung der Blätter nicht zuzutrauen war. Weil Isenfels schon nicht mehr zugegen gewesen war, als ich mich meines Jacketts entledigte. Und weil Dalia mich nicht bestehlen würde und der Mann mit den Königsberger Klopsen ein Phantom blieb. Dass Hofreiter nicht, wie zunächst von mir gemutmaßt, der Blätter wegen zu Pfaffenkogel gekommen war, würde zwar weitere Nachforschungen notwendig machen, doch ich sah da wenig Aussicht auf Erfolg.

Schweigend gingen wir nebeneinanderher. Das Schutzblech klapperte.

»Was sind schon ein paar Blätter beschriebenes Papier? Und welcher zufällige Finder würde sich die Mühe machen, sie zu entziffern oder den Urheber zu finden, statt den einfachen Weg zu gehen und sie fortzuwerfen? Gut möglich, dass Sie gar nichts zu befürchten haben.«

Der Dichter schaute weiter finster drein und schwieg.

»Ich möchte Sie etwas fragen«, sagte ich vorsichtig.

»Fragen Sie«, antwortete er, aber es klang nicht so, als hätte er große Lust, mir zu antworten.

»Sie haben in Ihren *Betrachtungen* geschrieben, der Künstler habe unpolitisch zu sein ...«

»... und das hat seine Gültigkeit nicht eingebüßt, gleichwohl ich für diese Ansicht ordentlich Prügel bezogen habe. Man hat mich missverstanden, missverstehen wollen, denn ich bin kein Iota von meiner Haltung abgewichen: Ein Politiker ist dem Volk verpflichtet, ich als Künstler nur dem freien Gedanken. Aber wenn sich eine pöbelnde Bewegung anschickt, diesen johlend zu zertrampeln, dann treten außergewöhnliche Umstände ein, die mich zwingen, meine natürlichen Hemmungen zu überwinden. Dieses völkische Geschwätz verbreiten inzwischen bereits unwidersprochen Mitglieder der Akademie in Berlin. Ich war im Übrigen immer schon der Meinung, dass die sogenannte schöne Literatur kulturpolitisch ziemlich weit rechts steht.«

»Aber dafür stehen Sie doch in ganz besonderem Maße. Ich meine, für die schöne Literatur.«

Der Dichter nickte und rauchte. »Und noch bringt mir diese Tatsache durchaus schützendes Lob von der falschen Seite ein, mein Lieber. Sie haben es gestern Nachmittag am Strand selbst gehört.« Thomas Mann hatte ein Talent für Imitation und traf den pathetischen Tonfall des schneidigen Übungsleiters recht gut: »›Ihr Werk ist ein leuchtendes Beispiel für die Überlegenheit deutscher Kultur in aller Welt.‹ Sie würden nicht glauben, wer mir alles Glückwunschtelegramme zum Nobelpreis geschickt hat. Sogar das von Goebbels bebte geradezu vor Ergriffenheit. Mit seinem Telegramm habe ich umstandslos den Kamin angefeuert. Wenn diese Menschen wüssten, dass ich in meinen Kreisen als links gelte und alles umarme, was wider den Nationalsozialismus steht, sogar den Kommunismus! Das habe ich im Grunde schon 1922 erklärt, aber das ist lange her, und die Menschen vergessen.« Er blieb erneut stehen und drehte sich zu mir um. »Ich habe eine Verpflichtung zur Wahrheit, aber die Wahrheit ist sehr abhängig von ihrem Augenblick. Ich muss den Schlag aus der Überraschung heraus führen, sonst kann er keine Wirkung entfalten. Aus diesem Grund darf ich mich nicht zu früh exponieren. Und deshalb sind unsere Ermittlungen nicht abgeschlossen, und Aufgabe ist keine Lösung. Wir müssen die verlorenen Blätter wiederfinden.«

Wir hatten die inzwischen recht belebte Haffpromenade erreicht. Man machte sich gegenseitig mehr oder weniger unauffällig aufmerksam auf die Gegenwart des berühmten Schriftstellers. Uns kamen Paare entgegen, die beim Anblick des Dichters stehen blieben, die Herren respektvoll ihre Hüte lüftend, die Damen galant einen Knicks andeutend. Alles an diesem friedlichen Ort wirkte kultiviert und wohlwollend, und nichts schien weiter entfernt als die Vorstellung davon, wie sich Nationalsozialisten und Kommunisten kaum hundert Kilometer entfernt in den Königsberger Straßen die Köpfe blutig schlugen. Nein, dachte ich, dies war Nidden, Kurort und Künstlerkolonie, hier gab es keine marodierende SA, nicht hier konnte sich das Schicksal Europas entscheiden. Und da kam mir der Gedanke, dass der bisherige Ausgangspunkt unserer dilettantischen Ermittlungen ein falscher gewesen sein könnte und der Diebstahl der Blätter womöglich gar nichts mit der politischen Brisanz deren Inhalts zu tun hatte.

»Was, wenn es gar nicht um Sie geht, Herr Mann?«

»Nicht um mich?« Er wirkte aufrichtig verwirrt, nachgerade belustigt von der Idee. »Um wen denn sonst? Etwa um Sie, Müller?«

Ich nickte. »Ja. Denn genau genommen ist mir etwas gestohlen worden, nicht Ihnen, verstehen Sie?«

»Aber es handelt sich um meine Gedanken. Um meine Handschrift. Ihre Annahme ist absurd.«

»Nicht so sehr, wenn Sie sich fragen, wem der Schaden entsteht.« Mit einem Male hatte ich das Gefühl, das Ende eines losen Fadens zwischen den Fingern zu spüren, eines echten Watson würdig, ohne zu wissen, wohin er mich führen würde. Nun, es war Glatteis. Sehr dünnes zudem.

»Sie sprechen von Schaden? Ich habe Ihnen doch gerade erklärt, welch ungeheurer Schaden entstehen könnte, wenn der Inhalt der Blätter gegen mich verwandt werden sollte, bevor ich ihn öffentlich zu nutzen weiß. Haben Sie mir nicht zugehört,

Müller? Worauf wollen Sie hinaus?« Der Dichter verlor hörbar die Geduld.

»Angenommen, es wäre dem Täter darum gegangen, mir zu schaden, indem er mich bei Ihnen in Misskredit bringt. Ihr Vertrauen in mich soll zerstört werden.«

»Ich kann Ihnen nicht folgen, doch mehr und mehr beschleicht mich das Gefühl, dass Sie dieses Vertrauen ganz ohne den Dieb verlieren könnten«, sagte er leise grollend.

Ich hörte ihm nur mit halbem Ohr zu und sprach weiter meine Gedanken laut aus. »Sie sind der Grund, warum ich auf der Nehrung bin. Wenn mir nun jemand diesen Grund entziehen will, um mich loszuwerden?«

»Was für ein faszinierender Gedanke!«, rief Thomas Mann aus. »Das muss es sein! Jemand hat die Befürchtung, Sie könnten ihm zuvorkommen und sämtliche versaute Gemälde des Pfaffenkogel kaufen.«

Herrschaften auf einer Bank drehten sich zu uns um und machten große Augen.

Sein spöttischer Ton entging mir nicht, wurde aber mit einem Male gedämpft von der Gedankendecke, die ich bei seinen Worten über mich zog, sodass ich das obszöne Gemälde schauderhaft klar vor Augen hatte, und da war etwas, eine Art Eingebung am Rande meines Bewusstseins, unscharf und nicht greifbar. Ich kam wieder unter der Decke hervor und sagte: »Ja, dieses Gemälde, es ist …«, und dann erschrak ich sehr, denn Thomas Mann beugte sich vor und fuhr mich heftig an:

»Ungereimtes Zeug, Müller. Hören Sie auf damit. All dieses Gerede von ›Was sind schon ein paar Blätter‹ und ›Es geht gar nicht um Sie, sondern um mich‹: Was beabsichtigen Sie damit? Wollen Sie mich in Sicherheit wiegen? Gar täuschen?«

Die Herrschaften erhoben sich und beeilten sich, davonzukommen. Ich war erstarrt. So wütend hatte ich den Dichter nie erlebt. Es war weniger die Lautstärke seiner Stimme denn die Art, wie er die Konsonanten betonte und aufeinanderprallen ließ.

»Sie täuschen? Aber mitnichten!«, beeilte ich mich zu versichern. »Mir ist die Wichtigkeit des Redemanuskripts sehr bewusst.«

»Ich habe nie von einem Redemanuskript gesprochen.« Er warf die Zigarette auf die Promenade und stemmte die Hände in die Hüfte, als wäre ihm gerade ein Licht aufgegangen. »Überhaupt, ich habe Sie das nie gefragt: Teilen Sie die von mir in den Blättern geäußerten Ansichten über den Nationalsozialismus? Oder waren Sie erstaunt? Gar entrüstet? Halten Sie sich nur nicht zurück!«

»Herr Mann. Wie können Sie auch nur einen Augenblick annehmen …« Ich musste ihn einigermaßen fassungslos angesehen haben.

»Sherlock Holmes sagt – so ich die Lektüre recht in Erinnerung habe –, wenn man das Unmögliche ausschließt, muss, was übrig bleibt, die Wahrheit sein. Wer sagt mir, dass Sie nicht ein doppeltes Spiel spielen, die Blätter selbst veruntreut haben und die Suche danach nur ein Vorwand ist, um mein Vertrauen zu erschleichen.«

Dieses Gefühl, als mir alle Farbe aus dem Gesicht wich und die Ohren zu kribbeln begannen, erinnere ich noch wie heute. Ich wurde vor Schreck so steif, dass ich fast das Fahrrad hätte umfallen lassen. Traute er mir eine solche Verschlagenheit zu? Oder machte er, ohne mit der Wimper zu zucken, einen bösen Witz, den ich nicht verstand?

»Sie sind ganz bleich geworden, Müller. Habe ich den Nagel etwa auf den Kopf getroffen?«

»Ich habe mich bei Blode schützend vor Sie geworfen. Dieser Hofreiter wollte nicht Sie schlagen, sondern mich, weil ich seiner Ansicht nach Hitler beleidigt hatte.« Ich hatte mein eigenes Mienenspiel nicht so gut im Griff wie er und konnte meine Enttäuschung nur schwer verbergen.

Und dann, ganz plötzlich, so als würde die Sonne hinter einer dunklen Gewitterwolke sichtbar, änderte sich seine Haltung, und ein Ausdruck heiterer Zufriedenheit trat auf sein Gesicht. »Nun, kein Grund, den Beleidigten zu spielen. Das war doch nur eine spekulative Ermittlungstechnik, ein – wenn Sie so wollen – sokratisches Gedankenspiel, ein Jonglieren mit dem Unmöglichen, wie ich schon sagte. Es würde mich sehr überraschen, wenn Sie ein Nationalsozialist wären. Tja, dann wende ich mich hier nach rechts, und zu Ihrer Pension geht es nach links. So trennen sich wohl also unsere Wege«, sagte er, und es klang in meinen Ohren so endgültig, dass mir das Herz sank. Als ich ihm hinterhersah, wunderte ich mich darüber, dass so kluge Menschen so wenig Feingefühl besitzen konnten.

KAPITEL NEUN

Lachen

Frau Bryl kam mir schon entgegen. Ich war in Gedanken gewesen, als die schwarze Gestalt am Waldrand überraschend vor mir auftauchte, so wie sie sich das auch beim Wecken zur Gewohnheit gemacht hatte. Ich musste vom Fahrrad springen, um es so rechtzeitig zu stoppen, dass es nicht zu einem Zusammenstoß kam. Frau Bryl hatte ohne Zweifel eine Art sechsten Sinn. In jedem Fall konnte sie es gar nicht erwarten, mir ihre neuesten Erkenntnisse mitzuteilen.

»Herr Miuleris, ich habe getan, was Sie von mir verlangten, habe jeden Winkel von Hofreiters Zimmer durchsucht, sogar zwischen seinen Hemden habe ich nachgeschaut ...«, sie breitete die Arme aus, »... aber, *je suis désolée,* ich habe keine Abschrift entdecken können.«

»Danke, Frau Bryl.« Ich war nicht in der Stimmung, ihr zu erklären, was Mann und ich in der Zwischenzeit herausgefunden hatten und warum das eher zur Entlastung von Hofreiter beitrug. Aber Frau Bryl war noch nicht fertig.

»Und dann habe ich mich daran erinnert, dass er heute Morgen eine braune Aktentasche bei sich getragen hat, als er das Haus verließ, und ich dachte, dass er die gestohlenen Dokumente höchstwahrscheinlich bei sich hatte, weil er in seiner Kammer kein geeignetes Versteck dafür finden konnte.«

»Sicher, das wäre möglich, Frau Bryl.«

»Also habe ich nach seiner Rückkehr abgewartet, bis die Hofreiters beim Lunch saßen, und bin noch mal auf sein Zimmer gegangen, um nachzusehen.« Sie erhöhte absichtsvoll die Spannung, indem sie mich ansah und die Arme vor der schwer sich hebenden Brust verschränkte. »Und was soll ich Ihnen sagen:

Der feine Herr hat sehr unfeine Bilder in seiner Aktentasche. So etwas haben Sie noch nicht gesehen. So etwas *wollen* Sie gar nicht sehen! Ich führe ein schickliches Haus und bin durchaus echauffiert. Die Bilder selbst habe ich gleich konfisziert, Gott bewahre, dass jemand anderes sie findet und es zu einem Skandal kommt. Bin gespannt, ob er die Frechheit besitzt, sie zurückzufordern. Ich hätte gute Lust, ihn gleich vor die Tür zu setzen.«

Hofreiter hatte also doch bereits Zeichnungen von Pfaffenkogel gekauft.

»Außerdem fand ich es höchst verdächtig, dass er zwar am Morgen mit dem Fuhrwerk aufgebrochen ist, später aber zu Fuß zurückkehrte.« Sie trat noch näher an mich heran. »Und er war ausgesprochen schlecht gelaunt. Können Sie sich auf all dies einen Reim machen?«

»Vielleicht hatte er nur genug von Pinkis' Gesellschaft?«

»Ach, Sie nun wieder mit Ihrer Ironie!« Sie nahm mir das Fahrrad ab.

»Bitte sehen Sie vorerst davon ab, den Hofreiter zu konfrontieren, und geben Sie mir noch ein paar Tage, bis ich weiß, wie alles zusammenhängt.«

Sie nickte. »*Bon.*« Wir gingen auf die Villa Bernstein zu. »Sie haben den Lunch verpasst«, sagte sie vorwurfsvoll. »Ich hatte mit Ihnen gerechnet.«

»Tut mir leid, da waren Sie etwas vorschnell.«

»Ich will es Ihnen wegen der besonderen Umstände noch einmal nachsehen.« Sie lächelte gütig. »Wollen Sie noch einen Kaffee auf der Terrasse zu sich nehmen?«

»Gerne. Danke.«

Auf einem freien Stuhl am Rande der Terrasse ließ ich mich nieder. Der Dackel des Gastes aus dem Zimmer gegenüber kam herangetrottet und schnüffelte an meinem Hosenbein, bevor ein scharfer Pfiff ihn zurück zu seinem Herrchen rief. Der korpulente Herr, der das Zimmer mir gegenüber bewohnte und mit dem ich noch kein Wort gewechselt hatte, stand mit Weste und

Hut an der Treppe zu dem Weg, der über die Düne zum Strand hinunterführte. Er gab seinem Hund einen Nasenstüber, nahm ihn an die Leine, paffte einmal an seiner Zigarre und rief mir dann zu: »Sie müssen ihren Platz kennen und verstehen, dass sie das Maul nur aufmachen dürfen, wenn man es ihnen sagt. Das gilt besonders für die minderwertigen Rassen.«

Frau Bryl näherte sich mit einem Tablett. Neben die Kaffeetasse stellte sie ein Glas mit einer dunklen Flüssigkeit. »Ich habe mir erlaubt, Ihnen einen Cognac zu offerieren. Sie sehen etwas angegriffen aus, wenn ich mir die Bemerkung erlauben darf.«

»Danke.«

Sie zog etwas aus ihrer Kittelschürze und hielt es mir hin. »Und wenn der Cognac nicht hilft, dürfen Sie sich auch gern zu einer Prise aus meiner Cocainbüchse verhelfen.«

Ich sah sie überrascht an.

»Nun schauen Sie nicht so erschrocken aus der Wäsche, Herr Miuleris. Die Büchse war das Geschenk eines dankbaren Gastes aus Berlin, wo dieses Pulver wohl sehr *à la mode* ist, wie ich mir habe sagen lassen. Aber wir leben hier auch nicht hinter dem Mond. Und ich weiß, dass einige der besonders gewagten Farben, die Mitglieder der hiesigen Künstlerkolonie anmischen, nicht nur aus der Tube kommen.« Damit ließ sie die Dose wieder verschwinden und hob das Kinn. »Ich meine es nur gut mit Ihnen.« Frau Bryl verschwand.

Der Cognac tat gut in meiner angefassten Stimmung, und so ließ ich mir noch einen zweiten von meiner Wirtin bringen, die dadurch versöhnt schien und aus dem zweiten einen doppelten machte. Am anderen Ende der Terrasse setzte sich überraschend Hofreiter an einen Tisch und stellte seine Aktentasche auf den Boden.

Wo das Ermittlerduo Mann & Müller gerade stand, wusste ich nicht. Ich wusste nicht einmal, ob es das nach der Szene an der Haffpromenade überhaupt noch gab. Was ich allerdings wusste, war, dass der Dichter, was mich betraf, auf dem Holzweg war. Ich spielte keine doppelten Spiele und fühlte mich nach wie vor in seiner Schuld, und daraus leitete sich für mich die Pflicht ab, auch ohne ihn weiter zu ermitteln. Während ich Hofreiter beobachtete, fasste ich einen Entschluss, und der Cognac gab mir den Mut, ihn umzusetzen. Er trug eine runde Sonnenbrille mit ledernen Seitenklappen, was es ihm leicht machte, so zu tun, als sähe er mich nicht. Nachdem ich aufgestanden und an seinen Tisch getreten war, konnte er nicht mehr so tun, als übersehe er mich.

»Guten Tag, Herr Hofreiter.«

Er zog die Lippen kraus und nahm die Sonnenbrille ab.

»Sie erinnern sich an mich?«

»Sie sind der freiheitsliebende Hitler-Verächter aus Litauen.«

Ich nickte. »Das klingt besser als um sich schlagender Thomas-Mann-Verächter aus Hannover.«

»Sie können mich nicht provozieren. Was wollen Sie? Ich erwarte meine Frau, und ihr will ich Ihre Gegenwart gern ersparen.«

»Ich will wissen, was Sie mit Pfaffenkogel zu schaffen haben.«

Jetzt nahm er die Sonnenbrille ab. »Woher ... Was geht Sie das an?«

»Sind Sie mit ihm im Geschäft?«

»Ich weiß nicht, wovon Sie reden.«

»Sie kaufen Bilder bei ihm.«

»Und wenn schon, was muss Sie das interessieren?«

»Sittenwidrige, pornographische Bilder.«

»Sie ... dämpfen Sie gefälligst Ihre Stimme.«

Ich zeigte auf die Aktentasche zu seinen Füßen. »Haben Sie sie da drin? Was verlangt Pfaffenkogel für eine solche Obszönität? Holen Sie die Bilder nur nachts heraus, wenn Sie in Ihrem eigenen Bettchen liegen?«

Er schob die Tasche mit dem Fuß unter den Stuhl, verbarg seinen panischen Blick wieder hinter der Sonnenbrille und sah sich um. »Es reicht! Was wollen Sie?«

Es war ein Schuss ins Blaue, aber ich hatte beschlossen, dass er es wert war: »Ich will die Dokumente wiederhaben, die Sie mir gestern Abend bei Blode aus der Jacke gestohlen haben.«

»Ich soll was getan haben?«

»Leugnen ist zwecklos«, behauptete ich. »Weil Sie mich nicht schlagen konnten, haben Sie mich bestohlen.«

»Ich erkenne Sie!«, sagte eine erregte weibliche Stimme hinter mir. Und Konstanze Hofreiter trat zu uns, klappte ihren Sonnenschirm ein und stützte ihre Arme steif darauf. »Reicht es Ihnen nicht, dass Sie mich für den Rest des Sommers entstellt haben …«

»Ich soll Sie …?«

»Nun belästigen Sie uns auch noch am helllichten Tag.«

»Ich habe Sie entstellt?«

»Wie würden Sie das sonst nennen?« Sie hielt mir ihre leicht gerötete Wange entgegen.

»Sie haben mein Mitgefühl, gnädige Frau, aber es war schließlich Ihr eigener Mann, der Sie geschlagen hat.«

»Müssen wir uns das gefallen lassen, Paul?« Ihr strahlend weißes Strandkleid wollte nicht zu ihrem nun insgesamt sehr roten Gesicht passen.

»Ach, mein liebes Stanzl, gerade haben wir dieses alberne Missverständnis gütlich aufklären können. Wir verstehen uns bestens, nicht wahr, Herr …«

»Müller«, sagte ich, indem ich spontan in meine Ermittlerrolle schlüpfte.

»Müller? Was Sie nicht sagen. Also, Herr Müller, ich hoffe doch, ich konnte helfen, Licht in die Affäre zu bringen?«

»Eine leidliche Affäre, Herr Hofreiter, Sie sagen es, aber es gibt schließlich nichts zu verheimlichen.«

Hofreiter erhob sich eilig. »Wollen wir, Stanzl?«

»Wovon spricht er?«, wollte Konstanze Hofreiter nun wissen.

»Von gewissen Dokumenten, deren ich gestern Abend bei Blode verlustig gegangen bin und von denen ich gehofft hatte,

Ihr Mann könnte sie an sich genommen haben. Wollen Sie nicht doch einmal in Ihrer Aktentasche nachschauen, Herr Hofreiter? Nur um sicherzugehen?«

Hofreiter wich das Blut aus dem Gesicht.

»Oh, aber ich habe sie gesehen.«

»Was, bitte, Madame?«

»Drei Seiten eines Dokuments, eines Schriftstücks – oder eines Briefes vielleicht. Ich habe versucht, sie zu lesen, doch ein solches Gekritzel hat man noch nicht gesehen! Haben Sie das geschrieben? Ich habe größte Zweifel daran, dass Sie Ihre eigene Handschrift entziffern können.«

»Wo haben Sie die Blätter gefunden?«

»Sie lagen nach dem Tohuwabohu auf dem Boden neben dem Tisch. Ich habe sie aufgehoben.«

»Sie haben die Blätter?«, schrie ich beinahe vor Erleichterung.

»O nein. Ich habe sie nicht behalten, wo denken Sie hin.« Sie klappte ihren Sonnenschirm auf und blickte mich schräg von darunter an. »Sie hatte man um diese Uhrzeit bereits des Etablissements verwiesen, glaube ich.«

Die Erinnerung, auf die ihre Spitze zielte, schmerzte, aber ich versuchte mir nichts anmerken zu lassen. »Was haben Sie mit den Blättern gemacht?«

»Ich habe sie auf den Tisch gelegt, damit sie jemand findet und sie dem rechtmäßigen Besitzer zurückgegeben werden können.« Sie hielt ihrem Mann den Arm entgegen, der ihn nahm. »Fragen Sie im Gasthof nach, wenn Sie sich dort noch blicken lassen können.«

Was für ein merkwürdiges Paar, ging es mir durch den Kopf, als ich die Hofreiters wenig später am Strand entlangflanieren sah, Arm in Arm, sie mit dem leichten, weißen Sonnenschirm in der rechten Hand, er mit seiner braunen Aktentasche.

Ich wollte keine Zeit verlieren, lief zum Schuppen, schob das Fahrrad heraus und schwang mich auf den Sattel.

Dieses Mal war ich klüger und nahm nicht den direkten, aber mit dem Rad unpraktischen Weg über den Dünenkamm, sondern wich über die planierte Poststraße nach Süden aus. So machte ich zwar einen Umweg und musste das Dorf einmal durchqueren, um zum Ortsteil Skrusdin zu gelangen, in dem das Gasthaus Blode liegt, aber ich kam zwanzig Minuten später deutlich entspannter dort an. Ich wäre noch schneller gewesen, wenn ich mich getraut hätte, kräftiger in die Pedale zu treten. Doch das Malheur mit der abgesprungenen Kette war mir eine Warnung. Da ich Hausverbot hatte, konnte ich nicht durch den Vordereingang des Gasthauses gelangen, ich schob deshalb das Miele durch die entlang der Haffpromenade flanierenden Kurgäste bis auf Höhe der Veranda, blieb stehen und machte einen langen Hals, weil ich hoffte, Dalia zu sehen und ihr Zeichen geben zu können. Nach wenigen Minuten gab ich es auf, stieg die Treppe zur Veranda hinauf und ging an den voll besetzten Tischen vorbei ins Haus. Man würde doch, dachte ich, meinetwegen nicht gleich die Polizei rufen.

Am Ausschank in der Gaststube standen Hermann Blode und Ernst Mollenhauer zusammen. Blode entdeckte mich und trat augenblicklich mit abwehrend ausgestrecktem Arm auf mich zu.

»Sie sind hier nicht erwünscht. Ich will keinen weiteren Ärger in meinem Etablissement.«

Ich hatte mir bereits überlegt, wie ich der irrtümlichen, wenn auch verständlichen Annahme, ich hätte den Tumult des Vorabends verschuldet, entgegentreten könnte, doch Mollenhauer kam überraschend zu meiner Ehrenrettung.

»Sei nicht ungerecht, Hermann. Ich saß den ganzen Abend mit Herrn Miuleris an einem Tisch und kann sagen, dass er sich in der Angelegenheit sehr korrekt verhalten hat. Wenn ihm überhaupt etwas vorzuhalten wäre, dann, dass er sich von den völkischen Reden dieses Hofreiter hat provozieren lassen.«

Blode sah seinen Schwiegersohn skeptisch an, rückte mir

aber nicht weiter auf die Pelle, verschränkte stattdessen die Arme und sah mich mit erhobenem Kinn an, als wäre ich ein junger Delinquent auf Bewährung. Sein Walrossschnauzer hob und senkte sich, während er mit dem Kiefer mahlte.

»Das stimmt, Herr Blode, ich war nicht auf Krawall gebürstet, im Gegenteil. Wir hatten eine sehr angeregte Diskussion über Literatur, bis der Herr vom Nebentisch sich recht grob einmischte und beleidigend wurde.«

»Sind Sie Literat?«

»Nein, ich bin Übersetzer. Von Thomas Mann. So gut wie.«

Er nickte mit einem Mal anerkennend. »Ah, dann ist das Ehepaar Mann Ihretwegen gestern gekommen?«, stellte er fragend fest. Was nicht stimmte, aber ich korrigierte ihn nicht, da ich die Bedeutung genoss, die seine Annahme mir verlieh.

»Ich bin auf der Suche nach etwas, das ich glaube, gestern Abend bei Ihnen verloren zu haben. Einige Blätter mit handschriftlichen Notizen. Im Grunde recht unbedeutend. Frau Hofreiter erinnert sich, sie aufgehoben zu haben, und ich frage mich, ob sie gefunden worden sind. Möglicherweise von jemandem, der bei Ihnen sauber macht?«

»Nicht dass ich wüsste. Aber ich werde herumfragen. Warten Sie einen Augenblick.« Ich sah Hermann Blode nach, der den Gang hinunter verschwand. Dann mussten Mollenhauer und ich zur Seite treten, um einem Serviermädchen Platz zu machen, das mit einem Schlitten voller Teller auf die Veranda trat.

»Dafür, dass Ihre verlorenen Blätter so unbedeutend sind, machen Sie auf mich einen recht nervösen Eindruck?«, sagte Mollenhauer, und erst da bemerkte ich, dass ich mir auf die Unterlippe biss.

»Ganz und gar nicht«, sagte ich ertappt und hörte selbst, wie wenig überzeugend ich klang.

»Handelt es sich wirklich um Ihre Aufzeichnungen – oder vielleicht um die von Thomas Mann?«

»Wie kommen Sie denn darauf?« Ich war von seiner Bemerkung so überrascht, dass ich gar nicht auf die Idee kam, es abzustreiten.

»Katia Mann hat es mir erzählt, als sie vorhin zum Telefonieren ins Gasthaus gekommen ist. Die Hausleitung der Manns wartet noch auf Verlegung.« Und als ich ihn erstaunt ansah, fügte er hinzu: »Ich bin ein Freund der Familie. Ich habe ihnen das Grundstück auf dem Schwiegermutterberg gezeigt, ich habe die Architekten gefunden und den Bau überwacht. Und dafür könnten sie mich ruhig einmal zum Kaffee auf die schöne Terrasse einladen.« Er lachte. »Jedenfalls können Sie auf meine Verschwiegenheit zählen und darauf, dass ich aufseiten von Thomas Mann stehe.«

Ich traute ihm, aber es war mir nicht recht, wie schnell sich mein Malheur herumsprach. »Was hat Frau Mann sonst erzählt?«

»Genug, um zu wissen, dass die Aufzeichnungen eine gewisse Brisanz bergen.«

»*Rupke!*«, rief ich spontan aus.

»Sie haben einen Rupke in Verdacht?«

»Nein. Ich habe nur in meiner Muttersprache geflucht.«

Wir sahen Hermann Blode entgegen, der kopfschüttelnd den Gang herunterkam. »Es kann sich niemand an irgendwelche Blätter erinnern, aber Dalia konnte ich noch nicht fragen. Wo versteckt sie sich bloß?«

»Herr Mollenhauer, Herr Blode, wenn ich Sie beide bitten dürfte, mir kurz zu folgen?« Gemeinsam betraten wir die Veranda, bis der Ort der Ereignisse des Vorabends in den Blick kam.

»Hier drüben saßen wir«, sagte ich zu Mollenhauer, »und an dem Tisch dort gegenüber habe ich einen Mann gesehen, der sich auffallend wenig für den Tumult und Thomas Mann zu interessieren schien.« Ich sah Mollenhauer Zustimmung heischend an. »Alle waren in dem Moment auf den Beinen, hab ich recht? Nur diesen Mann schien das nicht zu interessieren.«

Blode sah mich fragend an. »Was hat er stattdessen getan?«

»Gegessen. Klopse. Finden Sie das nicht verdächtig?«

»Er mochte eben seine Klopse. Es sind sehr gute Klopse.«

»Zweifellos, aber es war vielmehr die Art, wie er seine Umgebung mit Missachtung bedachte. Mir kam es geradezu … heimtückisch vor.«

»Heimtückisch? Das ist eine seltsame Beobachtung. An einen solchen Gast kann ich mich nicht erinnern«, sagte Blode, drehte sich um und verschwand.

»Was ist mit diesem Pfaffenkogel, der bei uns am Tisch saß?«, fragte Mollenhauer.

»Mit ihm habe ich schon gesprochen, er … hat Blätter, aber es sind die falschen.«

»Ach was.«

»Irreguläre Persönlichkeit.«

»Das trifft es.«

»Ist von Thomas Mann.«

»Wunderbar.«

»Da ist sie ja«, sagte Mollenhauer und deutete auf das Ende des Ganges, an dem Dalia gerade an einen Gästetisch trat. Ich begann mit den Armen zu rudern, um sie auf mich aufmerksam zu machen, und sie entdeckte mich auch wirklich, stutzte und bedeutete mir mit Gesten, ich solle draußen auf sie warten. Danach lächelte sie wieder die Gäste am Tisch an, schrieb in ihr Blöckchen und verschwand schließlich wieder.

Also verabschiedete ich mich von Blode und Mollenhauer und trat aus dem Gasthaus in den sonnigen Spätnachmittag, fand ein Mäuerchen an der Promenade unterhalb der Veranda und beobachtete die Menschen, während ich auf Dalia wartete. Damen in eleganten Kleidern und mit Sonnenschirmen bewehrt schritten an mir vorbei, am Arm ihre behüteten Herren in leichten Sommeranzügen mit Uhrketten an den Westentaschen. Nur wenige Einheimische waren zu sehen, die gedrungenen Männer in groben Twilljacken und die festen Frauen in bäuerlich weiten Röcken. Die Muße ist etwas für Städter, der Landbewohner arbeitet, und wenn er nicht arbeitet, muss er sich ausruhen, indem er sich schlafen legt. Beschauliches Nichtstun ist für ihn nur Zeitverschwendung. Im flachen Uferwasser spielten Kinder der Dorfbewohner unbeaufsichtigt, die städtischen Ferienkinder unter der Obhut von Kindermädchen.

Schließlich kam Dalia die Treppe der Veranda herunter.

»Warum wolltest du, dass ich draußen auf dich warte?«, fragte ich.

»Hat mein Chef dir nicht Hausverbot erteilt, weil er denkt, du hättest den Streit gestern angezettelt? Ich wollte dir nur Ärger ersparen.«

»Danke, aber Mollenhauer hatte schon ein gutes Wort für mich eingelegt.«

»Ah, und wer legt ein gutes Wort für dich bei mir ein? Immerhin hast du mich gestern ein ganzes Tablett mit Getränken gekostet.« Sie lachte.

Und Sie müssen wissen, Dalia hatte das schönste Lachen der Welt. Und das lauteste. Sie lachte jäh und erregend und übers ganze Gesicht, sodass man nicht anders konnte, als ebenfalls zu strahlen. Sie lachte – wie man so sagt – aus vollem Herzen. Aus einem Herzen, das voll Lust am Leben und voller Zuneigung zu den Menschen war. Und ich hoffte, auch ein bisschen zu mir.

Ich erklärte ihr, was Frau Hofreiter mir erzählt hatte, und schloss die Frage an: »Wenn du mir diese Blätter wiederbeschaffen könntest, würde ich ewig in deiner Schuld stehen.«

»Ewig, sagst du, kleiner Zydrūnėlis? In meiner Schuld? Und ich dürfte mir etwas ausdenken, mit dem du diese Schuld bei mir tilgen müsstest?«

»Alles, was du willst«, sagte ich, und ich weiß noch, wie warm die Sonne sich auf meinem Gesicht anfühlte und wie gut Dalia roch.

»Wie er errötet bis über die Ohren«, sagte sie, sah mich an und schien mit einem Mal ganz traurig. »Aber ich habe deine Blätter nicht.«

»Wie schade. Könntest du vielleicht herausfinden, ob jemand anderes sie mitgenommen hat?«

Eine Gruppe von Gästen stieg die Treppe zur Gasthofveranda hinauf.

»Ich muss wieder zu den Tischen, sonst bekomme ich Ärger«, sagte sie, legte mir eine Hand auf den Unterarm und verabschiedete sich mit den etwas rätselhaften Worten: »Ich würde dir gern helfen, aber ich kann es nicht.«

Und damit, so glaubte ich damals, verlor sich die Spur der Blätter endgültig.

KAPITEL ZEHN

Ludwik

E s hindert mich allerdings nicht daran, am nächsten Morgen
früh um sieben in Sichtweite des Sommerhauses der Manns
an einen Baum gelehnt zu warten, wie ein Plagegeist, der nicht
aufgibt. Was wollte ich noch von dem Dichter? Mann & Müller
waren eine flüchtige Illusion gewesen, der Anlass der gefühlten
Bedrohung durch das Verschwinden der Blätter bestenfalls ein
milder Wahn. Nicht nachgelassen hatten hingegen meine Bewunderung für ihn und der Wunsch nach Anerkennung durch
ihn. Aber dann sah ich Thomas und Katia Mann gemeinsam aus
dem Haus kommen und den Morgenspaziergang antreten, und
ich schämte mich für meine Eitelkeit und Heimlichtuerei und
ging gesenkten Hauptes davon.

Während der folgenden Tage verließ ich kaum die Pension.
Nach annähernd schlaflosen Nächten wurde ich weiterhin von
Frau Bryl geweckt, die sich offenbar langsam Sorgen um mich
zu machen begann, was ich daraus schloss, dass sie morgens die
Tür sehr sanft öffnete, bevor sie über die knarrenden Bohlen leise an mein Bett trat. Nachdem ich mich auch am dritten Morgen wie mechanisch angezogen hatte, trank ich ein wenig Kaffee
und frühstückte ohne Genuss, brachte den Vormittag herum
mit uninspirierten Ansätzen zur Übersetzung der *Buddenbrooks*, was mich an meine Mission erinnerte und daran, wie
nahe ich dem Bewunderten gekommen war, nur um ihn bitter
zu enttäuschen, woraufhin ich den Lunch ausließ und mich
stattdessen zu einem frühen Mittagsschlaf zurückzog. Aus diesem erwachte ich wieder ohne Saft und Kraft, als der vertraute
Schatten vor meinem Bett auftauchte.

Sie sehen also, ich hatte mich in meinem Selbstmitleid recht bequem eingerichtet. Allerdings ohne die Rechnung mit Frau Bryl zu machen. Diesmal hatte sie Ludwik mitgebracht. Wie zwei Aufseher im Gefängnis trieben sie mich gemeinsam aus dem Bett und in die Küche, wo ein liebevoll zubereiteter Imbiss auf mich wartete, in dem ich lustlos herumstocherte, bis ihr endgültig der Kragen platzte.

»Mit Ihnen ist aber auch gar nichts los, Herr Miuleris, was soll man davon halten, dass Sie so ein rechter Stubenhocker geworden sind, während draußen die schönste Sonne strahlt. Und warum haben Sie wieder kaum etwas gegessen, wollen Sie mich denn beleidigen, oder sind Sie gar krank, so anämisch, wie Sie schon aus der Wäsche schauen, geradezu trübsinnig, also, wenn ich es nicht besser wüsste, würde ich annehmen, Sie segnen demnächst das Zeitliche. Ist es Ihnen denn noch immer um diese vermaledeiten Blätter zu tun, Herr Miuleris? Statt sich darüber zu freuen, dass die Aufregung um Ihr kleines Missgeschick zu nichts als einem falschen Alarm geführt hat. Diese Dichter und ihre Empfindsamkeit, bei aller Liebe und Bewunderung, Herr Miuleris, der Herr Nobelpreisträger hat Sie ja ganz kirre gemacht, und mir überlässt er es, Sie nun wieder aufzupäppeln, aber was wäre ich für ein Mensch, wenn Sie mich nicht dauern würden, wenn es mir nicht das Herz bräche, Sie so zu sehen, also runter mit dem letzten Bissen, und dann mit frischem Mut den Hintern hoch und raus mit Ihnen, bevor ich Ludwik auf Sie hetze, das ist überhaupt eine gute Idee, nehmen Sie den Hund gleich mit und lassen Sie sich ja nicht vor Sonnenuntergang wieder blicken, verstanden?«

Ach, sie meinte es ja nur gut mit mir, sodass jeder Versuch, mich zu wehren, zwecklos war, zumal Ludwik mich so lange mit der Schnauze anstieß, bis ich mich vom Stuhl erhob. Ausgestattet mit dem Urinstinkt des Hütehundes, bestimmte er, welchen Weg ich nahm und in welchem Tempo. Wenn ich dem Meer zu nahe kam, lief er zwischen mir und der Brandung und drängte mich den Strand hinauf. Als ich nach gut einer halben Stunde

Anstalten machte, umzukehren, stellte er sich mir in den Weg, bis ich klein beigab und weiterlief.

Während des Mittagsschlafes war mir im Traum das obszöne Gemälde von Pfaffenkogel erschienen, und seither ging es mir nicht mehr aus dem Kopf. »*Šlykštynė*«, sagte ich über den festen Sand laufend vor mich hin. »*Šlykštynė!*« Sollte der Kerl doch über mich lachen, wenn er sich dabei überlegen vorkam. Ich verstand nun immerhin, warum wahre Künstler wie Pechstein und Mollenhauer einen Herrenabendschmierfink wie Pfaffenkogel nicht ernst nehmen konnten.

Sie fragen sich, woher meine immense Empörung über das Bild rührte? Nun, es war eine andere Zeit und ich ein prüdes Kind aus der Provinz. Nie hatte ich auch nur meine Eltern nackt gesehen, und meine Erfahrungen mit Frauen beschränkten sich bis dahin auf einen Kuss mit Nirusha, dem Nachbarsmädchen aus Jugendtagen. Nirusha heißt auf Deutsch »verbotene Nacht«. Es ist mir bis heute verwunderlich, wie Eltern für ihre Tochter einen solchen Namen wählen können. Vielleicht hatten sie bei der Wahl eher den Moment der Zeugung bedacht, als dass ihre Tochter für den Rest des Lebens die Sünde schon im Namen tragen würde. Dem Siebzehnjährigen waren der Name Nirusha und ihr Kuss schönste Versprechen, wenn er auch nicht ahnte, worauf. Aus seinen Träumen erwachte er in phantastischen Erregungszuständen. Phantastisch vor allen Dingen deshalb, weil er nicht wusste, wie genau er sich die körperliche Liebe vorzustellen hatte. Es hatte ihm niemand erklärt, was bei einer Vereinigung vor sich ging. Ja, ich schäme mich ein wenig, es zuzugeben, aber noch in diesem Sommer in Nidden vor vierundachtzig Jahren fehlte mir jegliche geschlechtliche Erfahrung mit Frauen. Deshalb war ich gänzlich unvorbereitet auf den Anblick der entblößten Vagina auf Pfaffenkogels Bild. Ich hätte die Augen schließen sollen und konnte es doch nicht. Wie ein schrecklicher Verkehrsunfall, dessen Zeuge man unvermittelt wird, wirkte das Bild abstoßend und unwiderstehlich zugleich.

Es zählt zu den unauslöschlichen Bildern in meinem Kopf, von denen ich Ihnen erzählt habe. Heute freue ich mich darüber und sehe deshalb den Pfaffenkogel in etwas milderem Licht. Ich hätte das Bild kaufen sollen. Sei es nur, um zu verhindern, dass irgendjemand sonst es je zu Gesicht bekam. Wie hätte ich damals ahnen sollen, dass es meine spätere Frau zeigte?

Den größten Teil unserer Ehe haben sie und ich in Litauen unter sowjetischer Besatzung gelebt. Eine Aufnahme, die wir im Sommer 1962 von einem Photographen in Vilnius haben machen lassen, drückt das damalige Lebensgefühl aus: Wir beide, sie sitzend, ich stehend mit einer Hand auf ihrer Schulter, als müsste ich sie daran hindern, aufzuspringen und fortzulaufen, im Hintergrund ein blasses Landschaftsbild an der Atelierwand, die Blicke gehen auf Anweisung des Photographen haarscharf an der Linse vorbei ins Leere. Das einzige Photo, das die wahre Beziehung zwischen meiner Frau und mir auszudrücken vermag, hat Jahrzehnte später unser Enkel Vladas mit seiner Zorki gemacht. Es steht im Bücherregal gegenüber von meinem Schreibtisch, und während ich dies aufschreibe, muss ich nur den Blick heben, um es zu sehen. Es bedeutet mir sehr viel. Aufgenommen wurde es an unserem fünfzigsten Hochzeitstag. Ich sitze auf der Treppe vor dem Sommerhaus unseres Freundes Vidas, wo wir uns alle zum Feiern versammelt hatten. Auf dem Photo ist zu erkennen, wie sehr meine Augen glänzen, weil ich wie alle Freunde und Verwandte an diesem Freudentag schon am Morgen mit dem Trinken begonnen hatte. Ich schaue nach rechts, von wo das Licht der Abendsonne kommt, freudig, als könnte ich nicht fassen, was ich sehe. Sie sitzt mit angewinkelten Beinen auf meinem Schoß, als hätte sie sich dorthin nach einem wilden Tanz erschöpft, aber glücklich fallen lassen. Ihre Lippen liegen an meinem Hals, ihre Augen sind geschlossen, eine ihrer Haarsträhnen fällt auf meine Stirn, wir halten einander fest.

Wer das Photo betrachtet, muss denken, dass für die zwei alten Menschen, die darauf zu sehen sind, gerade etwas beginnt.

Und so, glaube ich, fühlte es sich auch an. Obwohl meine Frau danach nur noch eine kurze Zeit zu leben hatte. Jeder echte Anfang ist eine Insel außerhalb der Zeit.

Es gibt noch einen Super-8-Film der Feier. Vor fast zwanzig Jahren habe ich ihn das letzte Mal angeschaut, und schon damals hatte mein Sohn Mühe, noch einen Projektor dafür aufzutreiben. Vidas hält eine Rede von der selbst gebauten Bühne, auf der er und seine Tanzkapelle spielten, Gitarre, Akkordeon, Trommel und Gesang. Vidas deutet auf die Kamera, also auf mich, und rudert gestenreich mit den Armen, während sich Vladas' hochschwangere Frau Jolita den Bauch vor Lachen hält. Es wird viel getanzt in dem Film, und jeder, der ins Bild kommt, macht große Augen oder winkt lachend ab oder hebt ein Glas zum Zeichen dafür, dass alle eine gute Zeit haben. Und was für eine gute Zeit das war. In Schwarz-Weiß und untermalt vom Geratter der Filmspulen.

Aber gehen wir zurück zu dem jungen Mann an den endlosen Strand am Ende der Welt zu Beginn des Augusts des Jahres 1930. Ich hatte mich in den warmen Sand gesetzt und die Schuhe ausgezogen. Vier Tage waren seit dem Verschwinden von Thomas Manns Handschriften vergangen, und seither hatte es keine spürbaren Folgen gehabt. Falscher Alarm, hatte Frau Bryl es genannt, und wahrscheinlich hatte sie recht. Der Gedanke hätte mich erleichtern sollen, aber er tat es nicht. Zum einen misstraute ich der Ruhe, zum anderen war ich traurig darüber, dass Mann & Müller schon nach so kurzem Einsatz Geschichte sein sollten. Wir hätten ein gutes Ermittlergespann werden können: Der Überlegene und der Geschmeidige. Der Raffinierte und der Mutige. Der Ehrliche und der Bewegliche. Der Zwilling und der Schütze. Wissbegier und Jagdinstinkt. So träumte ich mir eine besondere Beziehung zum Dichter zurecht, während ich mit den Fingern der Linken an den scharfen Kanten einer großen braunen Muschel entlangfuhr und mit der anderen Hand den Hund kraulte, der ruhig neben mir saß und wie ich aufs Meer hinausschaute.

Bis Ludwik abrupt den Kopf hob, aufsprang und ein paar Schritte den Strand hinauflief. Ich folgte seinem Beispiel und rechnete damit, die reichsdeutsche Sportlertruppe heranturnen zu sehen, aber da war niemand. Ansatzlos und ohne einen Laut hetzte Ludwik mit fliegenden Ohren den Strand hoch und verschwand in den Dünen, und ich dachte, das fehlte mir gerade noch, dass Ludwik Reißaus nahm und ich ohne Hund zur Pension zurückkehrte. Da tauchte etwas Großes, Dunkles aus dem Dünengras auf, aber so dumm kann doch kein Hund sein, überlegte ich, nicht einmal ein riesenhafter Owtscharka, dass er es ohne Not mit einem Elch aufnehmen würde, doch dann stieg eine Rauchwolke von dem vermeintlichen Elch auf, und er hob den Arm zum Gruß. Es war der Dichter.

Wie gewohnt in Anzug, Hut und Tennisschuhen kam er gemessenen Schrittes den Strand herunter, rief »Müller, da sind Sie ja!«, was Ludwik, der misstrauisch um ihn herumstrich, mit einem einzelnen Bellen quittierte. Thomas Mann blieb stehen, fixierte den Hund mit erhobenem Zeigefinger, woraufhin dieser augenblicklich den Kopf senkte, den Schwanz einzog und fünf Meter zwischen sich und den Dichter brachte.

»Ein Spaziergang an der frischen Luft bei Sonnenschein. Das lassen wir uns gefallen, nicht wahr, Müller. Sie sehen erholt aus. Zigarette?«

Ich kannte den Dichter inzwischen gut genug, um zu wissen, dass beiläufiges Geplauder über das allgemeine Befinden oder das Wetter seine Sache nicht war. Deshalb vermutete ich einen bestimmten Grund für seine Redseligkeit: Er wollte mich versöhnen, ohne sich zu entschuldigen für seine ungeheure Mutmaßung, ich könnte ein Nazisympathisant sein. Mann hatte damit seinem Müller praktisch gekündigt! Schon bei dem Gedanken daran, wie wir auseinandergegangen waren, stellten sich mir die Nackenhaare auf. Nein, der Stachel der Beleidigung saß zu tief, um ihn so einfach davonkommen zu lassen.

»Ich rauche immer noch nicht, danke. Ist es Zufall, dass wir uns hier begegnen?«

»Zufall? Nicht doch. Ihr Hund hat mich gefunden!« Sein Lachen, das ich zum ersten Mal hörte, war ein Schnaufen aus der Kehle, dem Schnarchen ähnlich und auch ebenso nervtötend. Ein Geräusch, das ihm selbst anscheinend so ungewohnt war, dass er es nach zwei Schnaufern gleich wieder sein ließ. »Ein schönes Tier, wenn auch etwas ungestüm, da tut noch etwas Erziehung not. Wie heißt er denn?«

»Ludwik. Aber ich habe ihn mir nur für den Spaziergang ausgeliehen.«

»Ah, ein Leithund also. Er verhindert, dass Sie sich verlaufen.« Sein Ton verriet mir, dass er sich über mich lustig machen wollte, aber die Pointe zündete nicht und hing in seinen verkrampften Mundwinkeln fest.

»Einmal am Strand hin und einmal wieder zurück. Schwer, sich da zu verlaufen.«

Er sagte nichts, und ich begann den Anblick des sich windenden Thomas Mann zu genießen. Er wollte etwas von mir, etwas Wichtiges, sonst wäre er mir nicht bis fast auf Höhe von Preila gefolgt. Wir standen uns gegenüber, und ich wartete darauf, dass er mit der Sprache herausrückte. Stattdessen klopfte er den Tabak einer frischen Zigarette auf dem Deckel des Silberetuis fest.

»Also dann, Herr Mann, einen schönen Tag noch.« Meine Kopfhaut juckte, als ich mich von ihm abwandte und Ludwik mit einem Klaps aufforderte, mitzukommen.

»Ich habe Sie gesucht, Müller.«

Ich drehte mich zu ihm um. »Warum?«

»Weil es Entwicklungen in unserem Fall gibt, von denen Sie wissen sollten.«

»In unserem Fall? Gibt es Mann & Müller also noch?«

Er tat überrascht, zog die Schultern zurück und pustete Rauch aus. »Ja, aber warum denn nicht?« Mit der Zigarette auf mich deutend, fuhr er fort: »Müller, sind Sie etwa beleidigt wegen meiner kleinen Provokation neulich?«

»Haben Sie die ganze Nehrung nach mir abgesucht?«

»Nicht die ganze Nehrung natürlich. Ihre Wirtin hatte die Vermutung, Sie könnten am Strand sein. Wir mussten nur lange genug der Poststraße folgen und hin und wieder anhalten und von der Düne nach Ihnen Ausschau halten.«

»Was denn? Frau Bryl ist auch hier?«

»Herrje, nein. Aber Pinkis wartet mit dem Fuhrwerk hinter den Dünen. Im Übrigen eine imposante Erscheinung, diese Frau Bryl. Sie war so sehr darauf erpicht, mich zum Tee dazubehalten, dass ich schon dachte, sie wolle mich als Geisel nehmen.«

»Seien Sie froh, dass Sie morgens nicht von ihr geweckt werden.«

Er warf mir einen alarmierten Blick zu.

»Sie mag es nicht, wenn Gäste ihre Zimmer verschließen«, sagte ich zur Erklärung. »Aber bevor Sie fragen, Herr Mann: Nein, sie hat Ihre Blätter nicht. Und dieser Hofreiter hat sie auch nicht. Frau Bryl hat sein Zimmer gründlich durchsucht.«

Er trat näher zu mir und sah sich um, als könnten sich an diesem weiten Strand unerwünschte Mitwisser annähern. »Warum ich Sie gesucht habe: Mir drängt sich das ungute Gefühl auf, dass jemand mein Arbeitszimmer auch gründlich durchsucht hat.«

»Sie haben ein Gefühl?«

»Nennen Sie es, wie Sie wollen: Gefühl oder Ahnung oder indizierter Verdacht. Und dieser Verdacht verstärkt sich seit Tagen.«

»Worauf gründet er? Gibt es Spuren eines Einbruchs?«

Er schüttelte den Kopf. »Nein.«

»Vandalismus?«

»Gottlob nicht.«

»Aber irgendjemand hat sich gewaltsam Zutritt zu Ihrem Arbeitszimmer verschafft?«

»Nicht dass ich wüsste.«

»Herr Mann«, sagte ich kopfschüttelnd, »ich verstehe nicht.«

»Kommen Sie mit. Im Sommerhaus werde ich Ihnen alles erklären.«

Ludwik und ich folgten ihm in Richtung der Dünen. Als wir das Gras erreichten, setzte ich mich hin, um mir den Sand von den Füßen zu reiben und in meine Schuhe zu schlüpfen, als seine Kippe neben mir ins Gras fiel. Ich fragte mich, ob es an mir sei, ihm schonend beizubringen, dass es sich nicht gehörte, seine Zigarettenstummel einfach achtlos in die Landschaft zu werfen.

Pinkis wartete beim Fuhrwerk, mit gekreuzten Beinen und wie immer anscheinend im Stehen schlafend mit einer Hand am Geschirr. Als wir uns näherten, öffnete er erst die kleinen Äuglein und dann für uns den Verschlag, durch den zuerst Ludwik schlüpfte. Pinkis wendete das Fuhrwerk, und die Pferde liefen gemächlich los. Ludwik saß aufrecht hechelnd zwischen dem Dichter und mir und schloss die Augen im sanften Fahrtwind.

Thomas Mann neigte sich vertraulich an mein Ohr, wie um zu verhindern, dass Pinkis etwas von dem Gesagten mitbekam. »Ich bin beunruhigt, Herr Müller. Und ich habe die Befürchtung, dass die Angelegenheit allmählich meine Nerven in schädlicher Weise affektiert.«

»Das werden wir zu verhindern wissen«, sagte ich mit mehr Zuversicht, als ich empfand.

Für den Rest der Fahrt hüllte er sich in Schweigen. Wir bogen vom Strandweg auf den Pfad durch den Wald in Richtung Nidden ab. Die hoch stehende Sonne stach mit ihren Strahlen durch das Blätterdach. Hypnotisches Insektengebrumm und gleichmütig dumpfes Beben der Pferdehufe auf weichem Waldboden beruhigten die Nerven, obwohl sie nach dem Anlass hätten angespannt sein müssen. Aber so wirkt die Magie des Nehrungswaldes.

KAPITEL ELF

Verrohung

Pinkis kannte jeden Winkel, jede Abkürzung und brachte nach gut einer halben Stunde das Fuhrwerk vor der Sommerhaus-Veranda zum Stehen, dann wartete er mit hängenden Schultern darauf, dass wir ausstiegen. Ich dachte, der Dichter würde ihn für die Fuhre bezahlen, aber er blieb neben dem Fuhrwerk stehen, verschränkte die Arme auf dem Rücken und wartete auf etwas oder jemanden.

»Ein prachtvoller Tag«, sagte er.

»Heute Morgen war es noch beschworken«, sagte Pinkis.

Der neugierige Ludwik nahm eine Bewegung hinter der Verandascheibe wahr, lief auf sie zu und kam kurz darauf in Begleitung von Katia Mann zurück, die einen Beutel am Arm trug, dem sie Münzen entnahm, die sie Pinkis in die Hand zählte.

»Tommy«, sagte sie, »brauchst du Pinkis heute noch mal?« Und dann zu dem Hund: »Und wer bist du denn eigentlich? Wo kommst du her?«

»Ich denke nicht«, sagte der Dichter.

»Ludwik gehört zu mir«, sagte ich, und Frau Mann warf mir einen freundlich-undurchschaubaren Blick zu. Entweder meine Anwesenheit war ein Grund zur Sorge, oder ich war ihr vollkommen egal.

»Die Kinder sind am Strand. Wolltest du nicht auch dorthin und im Strandkorb ein wenig arbeiten?«

»Zunächst habe ich mit Herrn Müller noch etwas zu besprechen.«

»Denk an dein Pensum! Dass du dich nur nicht später wieder beklagst, du hättest es nicht geschafft.«

»Auch ich bin in der Sommerfrische«, sagte der Dichter mit schlecht gespielter Empörung.

»Wie ich mich freuen würde, wenn es so wäre. Ich werde jedenfalls in den Gasthof müssen, um mit Mutter zu telefonieren. Vor dem Besuch der Pringsheims gibt es noch einiges zu besprechen. Danach gehe ich zum Strand.«

Zu den Zeiten, in denen ich den Dichter erlebte, war seine beinahe schon sprichwörtliche Arbeitsdisziplin eher Vorsatz als Wirklichkeit. Sein Tag sah den Spaziergang vor dem Frühstück, die darauffolgenden drei Stunden Arbeit vor dem Lunch und dem anschließenden Mittagsschlaf vor. Und er sollte täglich mindestens eine Seite Manuskript zum Ergebnis haben. Dies war das Pensum, von dem Katia Mann mahnend gesprochen hatte. Das jedoch, wie der Dichter mir gestand, nur im Idealfalle zu erreichen war, also wenn er sich nicht seelisch angegriffen fühlte, unruhig schlief trotz der Einnahme von Phanodorm und sich danach den ganzen Tag übel befand. Das sogenannte Pensum war eines für heitere Tage mit wohltuenden Aussichten. Und die anfänglichen lichten Tage in Nidden waren genau solche gewesen, doch die Sorge nach dem Verschwinden der Blätter schlug sich zu seinem Verdruss zunehmend auf die Arbeit nieder, sodass die eine Seite Manuskript eher Ausnahme als die Norm war. Diese Schwäche schmerzte ihn, und ich vermute, dass er sich auch deshalb gern ablenken ließ durch unsere Abenteuer.

Mich schaudert und amüsiert es zugleich, wenn ich daran denke, wie spielerisch wir damals unsere Nachforschungen begannen. Die Sorge vor dem, was passieren könnte, wenn der Inhalt seiner Rede zur Unzeit seinen Feinden zur Kenntnis gelangte, war ernsthaft und begründet. Doch wie bedrückend und hoffnungslos es schon kurze Zeit später tatsächlich werden sollte, sprengte – so glaube ich – auch seine Vorstellungskraft. Drei Jahre später musste er fürchten, seine Tagebücher könnten in den Besitz der Nazis gelangen, und sein Ekel und seine Mutlosigkeit wurden so groß, dass er Seelenqualen litt und tödliche Konsequenzen fürchtete.

Pinkis rollte mit dem Fuhrwerk in die eine und Katia Mann ging in die andere Richtung davon. Mann und ich waren allein. Endlich, dachte ich, denn obwohl unsere bisherigen Ermittlungen einem Sherlock Holmes sicherlich die Schamesröte ins Gesicht getrieben hätten, konnte ich nicht genug davon bekommen. Und der von ihm erwähnte frische Verdacht verhieß einen möglichen Weg aus der Ermittlungssackgasse.

»Herr Mann, möchten Sie mir jetzt sagen, was eigentlich geschehen ist?«

Der Dichter trat auf die Veranda, setzte sich in einen der Korbstühle und forderte mich auf, ebenfalls Platz zu nehmen. »Nachdem ich von dem Atelier des Malers ins Haus zurückkehrte, kam die Sache mir das erste Mal merkwürdig vor. Da lag etwas Ungewöhnliches in der Luft. Ich glaube, es war der Geruch nach Seife.«

Ich beschloss, ihn zunächst nicht mit Nachfragen zu unterbrechen, auch wenn ich ihm ebenso wenig folgen konnte wie Sie jetzt mir.

»Am Dienstag stand der Stuhl in der falschen Position. Jedes Mal nach getaner Arbeit schiebe ich ihn ganz an den Schreibtisch heran, sodass die beiden Enden der Armlehnen die Tischplatte berühren. Aber an diesem Tag war ein Abstand dazwischen.« Er ließ zwischen Daumen und Zeigefinger so viel Raum, wie ein Bleistift eingenommen hätte. »So viel. Verstehen Sie, es geht nicht um den Einzelfall, sondern um eine Kette von Merkwürdigkeiten. Bis heute.«

Die Merkwürdigkeiten klangen für mich eher nach Lässlichkeiten. »Was ist heute geschehen?«

»Heute Vormittag hatte ich Besuch. Eine katholische Schülergruppe aus Frankfurt auf Ostseereise. Ein Herr Pfarrer Rupp hatte brieflich angefragt, und ich habe mich bereit erklärt, sie heute nach der vormittäglichen Arbeit zu empfangen. Die Sache, lieber Müller, ist die: Sie brachten zunächst ein Lied zum Vortrag, dafür hatten sie den ›Matrosenchor‹ aus dem *Fliegenden Holländer* einstudiert, und ich muss sagen, nicht gänzlich talentfrei. Ich fühlte mich jedenfalls inspiriert, aus dem Stegreif ein launiges Referat über Richard Wagner zu halten, was auf das rege Interesse dieser jungen Leute stieß. Anschließend haben sich alle auf der Terrasse zu einem kleinen Imbiss versammelt. Es gab Tee und einen heimischen Mohnstollen, den unser Niddener Mädchen, glaube ich, *bulka* nannte.«

»*Aguonų bulka.*«

»Wie bitte?«

»Mohn heißt auf Litauisch *aguonos*. Ihr Mädchen hat einen *aguonų bulka* gebacken.«

»Agonie? Nein, der Stollen war sehr gut.«

»Ich mag ihn auch sehr gern.« Ich sah ihn an. »Geht es um den Stollen?«

»Natürlich. Aber das ist nicht alles. Der Herr Pfarrer hatte ein Bärtchen, wie auch der Herr Hitler eines trägt. Merkwürdig, nicht wahr?«

»Das finden Sie merkwürdig? Könnte doch sein, dass er vom Charlie-Chaplin-Fieber gepackt ist.«

»Er trug außerdem Uniform.«

»Herr Mann, Sie schweifen ab. War Ihnen die äußere Erscheinung dieses Pfarrers verdächtig?«

»Durchaus. Aber selbstverständlich ist es mir nicht allein darum zu tun. Ich zeige es Ihnen, wenn Sie mir folgen wollen.« Er stand auf, öffnete die Verandatür und bat mich und Ludwik ins Haus. Der Hund suchte sich ein Plätzchen auf einem Sonnenfleckchen nahe am Kamin und legte sich hin.

Und so fand ich mich in der guten Stube der Manns wieder, in einem Raum, dessen Boden, Decke und Wände und Möbel aus dunklem Holz bestanden, was ihm trotz der durch die breite Verandatür hereinströmenden Sonnenstrahlen einen etwas düsteren, wenngleich gemütlichen Charakter verlieh. Alles war aufgeräumt und blitzsauber, sogar der gemauerte Kamin, der so aussah, als wartete er noch auf seine allererste Nutzung, vielleicht für immer, denn die Sommer in der Kurischen Nehrung waren damals lang und warm, und im Herbst und Winter würde das Haus unbewohnt bleiben.

Mein Blick fiel auf einen polierten Grammophonkoffer auf dem Sideboard. Der Dichter bemerkte es und sagte: »Treten Sie ruhig näher. Mögen Sie Musik?«

»Sehr. Mein Vater spielte Geige in einer Tanzkapelle. Wenn er abends aus der Setzerei kam, hat er vor dem Essen stets noch eine halbe Stunde geübt.«

Mann strich mit der Hand über den Deckelkasten. »Es handelt sich um ein tragbares Thorens. Leider weist es statt eines Trichters nur eine Schalldose auf, da muss man, was die Naturtreue des Klangs angeht, selbstverständlich Abstriche machen. Trotzdem haben wir besonders am Abend viel Freude daran.«

Wir schweiften wieder von den Ermittlungen ab. »Ist denn in diesem Raum etwas in Unordnung geraten?«

»Nein. Gehen wir nach oben.« Ich folgte ihm eine Treppe hinauf, und wir blieben vor einer Tür stehen. Der Dichter griff nach der Klinke, hielt inne und sah mich mit hochgezogener linker Augenbraue und erhobenem Zeigefinger an, als wolle er mir etwas Wichtiges mitteilen. Und das tat er auch, allerdings brauchte er dafür keine Worte. Ich spürte auch ohne sie, dass mir ein besonderer Moment bevorstand: Er war im Begriff, mir Einlass in sein Arbeitszimmer zu gewähren.

Er öffnete die Tür. Der Raum war klein und wirkte durch die Dachschräge noch kleiner. Unter der Schräge waren ein Sessel und eine Stehlampe platziert. Gegenüber vor einer leeren Wand stand sein Schreibtisch. Die Einrichtung war insgesamt karg. Licht fiel durch ein einziges Fenster, das nach Südosten blickte. Ich trat heran und sah hinunter auf eine Reihe Kurenkähne, die unterhalb des Hauses am Ufer des Haffs festgemacht hatten.

»Ich nenne die Aussicht meinen Italienblick«, sagte der Dichter.

Der Begriff macht bis heute die Runde. Ich muss zugeben, dass mir der Blick – so schön er ist – nie besonders italienisch vorgekommen ist. Aber er war das einzig Bemerkenswerte an diesem Zimmer, und gerade deshalb fragte ich mich, warum Thomas Mann seinen Schreibtisch nicht vor das Fenster gestellt hatte und es stattdessen vorzog, die Wand anzustarren. Aber er hatte mich nicht in das Allerheiligste vorgelassen – verzeihen Sie mir die Ergriffenheit –, um sich von mir Ratschläge für die Einrichtungsgestaltung anzuhören. Also richtete ich meine Aufmerksamkeit auf das Rätsel, dessentwegen wir hier waren.

»Schließen Sie Ihr Arbeitszimmer ab, wenn Sie es verlassen?«

Er schüttelte den Kopf. »Das ist vollkommen unnötig.«

Ganz offensichtlich stimmte das nicht, aber ich sollte erst später begreifen, was er meinte.

»Beschreiben Sie mir, wann und wie Sie ein unerlaubtes Eindringen bemerkt haben.«

»Nach Gesang, meinem spontanen Vortrag und dem geselligen Beisammensein bei Stollen und Kaffee auf der Terrasse hat sich die Schülergruppe verabschiedet, und ich wollte an meinem Schreibtisch einen Brief beenden, den ich zuvor begonnen hatte, damit meine Frau ihn am Abend noch abtippen kann. Erklären Sie mich für überspannt, aber ich habe auf den ersten Blick gemerkt, dass etwas, wie soll ich mich ausdrücken, durcheinandergeraten war, was nicht hätte durcheinandergeraten sein dürfen.«

»Inwiefern?«

»Insofern, als ich eine Ordnung bei der Arbeit habe, eine Idealordnung. Sowohl, was meine Arbeitszeiten angeht, als auch die räumliche Organisation auf meinem Schreibtisch.« Er setzte sich in den ledernen Bürostuhl, um es mir zu demonstrieren. »Die Dinge, an denen ich arbeite, und die Gerätschaften, die ich für meine Arbeit brauche, müssen sich stets an ihrem richtigen Platz befinden.« Wie ein Führer im Museum deutete er nacheinander auf Gegenstände. »Frisches Papier liegt links neben der Unterlage, Lupe und Brieföffner auf der rechten Seite. Hier neben der Lampe befinden sich mein Tintenfass, meine Füllfederhalter und die Löschwippe. Der Halter mit der Korrespondenz, sortiert nach ›Erledigt‹ und ›Noch zu erledigen‹, gehört rechts oben an die Tischecke. Ich schreibe mit rechts und rauche während des Schreibens, also gehört der Aschenbecher nach links …«

Die Aufzählung war umständlich und penibel, aber ich war ganz Ohr und wartete auf das verräterische Detail, das gleich folgen musste. »Ich verstehe, alles hat genau da zu sein, wo es hingehört.«

»So ist es.« Er blies Rauch aus dem Mundwinkel und aschte ab. »Die Tagebücher befinden sich in der verschlossenen Schublade.«

Bei der Erwähnung der Tagebücher dachte ich mir damals nichts, und für diese Erzählung spielen sie leider keine Rolle. Ich sage »leider«, weil niemand jemals wissen wird, was Thomas Mann über die merkwürdigen Ereignisse, von denen ich hier berichte, darin festgehalten hat. Sicherlich vertraute er ihnen seine Angst um die verlorenen Blätter an, so wie er Jahre später seine Verzweiflung über die vorübergehende Beschlagnahmung der Tagebücher ausdrückte. Aber war auch ich ihm eine Erwähnung wert? Lobend oder tadelnd? Wie unterschied sich seine zeitgleich aufgeschriebene Version der Ereignisse von meiner in der Rückschau? Die Frage wird für ewig unbeantwortet bleiben müssen, selbst wenn kluge oder weniger kluge Köpfe nach Lektüre dieses Berichts auf die Idee kämen, weitere Nachforschungen anzustellen.

Denn die Tagebücher aus diesem Sommer, aus allen Sommern, die Thomas Mann auf der Kurischen Nehrung verbrachte und in denen ich an seiner Seite war, hat er später in Kalifornien verbrannt. Ich weiß es, weil ich bei der Verbrennung zugegen war. Ich selbst habe für ihn die Klappe an dem Betonverbrenner geöffnet, damit er seine Wachstuchhefte hineinwerfen konnte. Der Dichter stand da, die Hände flach in den Jacketttaschen, den Blick auf den Peerless-Ofen in der Ecke seines Gartens gesenkt. Er rührte sich nicht, bis die ersten Rauchschwaden unter dem Blechdach des Kamins hervorquollen. Dann murmelte er, ich entsinne mich seiner Worte sehr genau: »Ein *Barbecue* der Lebensgeheimnisse.«

Elf Jahre zurück, und der Dichter fuhr fort: »Meine dringlichsten Vorhaben sind stets vor mir angeordnet. Der *Joseph-Roman* zuvörderst, begonnene Briefe und solche, die bereit zur Abschrift sind, meine Kladde für Notizen und Ideen. Diesen weißen Kiesel habe ich während einer Italienreise mit meinem Bruder in Neapel am Strand aufgelesen. Er dient mir seit gut dreißig Jahren als Briefbeschwerer.«

»Und er ist am richtigen Platz?«

»Auf dem richtigen Stapel, aber in anderer Position, als ich ihn hinterlassen habe.«

»Aha. Sie sind sich da ganz sicher?«

»Na, hören Sie mal!«

»Sie sprechen von Ihren wichtigsten Vorhaben. Was ist mit der Rede, an der Sie zuletzt geschrieben haben?«

»Die habe ich zusammen mit den Tagebüchern eingeschlossen. Ich bin zwar von Natur aus kein misstrauischer Mensch, aber nach dem Verschwinden der Blätter galt es, Vorsicht walten zu lassen.« Um die Sicherheit der Aufbewahrung zu demonstrieren, rüttelte er erst an der verschlossenen Schreibtischschublade, nur um gleich darauf einen Schlüssel aus seiner Jacketttasche zu nehmen und sie zu entsperren.

Er drehte Schleifen bei der Entwicklung seiner Gedanken, aber ich drängte ihn nicht. Zumal ich noch Zweifel daran hatte, dass die geringfügigen Veränderungen an seinem Schreibtischsystem zwangsläufig etwas mit den verschwundenen Blättern zu tun haben mussten.

Er entnahm der Schublade einen dünnen Stapel Papier und reichte ihn mir. »Ich vertraue Ihnen, und ich möchte Ihnen gern Vertrauen einflößen. Bitte, sehen Sie selbst.«

Er reichte mir das dünne Manuskript, diesmal nicht handgeschrieben, sondern auf Schreibmaschine. Ich staunte, was ihm offenbar nicht entging.

»Ich habe meine Frau gebeten, sie abzutippen, obwohl sie noch nicht fertig ist. Es gilt laufende Ereignisse zu berücksichtigen, um im Moment des tatsächlichen Vortrags möglichst tagesaktuell zu sein.«

Die Erinnerung an diesen Moment gehört zu denen, die mir im Leben am liebsten sind. Wie der Dichter und ich in seinem Arbeitszimmer still beisammensitzen, ich aufgeregt auf der Sesselkante kauernd mit dem Manuskript im Schoß, er zurückgelehnt in seinem Schreibtischstuhl, elegant im Zweireiher, rauchend und mich freundlich, geradezu liebevoll betrachtend. Ich weiß natürlich, was Sie längstens schon beim Lesen gedacht haben und worauf Sie warten: Der Schriftsteller Thomas Mann, ein hübscher junger Bewunderer, einsame Waldspaziergänge, vertrauliche Momente in der Mansarde – wofür spricht all dies im Lichte der zur allgemeinen Binsenweisheit geronnenen felsenfesten Überzeugung, Thomas Mann habe homosexuelle Neigungen gehabt? Doch ich muss Sie enttäuschen. Nie hat sich der Dichter mir in dieser Weise genähert. Ich spreche nur von mir. Über andere Menschen, denen er in seinem Leben begegnet ist, mag ich nicht spekulieren. Ich glaube jedoch, anders, als viele noch so gelehrte, aber letztlich klatschhafte Geister glauben machen wollen, der Dichter war ganz und gar kein unglücklicher Mensch. Und er liebte es, zu lieben. Wer außer seiner Familie diese Liebe erwiderte, geht mich und Sie nichts an.

Noch bevor ich las, zog ich die Gedankendecke über mich und verhinderte so absichtsvoll das Vergessen bis heute. Würden diese Seiten noch existieren, wären sie wohl das wertvollste Stück einer gefeierten Ausstellung über den langen und tragischen Weg hin zur Freiheit Europas, aufgebahrt hinter entspiegeltem Panzerglas, mikroskopisch examiniert, wissenschaftlich analysiert, akademisch diskutiert. Aber es gibt sie nur noch in meinem Kopf, und niemand hat mich je danach gefragt, was sich nach dieser Niederschrift ändern mag. Aus den Notizen, die ich am Strand gefangen hatte, war in dieser Version ein zusammenhängender Text geworden, der zwar absichtsvoll noch Lücken aufwies, aber erkennbar so gebaut war, dass er auf Wirkung bei einem Publikum zielte.

»Memorieren Sie?«, fragte Mann.

Ich nickte.

»Das ist gut, Müller.«

In der ersten Zeile lasen sich seine Worte noch hoffnungsvoll, wenn er über die »Kraft der Gemeinschaft im Elend der Stunde« sprach, doch dann gebar dieser »Wirbel der Not« den »kranken Hass«, und anstelle der zuvor beschworenen »Schicksalsverbundenheit« sah der Autor nichts als ein »zerrissenes und zerspaltenes Volk«. Danach ging es ihm um die »Kreditwürdigkeit des Reiches« und die »Sanierung von Finanzen«, um »Haushaltsjahre« und »Budgetpläne«. Da schrieb zunächst jemand, der sein Grausen in nüchterne Analyse verpackte. Doch dann änderte sich der Ton, und er wurde bissig und messerscharf. Die Nationalsozialisten trieben »Politik im Groteskstil mit Heilsarmee-Allüren, Massenkrampf und Budengeläut«, bis alles »Schaum vor dem Mund« hatte, und er warnte mit drastischen Worten vor einem neuen Krieg.

Er sprach auch über den Versailler Vertrag und wie seine Bedingungen dem »deutschen Volke die Einsicht in den moralischen Sinn des Unterliegens« erschwerten. Ich dachte an mein Land und verspürte den Wunsch, ihm zu widersprechen. Mir kam Hofreiters wütender Ausruf während unseres Streits in den Sinn. »Das Memelland ist deutsch!«, hatte er behauptet, obwohl der Vertrag sein Land verpflichtete, es abzutreten. Die Annexion des Memelgebiets durch Litauen und die Vertreibung der

Franzosen, die es seit 1919 verwaltet hatten, war ebenso unblutig wie undurchsichtig erfolgt, aber international längst anerkannt. Welches Chaos hatte das Drama des Krieges über mein junges Land gebracht, an dem fortwährend von allen Seiten gezerrt wurde, von Russland im Osten und von Polen und Deutschland im Westen? Durften sich die Deutschen als »Hauptopfer« einer Konsequenz beklagen, wie Mann schrieb, oder bestand die moralische Einsicht nicht gerade darin, die geschaffenen Tatsachen nach der Kriegskatastrophe, für die zweifellos Deutschland zu einem Gutteil mit-, aber nicht nur, verantwortlich war, klaglos anzuerkennen? Doch durfte ich nicht verkennen, um was es ihm in seiner Rede ging. Nämlich um die Frage, ob es dieser »deutsche Gemütszustand« war, dieses Gefühl, hilfloses Opfer höherer Mächte zu sein, das die Deutschen scharenweise in die Arme der Nationalsozialisten trieb und sie sich abkehren ließ von bürgerlichen Ideen wie »Freiheit, Gerechtigkeit, Vernunft und Optimismus«. Dahinter in Klammern der Vermerk: »Ausgang Reichstagswahlen v. 14.IX.?«

»Was halten Sie davon?«

»Nun, es ist, wie soll ich sagen, niederschmetternd. Man mag danach den Glauben an die Menschheit verlieren, die … wie heißt es doch hier gleich?«, ich suchte die richtige Stelle, »›… entlaufen ist wie eine Bande losgelassener Schuljungen‹. Ist es nicht doch auch möglich, dass die Nationalsozialisten bei der Reichstagswahl an Zustimmung verlieren?«

»Sie sind Litauer, deshalb kann ich Ihnen nachsehen, dass Sie die aufziehende Gefahr einer faschistischen Pöbelherrschaft in Deutschland unterschätzen. Ich fürchte nur, zu viele meiner Landsleute, und nicht die dümmsten, tun das ebenfalls noch immer, trotz des steten Zulaufs, den die Nationalsozialisten bei Wahlen in den letzten beiden Jahren hatten. Sehen wir den Tatsachen ins Auge: In meiner Heimatstadt Lübeck waren sie im letzten November nur leidlich erfolgreich mit gut acht Prozent der Stimmen. Im Dezember in Thüringen bekamen sie schon über zehn Prozent. Und bei den letzten Landtagswahlen in Sachsen errangen sie sogar fünfzehn Prozent der Stimmen und sind damit die zweitstärkste Partei.«

»Aber in Ihrer Rede heißt es, dass die Deutschen natürlicherweise nicht zur Radikalität neigen. Kann man also nicht doch auf den gesunden Menschenverstand hoffen?«

Den Kopf in eine Wolke Zigarettenqualm gehüllt, sagte er: »Ihr Denken ehrt Sie und ist ganz in meinem Sinne. Selbst wenn einen das Leben tiefsten Pessimismus lehrt, hat man gleichwohl die Verpflichtung, optimistisch zu handeln. Ich gehe zur Urne, ich schreibe. Kann der Verachtung des Humanen bei dieser Wahl noch die Stirn geboten werden? Möglicherweise, aber ich bereite mich innerlich auf das Schlimmste vor, denn die geistige Verwahrlosung ist weit fortgeschritten. In Thüringen ist der nationalsozialistische Kulturfeind Wilhelm Frick zum Minister für Kultur ernannt worden. Wahrhaftig eine Frivolität! Und was, glauben Sie, war die erste Amtshandlung des Ministers für Verrohung? Er zerschlägt das Bauhaus in Weimar und verbietet die Werke von Remarque. Der ist zwar ein Flegel, wenn Sie mich fragen, aber als Schriftsteller ein bisschen verkannt. Umso größer der Choc. Remarque ist nur das erste Opfer von Geistesfeindlichkeit und Vernichtungsinstinkt, glauben Sie mir, viele weitere werden folgen. Ich habe keine Zweifel, dass es auch mich erwischen wird, meinen Bruder ohnehin. Und deshalb drängt es mich von innen, hervorzutreten und der Entwicklung in Deutschland entgegenzutreten.«

»Wenn Sie hiermit den Schritt in die Öffentlichkeit wagen, wird es seine Wirkung nicht verfehlen.«

»Es ermutigt mich, dass Sie das sagen. So anmaßend und lächerlich mir ein solcher Schritt auch erscheint, so wichtig ist es, nicht mehr den Mund zu halten. Aber wir haben über den Inhalt ganz das Ding selbst aus den Augen verloren.«

»Das Ding?«

»Den Beweis für die Manipulation.« Er nahm mir die Rede

ab, verschloss sie sorgfältig und entnahm der Kladde in der Mitte des Schreibtisches ein weiteres Schriftstück.

»Was ist das?«

»Ein Brief, den ich gerade geschrieben habe. Ich wurde gebeten, eine neue Partei mit meinem Namen zu schmücken, was ich hiermit ablehne. Aber betrachten Sie das Papier genauer. Fällt Ihnen daran etwas auf?« Das Sorgenvolle hatte seine Stimme verlassen, stattdessen zeigte er unverhohlen Freude an dem Rätsel, das er mir stellte.

Ich betrachtete den Brief genauer. Auf Anhieb waren keine Auffälligkeiten festzustellen. Das Papier war glatt und wies keine Beschädigungen auf. Doch gegen das Licht des Fensters betrachtet, sah ich, was er meinte. An der oberen linken und der unteren rechten Ecke waren Dellen im Papier, drei sanfte Erhöhungen in gleichmäßigem Abstand oben, eine identische Spur, jedoch diesmal als Vertiefung, unten. Ich prüfte die zweite Seite des Briefes auf ähnliche Spuren, doch es gab keine.

»Sie haben es gesehen«, stellte der Dichter befriedigt fest. »Sagen Sie mir, was Sie davon halten.«

»Es sieht so aus, als hätte jemand das Papier mit feuchten Fingerspitzen gehalten. Die Feuchtigkeit hat das Papier an den berührten Stellen aufgeschwemmt, danach sind sie wieder getrocknet, und geblieben sind diese sichtbaren Dellen.«

»Sehr gut, Müller!«, lobte mich der Dichter wie Sherlock seinen Watson, dabei rieb er sich mit beiden Handflächen über die Oberschenkel. »Glauben Sie mir jetzt?« Er nahm mir den Brief aus der Hand. »An einer Stelle, am Fuße dieses großen R, können Sie sogar eine kleine Verwischung sehen, wo die Schrift verschmiert wurde.«

»Ich gebe zu, es sieht so aus, als habe jemand in Ihrem Arbeitszimmer herumspioniert. Die Person könnte nervös gewesen sein. Deshalb bekam sie feuchte Finger, als sie sich an Ihren Sachen zu schaffen machte.«

Mann hob einen Finger. »Oder sie hatte kurz zuvor ein kühles, feuchtes Glas in der Hand … so wie die Schüler, die wir bewirtet haben.«

»Und wenn es jemand gewesen ist, der zuvor baden war? Das Haff liegt nur wenige Meter vom Haus entfernt.«

»Ein lustiger Gedanke, Müller. Ich stelle mir den Eindringling vor, wie er auf leisen Sohlen mit nichts als einer Badehose bekleidet die Treppe zur Mansarde emporschleicht.«

»Sie lachen, Herr Mann, aber so könnte es sich zugetragen haben.«

Seine Hand mit der Zigarette tätschelte die Armlehne, während er mich mitleidig ansah.

»Wenn der sogenannte Eindringling eines Ihrer Kinder war.«

»Ha!«

»Kinder machen Dummheiten.«

»Das können Sie laut sagen. Anderntags haben mich Medi und Michael erschreckt, indem sie ›Geköpfte Leiche‹ spielten. Sie lagen reglos am Strand, Michael hatte den Kopf im Sand, und Medi hatte sich bis zum Hals eingegraben.«

»Sehr einfallsreich. Vielleicht war das hier auch einer ihrer Streiche.«

Der Dichter drückte die Zigarette aus. »Ausgeschlossen. Keinem Mitglied des Hausstandes ist es erlaubt, ohne mein Beisein dieses Zimmer zu betreten. Das ist ein von allen geachtetes Naturgesetz.«

»Sie hätten sich eben nach dem Abwasch und vor der Arbeit die Hände gut abtrocknen sollen«, scherzte ich – und ahnte da noch nicht, wie nahe ich mit dieser Bemerkung der Wahrheit schon gekommen war.

Der Dichter aber lachte nicht. Er sagte nur: »Sie können nicht ernsthaft annehmen, dass ich den Abwasch mache. Ich weiß eine lustige Schote zu schätzen wie jedermann«, sagte Mann todernst, »aber nun ist es genug. Oder unterstellen Sie, ich würde meine Arbeit liegen lassen, um die Nehrung nach Ihnen abzusuchen, wenn dem rätselhaften Vorgang eine schlichte Eselei zugrunde läge? Erst die verschwundene Abschrift, jetzt die Spuren an dem Brief. Wäre ich dramatischer von Gemüt, würde ich sagen: Hier geht es nicht mit rechten Dingen zu.«

»Also gut. Nehmen wir an, es war einer der Schüler, und versuchen wir eine Rekonstruktion. Um welche Uhrzeit waren sie bei Ihnen?«

»Ärgerlicherweise eine halbe Stunde früher als annonciert. Ich habe deshalb mein Pensum wieder einmal nicht schaffen können.«

»Wann also?«

»Um halb zwölf. Ich habe die Gruppe auf der Veranda in Empfang genommen.«

»Wie viel waren es?«

»Knapp zwei Dutzend Jungen und Mädchen, dazu der Pfarrer Rupp.«

»Alle auf der Veranda versammelt?«

»Nur für Imbiss, Getränke und Gespräch. Beim Chorgesang hatten sie sich vor dem Haus aufgestellt wie auch für die Dauer meines Vortrages, den ich von der Veranda aus hielt.«

»Hatten Sie die Gruppe dabei ständig im Blick?«

»Ich habe sie nicht laufend abgezählt, wenn es das ist, was Sie meinen. Doch war die Gruppe einigermaßen diszipliniert, möchte ich sagen, dennoch wüsste ich nicht zu sagen, wer sich wann und wohin von ihr entfernt hat.«

»Genau das ist die Frage: Hätte jemand Gelegenheit gehabt, unbeobachtet das Haus zu betreten?«

»Nun, ganz am Ende, als sie schon im Begriff waren, sich zu zerstreuen, hielten es ein paar der Schüler noch für angebracht, ihre Photoapparate hervorzuholen, um Schnappschüsse mit mir zu machen, so wie es heutzutage leider üblich geworden ist. Das Posieren war mir zuwider und hat mich zweifellos abgelenkt.«

Ich dachte nach. Der Dichter hatte schon in den Tagen vor dem Besuch der Schüler Auffälligkeiten wahrgenommen. Das sprach gegen die Theorie eines Gelegenheitseindringlings. Bedeutete das, dass der Eindringling Thomas Mann und seine Familie ständig beobachtete und entsprechend methodisch vorging? Hatte er schon gefunden, was er suchte? Würde er wiederkommen? Wie wäre das zu verhindern?

»Ist das Haus verschlossen, wenn niemand da ist? Das wäre die einfachste Vorsichtsmaßregel.«

»Pro forma nur die Eingangstür. Die Verandatür bleibt unverschlossen. Jede andere Lösung wäre äußerst unpraktisch und würde meine Familie unnötig beunruhigen«, wandte der Dichter sofort ein. »Meine Frau und die Kinder müssen ein und aus gehen können. Die Schönheit der Sommerfrische liegt in der Freiheit für jeden, auf Unternehmungen gehen zu können, wann immer er will. Mal gehen die Kinder allein an den Strand, während meine Frau und ich spazieren gehen. Mal rudern die Kinder mit mir auf dem Haff, während meine Frau im Dorf ist. Oder wir lassen uns alle zusammen von Pinkis in den Elchwald kutschieren, und das Mädchen bereitet zwischenzeitlich das Abendessen zu. Das Haus ist grundsätzlich offen, und es gibt ein Kommen und Gehen. Die Pringsheims planen einen Besuch ebenso wie unser Sohn Golo. Am Montag kam Blode vorbei, um nach dem Befinden zu fragen. Am Dienstag hat der Architekt Reissmann eine Messung für die geplante Telefonleitung vorgenommen. Noch müssen wir wegen jedes Gesprächs ins Gasthaus, das ist ja auf Dauer kein Zustand, und ein Mindestmaß an Komfort kann man schon erwarten. Dann sind da die kleinen Freunde unserer Kinder aus dem Dorf und Lieferanten und das Mädchen, wie gesagt, es schaut der ein oder andere Photograph und Reporter ohne Voranmeldung vorbei, auch neugierige Kurgäste. Man macht alles in allem doch ein recht großes Gewese um meine Anwesenheit. Mollenhauer glaubt, das wird sich mit der Zeit legen. Ich kann es nur hoffen.«

»Angesichts der Situation wäre es fahrlässig, all diese Menschen wie Museumsbesucher durch Ihr Haus wandern zu lassen. Wir müssen Vorkehrungen treffen.«

Der Dichter erhob sich von seinem Stuhl und ging zum Fenster. »Sicher sind Vorkehrungen von herausragender Bedeutung. Doch ich frage Sie: Vorkehrungen gegen wen oder was? Geht es nur darum, fürderhin Eindringlinge abzuschrecken, indem wir Türen abschließen, Riegel vorschieben, Wachen aufstellen oder meinetwegen Ihren Ludwik Tag und Nacht patrouillieren lassen? Würde ich das beschließen, könnten wir ebenso gut unsere Sachen packen, abreisen und uns für immer von Nidden verabschieden. Nein, Müller. Ich kann nicht ausschließen, dass es einmal so kommen wird, aber noch ist es nicht so weit.« Er setzte sich und drehte den Stuhl zu mir. Wie ein Lehrer, der seinen Schülern eine unlösbare Aufgabe schmackhaft machen will, sah er mich an. »Deshalb wollen wir gemeinsam herausfinden, ob wir es mit einem übereifrigen Souvenirjäger zu tun haben, einem fehlgeleiteten Bewunderer und Sammler, oder ob diese überaus beunruhigenden Ereignisse Zeichen für ein herannahendes Unheil ganz anderer Art sind.«

»Sie meinen, politisch motiviert? So wie Sie es von Anfang an vermutet haben.«

Er zog die linke Augenbraue hoch. »Was tun wir also, statt lediglich neue Ausspähversuche zu verhindern?«

»Wir schnappen den Spion?«, sagte ich vorsichtig.

»Auf frischer Tat ertappen werden wir ihn, Müller, wir stellen ihm eine Falle und zwingen ihn zu einem Geständnis.« Er drehte sich um und begann die Gegenstände auf seinem Schreibtisch nacheinander in die Hand zu nehmen und wieder zu platzieren, während er weitersprach: »Es erfordert sorgfältige Vorbereitung ... vielleicht eine Art Köder«, hörte ich ihn murmeln.

»Was für einen Köder?«

Der Dichter stand auf und ging an sein Regal. »Etwas Kleines und doch Reizvolles. Wenn der Spion tatsächlich politisch motiviert ist, wird er nach jedem Hinweis greifen, den ich ihm biete.« Er begann einen Stapel Zeitungen durchzusehen. Dann sagte er: »Diese hier habe ich schon gelesen, sie könnte geeignet sein.« Damit ging er zurück an den Tisch, nahm einen Füller und kritzelte auf der Titelseite herum.

»Was wird das, wenn ich fragen darf?«

Er drehte sich um und hielt mir die Zeitung hin.

»Die *Vossische Zeitung*?«

»Sie braucht drei Tage bis nach Nidden, deshalb hinke ich dem Weltgeschehen etwas hinterher.«

Es war die Ausgabe vom achtzehnten Juli. Mittig verkündete sie in großen Lettern: »Aufgelöst!« Die Schlagzeile bezog sich auf die Auflösung des Berliner Reichstages. Mit diesem Entschluss war die Neuwahl im September erst notwendig geworden. Thomas Mann hatte das Wort eingekreist und daneben die Worte »Achtung: Hitler! Deutschland auf dem Weg in die Diktatur?« geschrieben.

»Und Sie glauben wirklich, das zieht?«

»Zugegeben, der Stil ist unter meinem Niveau. Zeitungsstil eben. Aber der Zweck heiligt die Mittel. Es ist eine politische Meinungsäußerung und doch unverfänglich.«

»Angenommen, der Spion geht uns damit tatsächlich in die Falle. Was tun, wenn dieser Mensch sich in die Enge getrieben sieht und gewalttätig wird?«

Er entzündete sich eine Zigarette und blies den Rauch an die Decke. »Mein lieber Müller, wir sind doch immerhin zu zweit und stattliche Kerle noch dazu. Wir haben zudem die Sittlichkeit auf unserer Seite. Nicht das Gesetz sitzt dem Verbrecher doch am ärgsten im Nacken, sondern sein Gewissen. Deshalb ist er nachgerade erleichtert, wenn er sich gestellt sieht, wenn die breiige Inkonsistenz seiner Existenz, die ihm Impuls und Rechtfertigung zugleich ist, mit einem Mal fest wird und der Seelenspalt zwischen Trieb und Moral sich schließen kann, weil der gequälte Mensch wieder einen Reim auf sich selbst findet.«

Ich starrte ihn an. Oder dieser Verbrecher haut uns einfach eine aufs Maul, dachte ich.

Für den Träumer ist der Kontakt zum Leben ein Spiel, denn

die wahren Abenteuer finden im Kopf statt. Er muss nichts erleben, um es sich vorstellen zu können. Und er kann sich nicht vorstellen, was er nicht erleben will. Doch wie Thomas Mann da vor mir saß, aufrecht und mit der unvermeidlichen Zigarette im Mundwinkel, den Blick aus dem Fenster in die östliche Ferne gerichtet, sah er wirklich wie jemand aus, dem der Sinn nach einem Abenteuer im echten Leben stand. Es fehlte nur noch, dass er sich die Hemdsärmel hochkrempelte.

KAPITEL ZWÖLF

Verdacht

Am nächsten Tag zur gleichen Stunde hatte der Dichter sich aufgemacht, seiner Familie am Ostseestrand Gesellschaft zu leisten, und ich saß auf einer roh gehauenen Bank im Schatten einer Bergkiefer etwas unterhalb und in Sichtweite des Mann'schen Sommerhauses. Ludwik war mir wie selbstverständlich gefolgt, als ich am Nachmittag die Pension verlassen hatte, zunächst mit ein paar Schritten Abstand, dann bald auf gleicher Höhe und nah an meinem Bein. Nun lag er neben der Bank im Schatten. Ich hatte beschlossen, mich zu verstecken, indem ich mich nicht versteckte. Unauffällig zu sein, indem ich mich sehen ließ. So zu tun, als wäre ich nur ein weiterer Kurgast, der die Aussicht auf die Lagune genoss. In Wirklichkeit hatte ich für das schöne Panorama keinen Sinn. Aus dem Augenwinkel beobachtete ich das Haus. Es stand, wie ich bereits schilderte, bemerkenswert ungeschützt. Das Grundstück war durch keinen Zaun, keine Hecke, keinerlei Grenze markiert. Jeder konnte sich ihm nähern, und viele taten das auch. Innerhalb kurzer Zeit blieben ein halbes Dutzend Spaziergänger davor stehen und betrachteten es neugierig. Ein Herr ließ sich von seiner Begleiterin nicht davon abbringen, auf die Veranda zu treten und mit der Hand an der Scheibe ins Innere zu spähen.

Es war gut möglich, überlegte ich, dass ich umsonst wartete. Weil der geheimnisvolle Eindringling an diesem Tag nicht vorhatte, zum Tatort zurückzukehren, doch einen Versuch war es wert.

Es war Manns Idee gewesen, mein photographisches Gedächtnis als Beweismittel zu benutzen. Gemeinsam hatten er und ich am frühen Nachmittag seinen Schreibtisch präpariert, indem wir kleinere Gegenstände wie Füllfederhalter, Brieföffner oder auch den neapolitanischen Kiesel auf eine ganz bestimmte Art und Weise auf sämtlichen offen daliegenden Heften, Notizblöcken und Papierstapeln arrangierten. Obenauf legten wir den Köder.

Ich hatte mich über den Schreibtisch gebeugt, mir die Gedankendecke über den Kopf gezogen und prägte mir das Tableau bis ins letzte Detail ein. Mann und Müller gaben sich anschließend die Hand, der Dichter gesellte sich zu seiner Familie, und ich ging auf meinen Posten.

Ludwik und ich konnten kaum mehr als eine halbe Stunde dort gesessen haben, als auf der Dünenhöhe ein bekanntes Gesicht auftauchte, anscheinend schwer an einem Einkaufskorb schleppend, das üppige blonde Haar auf den Kopf gebunden und – als sie die Terrasse erreichte – ihren Rock lüftend mit aufgeblasenen Backen. Sie öffnete die Tür und trat ins Haus.

Dass Thomas Mann den Namen seines »Niddener Mädchens«, das er mehrfach erwähnt hatte, nicht kannte, war nicht verwunderlich. Er konnte, wie ich im Laufe der Zeit mit ihm feststellte, sich überhaupt nur sehr schwer Namen merken, selbst von den Menschen, die er für erinnerungswürdig hielt. Und wenn das arrogant klingt, so muss ich leider sagen, dass er das auch war. Für mich war seine Arroganz allerdings stets eine logische Konsequenz aus dem Träumerischen und Pedantischen, das ihn im Wesentlichen ausmachte. Der Träumer achtet seine Umwelt nur wenig. Und der Pedant sortiert das Wenige in Wichtiges und Unwichtiges. Für das Unwichtige aber ist im Kopf des Träumers nicht genug Platz.

Anders als er kannte ich jedoch den Namen dieses Mädchens. Ich hatte es sogar schon einmal zu küssen versucht. Es war Dalia.

Ich weiß nicht, was oder wen ich erwartet hatte, aber ganz gewiss nicht sie. Wie schon berichtet, waren wir uns mehrfach zuvor im Dorf und natürlich bei Blode begegnet, meinerseits immer ein wenig schüchtern, weil mein Schwärmen für sie einer unbefangenen Konversation im Weg stand. Sie wusste um den Grund meines Aufenthaltes auf der Nehrung und hatte es doch nie für nötig befunden, mir zu sagen, dass sie eine Stellung bei den Manns hatte … Ich fragte mich, warum?

Auf der Bank hielt es mich nicht mehr, also erhob ich mich und näherte mich dem Haus, und Ludwik folgte mir. Ich umkreiste es einmal und blieb vor dem Küchenfenster stehen, durch das hindurch ich beobachten konnte, wie Dalia die Einkäufe auspackte. Nachdem sie Vorratsgläser und Eisschrank gefüllt hatte, begann sie am Spülstein vor dem Fenster damit, Kartoffeln zu schälen, und war anscheinend ganz in Gedanken versunken, als ich an die Scheibe klopfte. Sie ließ mit schreckgeweiteten Augen das Schälmesser fallen und fasste sich an die Brust. Ich grinste entschuldigend, und sie schüttelte vorwurfsvoll den Kopf, dann öffnete sie das Fenster.

»Žydrūnas! *Gal išprotėjai!* Bist du verrückt geworden, mich so zu erschrecken!« Sie warf eine Kartoffelschale nach mir, unter der ich mich hindurchduckte, die Ludwik aber mit einem kleinen Sprung schnappte.

»Tut mir leid, Dalia, das wollte ich nicht.«

»Was tust du hier? Und warum hast du Ludwik dabei?«

Merkwürdigerweise wunderte ich mich nicht darüber, dass sie Frau Bryls Hund kannte. »Er ist mir nachgelaufen. Ich hatte gehofft, Thomas Mann anzutreffen. Wegen meiner Übersetzung«, log ich. »Erinnerst du dich, dass ich dir davon erzählt habe? Na, und als ich dich ins Haus habe gehen sehen …«

»Die ganze Familie ist am Strand.«

»Warum hast du mir nicht erzählt, dass du eine Anstellung bei den Manns hast?«

Sie zuckte mit den Achseln. »Ich erzähle es nicht herum, damit ich bei Blode nicht mit dummen Fragen über den Nobelpreisträger gelöchert werde. Es kommen oft Reporter in den

Gasthof, weißt du? Man erkennt sie sofort an ihren Hüten und Schnauzbärten und daran, dass sie immer frech sind und kein Trinkgeld geben. Sie würden mich nicht mehr in Ruhe lassen: Was ist seine Lieblingsspeise? Welche Zahnpasta benutzt er? Wo geht er am liebsten spazieren? Um wie viel Uhr geht er ins Bett ...«

»... wie viele Zigaretten raucht er am Tag ...«

Sie lachte. »Ich wette, es sind eine Million!« Sie sah mich nicht an, während sie geschickt die Knollen unter dem Messer kreisen ließ. »Es ist ohnehin nur ein Nebenerwerb für wenige Stunden am Tag. Kochen, waschen, einkaufen, kleinere Erledigungen. Wenn das Semester wieder beginnt, kann ich das Geld gut brauchen.« Sie hielt in der Bewegung inne und musterte mich durch das offene Fenster. »Du siehst hungrig aus, hast du denn nichts zu Mittag gehabt?«

Als ich nur den Kopf schüttelte, reichte sie mir eine große rohe Karotte durchs Fenster. »Sag aber nichts zu Frau Mann.«

Ich bedankte mich.

»Was ist noch? Du siehst doch, dass ich alle Hände voll zu tun habe.«

Ich glaube, das war wahrhaftig das erste Mal seit Kaunas, dass ich mit Dalia allein war, auch wenn sie sich im Haus aufhielt und ich mich davor. Nur deshalb wagte ich einen neuen Versuch und sprach den folgenden Schachtelsatz: »Käme ich auf die Idee, dich zu fragen, ob du möglicherweise in Erwägung zögest, mit mir nach der Arbeit an den Strand zu gehen, welchen Moment würdest du dafür als den günstigsten erachten?«

Sie ließ das Messer sinken. »Für einen Mann des Wortes drückst du dich bewundernswert umständlich aus. Meinst du den günstigen Moment für die Frage oder für den Strand?«

Die Gegenfrage machte mich noch nervöser. »Ich meine ... also sowohl als auch. Nein, doch nicht, gefragt habe ich nun ja schon. Also für den Strand. Nur für einen kleinen Spaziergang. Oder auch am Haff entlang, wenn dir das lieber ist. Ich hoffe, du findest die Frage nicht vermessen oder gar unanständig, und wenn du keine Zeit hast, verstehe ich das sehr gut, ich bin eigentlich auch sehr eingespannt mit der Übersetzung und …«

»Ich mag den Strand«, sagte sie lächelnd. »Aber nach den Kartoffeln muss ich im Gasthof Jolita von ihrer Schicht ablösen.«

»Wie schade.«

»Es kommen sicher noch viele schöne Tage«, sagte sie mit einer unergründlichen Melancholie. »Und wenn du deine Meinung bis dahin nicht geändert hast, gehen du und ich spazieren, Zydrūnėlis.«

Der kleine Žydrūnas ging mir runter wie Öl.

Sie schloss das Fenster, und ich lief federnden Schritts die Düne hinab und begann damit, unterhalb des Hauses auf und ab zu gehen. Dabei achtete ich darauf, auch ja den Moment nicht zu verpassen, an dem Dalia aus dem Haus kam. Doch das dauerte, und in dieser Zeit wuchs meine Befürchtung, jemand könnte mein offensichtliches Herumlungern auffällig finden. Also begab ich mich wieder zurück unter den Baum und setzte mich auf die Bank und aß meine Möhre. Ludwik stupste mich mehrfach mit der Nase an, als wüsste er genau, dass etwas für mich Bedeutsames passiert war. Und tatsächlich sollen Hunde ja ein sensibles Gespür für die Stimmung von Menschen haben. Für den guten Teil der nächsten halben Stunde schielte ich auf das Sommerhaus, um noch einen Blick auf Dalia erhaschen zu können, was mir gelang, als sie schließlich nach getaner Arbeit in die Sonne trat, die Tür hinter sich zuzog, sich umschaute und dann schnurstracks mit dem schlenkernden leeren Korb an der Hand wie Rotkäppchen in den Wald hineinlief.

Der Nacken war mir steif geworden, und zur Entspannung blickte ich auf das friedliche Haff, über dem sich der Himmel endlos spannte. Am Ufer nicht weit von mir entdeckte ich eine ganze Familie von Brandgänsen bei der Nahrungssuche im flachen, warmen Wasser. Ich zählte zehn Junge, die ihre Köpfchen mit den dunklen Flaumkäppchen, die aussahen wie Kippot, ins Wasser tauchten, auf der Jagd nach unsichtbarer Beute von der Gruppe Reißaus nahmen und von ihren wachsamen Eltern wieder zurück in die Gänsekinderstube gescheucht werden mussten. Ich dachte daran, wie ich mit meinem Vater in der Jugend Vogelschwärme über der Ostsee auf dem Weg nach Süden beobachtet hatte, wie ich dabei im Geiste auf die Reise ging ans blaue Mittelmeer, in den exotischen Orient, bis in das geheimnisvolle Afrika, und über dieser Erinnerung schlief ich, an den Stamm des Baumes gelehnt und von dem Westwind gestreichelt, der über die Düne hinweg auf das Haff wehte, sanft ein. Im Traum ging ich mit Dalia in der Abendsonne Hand in Hand einen einsamen Strand entlang, ich machte einen Scherz, und sie lachte, riss den Mund weit auf und schnappte nach einer Möwe. Und wie aus dem Nichts zog ein Sturm herauf, verdunkelte den Himmel und peitschte das Meer, und wir klammerten uns aneinander, aber unsere Hände waren feucht und schmierig von Schaum, den das tobende Wasser schlug und der immer höher um uns aufstieg, und Dalia, die mit einem Mal das Gesicht von Frau Bryl hatte, entglitt mir, und Ludwik wollte mich warnen und kam auf mich zugerannt, pflügte durch den gelben Schaum, und auf ihm saß rittlings der Dichter oder jemand, der so aussah wie der Dichter, und er sprang von dem Hund und sagte: »Haben Sie etwa meinen *Tod in Nidden* gelesen, Sie Barbar?«, und er kniff mich dann in die Wange, sodass ich von dem Schmerz erwachte.

Als ich die Augen aufschlug, stand ein blonder Knabe vor mir, kaum älter als fünf Jahre, im dunkelblauen Badeanzug, der ihm um die dünnen Beinchen und Ärmchen schlackerte. Ich erkannte in ihm den Jungen, dessen Jagd nach den fliegenden Blättern des Dichters ich damals am Strand durchkreuzt hatte. Der Junge hob den Ball auf, der mich im Gesicht getroffen haben musste und der von mir abgeprallt wieder zu ihm zurückgerollt war. Er musterte mich einige Sekunden lang finster, kniete neben Ludwik hin, kraulte ihm den Kopf, sprang dann auf und lief davon in Richtung Mann'sches Sommerhaus. Ich sah, wie er über die Veranda an die Glastür trat, sie öffnete und etwas ins Haus rief. Als niemand antwortete, schloss er die Tür wieder, streunte – geleitet von Ludwik – noch für einige Minuten unschlüssig um das Haus herum, warf ein paarmal den Ball gegen die Hauswand und rannte dann, als sei ihm gerade etwas eingefallen, wie von der Tarantel gestochen in Richtung Dorf davon.

Wie lange ich geschlafen hatte, hätte ich nicht zu sagen vermocht, jedoch saß ich nicht mehr im Schatten wie zu dem Zeitpunkt, als ich nach der Begegnung mit Dalia meine Wache wieder aufgenommen hatte. Das beunruhigte mich, weshalb ich nach dem Rechten sehen wollte. Ein ungutes Gefühl rumorte in mir.

Ich befahl Ludwik, auf der Terrasse zu warten, und erst nachdem ich mich versichert hatte, dass niemand mich beobachtete, öffnete ich die Verandatür, schlüpfte hinein und trat sofort ein paar Schritte tiefer in den Raum, um nicht durch die Fenster gesehen werden zu können. Es war ein merkwürdiges Gefühl, allein in dem stillen Haus zu sein. Es roch nach Zigarettenrauch und warmem Holz. Die Sonne fiel durch die großen Sprossenfenster und warf Karrees von Licht auf das Parkett bis vor den Kamin, wodurch die Raumecken noch dunkler wirkten. Ich fühlte mich beklommen. Im rückwärtigen Bereich des Hauses an der Treppe vorbei und durch den Flur lag die Küche. Ich bewunderte den modernen glänzend weißen Gasherd. Ein Topf stand darauf. Ich hob den Deckel und schaute hinein. Die Kartoffeln waren schon kalt geworden. Ich lief durch den Flur zur Treppe und stieg die glänzenden Holzstufen zur Mansarde hinauf. Vor der verschlossenen Tür des Arbeitszimmers hielt ich in banger Erwartung inne.

Und dann? Öffnete ich die Tür, und mir sank das Herz auf den ersten Blick. Die präparierte Zeitung war verschwunden. Und die andere kleine Veränderung, die ich feststellen konnte, stach mir so deutlich ins Auge, als hätte der Einbrecher die Wände in Kurischblau gestrichen: Der Osmia-Füllfederhalter lag auf elf Uhr statt auf zehn Uhr.

Er war hier gewesen. Und ich hatte das Kommen und Gehen des Eindringlings im wahrsten Sinne verschlafen, und damit unsere womöglich einzige Gelegenheit, ihn auf frischer Tat zu ertappen und dem ganzen Spuk ein Ende zu bereiten. In hilfloser Wut auf mich selbst ballte ich die Fäuste und hätte schreien mögen, aber heraus kam nur ein Stöhnen: »Was bist du für ein Esel, Žydrūnas.« Ich schlich die Treppe hinunter und aus dem Haus, als wäre ich selbst ein Dieb, der sich davonmachte, gefolgt von einem verwirrten Ludwik, wandte ich mich nach links, um schnell den Wald zu erreichen und mich dort vor der Welt zu verstecken und einen Gedanken zu fassen, irgendeinen klaren Gedanken, der mir erlaubte, nicht mit vollkommen leeren Händen vor den Dichter treten zu müssen.

KAPITEL DREIZEHN

Augenblicke

Diese Aufzeichnungen sollen nicht nur zerstreuen und die Neugierde auf den unbekannten Thomas Mann stillen – wobei ich hoffe, dass mir beides gelingt –, sondern sie dienen mir auch als Rückversicherung für die eigene Erinnerung, die nicht deckungsgleich mit den Bildern in meinem Gedächtnis ist. Wie jeder alte Mensch denke ich oft und gern an vergangene Geschehnisse in meinem Leben, was sich dadurch erklärt, dass in meinem gegenwärtigen Leben nicht mehr genug geschieht, worüber es sich nachzudenken lohnt.

Nachdem mein Vater gestorben war, zogen meine Mutter und ich aufs Land zu meiner Tante und deren Mann, die in der Nähe von Utena einen kleinen Hof hatten. Es gab weder Strom noch fließend Wasser, aber einen kleinen Fluss hinter dem Haus, in dem wir uns täglich wuschen, und in Utena eine öffentliche Bibliothek, die ich besonders im Winter oft nach der Schule aufsuchte, um mich aufzuwärmen und alles zu lesen, was ich in die Finger bekam. Wenn ich ein paar Centų übrig hatte, lieh ich mir Bücher aus und las sie manchmal den Frauen vor, die zu meiner Tante kamen, um sich von ihr die Haare schneiden zu lassen. Tante und Onkel waren freundlich zu uns, und trotzdem ich meinen Vater sehr vermisste, war die Zeit ohne ihn, bis ich erwachsen genug war, um als Student nach Kaunas zu gehen, eine gute und behütete. Ausgestattet mit Mut und Demut ging ich in die Welt, konnte studieren und reisen und den von mir bewunderten Dichter ein kleines, aber wichtiges Stück meines und seines Lebens begleiten. Und das wäre auch dann ein großes Glück gewesen, wenn ich nichts von diesen Abenteuern zu berichten hätte. Denn in dieser Zeit traf ich eben auch unter unvorhersehbaren Umständen meine zukünftige Frau. Wir sollten drei Kinder haben, zwei davon gesund, fünf Enkelkinder und sechs Urenkel. Nach der Unabhängigkeit 1991 waren die Verlockungen in anderen Ländern zu groß und die Aussichten in Litauen zu gering, und die Familie zerstreute sich in alle Winde. Am Totenbett meiner Frau waren wir noch einmal alle versammelt. Mir wird das, wenn die Stunde kommt, nicht vergönnt sein. Meine Kinder habe ich schon überlebt. Nicht auszudenken, sollte ich auch noch meine Enkelkinder überleben. Mein Urenkel Jonas vertraut mir hin und wieder seine Sorge an, sein Vater trinke zu viel.

Meine Frau ging zu ihrer Zeit, und es war gut. Aber wie alle Menschen, die ich im Leben lieb gewonnen habe, ging sie zu früh. Wenn nicht für sich, dann für mich. Lange zu leben ist ein Segen, den man mit dem Fluch der Einsamkeit bezahlt. Meine Frau wartet nun seit über dreißig Jahren im Jenseits auf mich, und mir scheint, auch in der Ewigkeit ist das eine lange Zeit. Sollte Gott, der alte Pechvogel, mich nach diesem Geständnis also endlich zu ihr lassen, wäre ich froh und dankbar. Der Volksmund sagt, man müsse Schluss machen, wenn es am schönsten ist, und das gilt in meinen Augen in gewisser Weise auch für das Leben. Wenn es nur nicht so schwer wäre, den richtigen Augenblick zu finden. Und es ist sicher gut, dass jungen Menschen der Gedanke an das Ende so fern ist, weil sie andernfalls samt und sonders schon nach der ersten Nacht mit dem Ersehnten oder mit der Angebeteten den gemeinsamen Freitod suchen würden.

Wann hatte ich den richtigen Augenblick verpasst? Als meine erste Thomas-Mann-Übersetzung in der *Lietuvos žinios* lobende Erwähnung fand? Als ein glückliches und tragisches Menschenleben später Jonas das erste Mal auf meinen Knien saß? Die Wahrheit ist, dass es den richtigen Augenblick nicht gibt, nicht geben kann, solange der Mensch durch ein Maß an Hoffnung aufrechterhalten wird, das das des Leidens überwiegt. Meine Hoffnung, Dalia wiederzusehen, wog so schwer, dass ich das sowjetische Lager überlebte, in das ich im Juni 1941 zusammen mit Tausenden anderen Litauern deportiert worden war. Und ich vermag nicht zu sagen, wie oft ich in diesen dunklen sibirischen Jahren in Gedanken jeden je gelesenen Satz von Thomas Mann erneut gelesen und die Tage mit ihm wieder durchlebt hatte. Ich sollte ihn nie mehr wiedersehen. Doch als ich von seiner Rückkehr nach Deutschland erfuhr, malte ich mir aus, wie es gewesen wäre, wenn ich an jenem Julitag des Jahres 1949 am Frankfurter Bahnhof hätte sein können, um ihn aus dem Zug steigen zu sehen. Auf dem Bahnsteig herrschte ein so dichtes Gedränge, dass es mir unmöglich gewesen wäre, zu ihm vorzudringen. Doch hätte er mich gesehen. Unsere Blicke hätten sich ein letztes Mal getroffen. Ich sah ihn vor mir mit zusammengekniffenen Lippen und mahlenden Backen zwischen all den fremden Gesichtern. Ich sah ihn den erloschenen Zigarrenstumpen von der rechten in die linke Hand nehmen, um die Hände der eilfertigen Honoratioren drücken zu können, die Thomas Mann Tage zuvor noch des Vaterlandsverrats bezichtigt hatten, weil er es gewagt hatte, nach seiner Rückkehr aus dem amerikanischen Exil Wohnsitz in der Schweiz zu nehmen. In mir wäre ein schwer zu beschreibendes Triumphgefühl gewesen, so als hätte Thomas Mann den Krieg ganz persönlich gewonnen. Und mit ihm der gute Mollenhauer und der traurige Pechstein und die lebenslustige Dalia und alle anderen.

Die Todfeinde alles Schönen in der Welt hatten versucht, Gedanken zu verbannen, Bücher zu verbieten, zu verbrennen, auszulöschen. Die Berserker der Ödnis wollten unter Androhung der Todesstrafe die Anbetung von Blumenstillleben und Alpenpanoramen erzwingen. Und am Ende hatte die Barbarei verloren. Jedenfalls für diesen köstlichen Moment. Weil die Literatur unverwundbar ist und das Auge des wahren Künstlers partout nicht daran gehindert werden kann, zu sehen, was es sieht.

Der Dichter und ich, Mann und Müller, hätten einander also für einen winzigen Augenblick über die Köpfe der Menschenmenge hinweg angesehen, und er hätte das Kinn gesenkt und gleichzeitig die linke Augenbraue hochgezogen, so wie er es immer tat, wenn er Anerkennung ausdrückte, ohne Worte zu gebrauchen. Sie sind da, hätte er damit gesagt. Sie waren immer da, wenn ich Sie brauchte. Sie sind verständig, und das ist mehr, als man von den allermeisten Menschen in dieser von allen guten Geistern verlassenen Welt behaupten kann. Danke, mein guter Müller.

Den eitlen Dank am Schluss dieser kleinen Phantasie habe ich mir, so finde ich, verdient. Und alles andere hätte er genauso gedacht, da bin ich mir sicher. Und ich fürchte, das mit dem »Immer-da«-Sein ist zu seinem Fluch geworden. Niemand kennt Gottes Pläne. Er könnte einen neuen Rekord für mich vorsehen, mich älter werden lassen als Jeanne Calment. Dann könnte ich noch den siebzigsten Todestag des Dichters begehen. Und vielleicht noch einen letzten Sommer in Nidden verleben.

Das Alleinsein empfinde ich hingegen nicht mehr als Fluch. Ich habe mich daran gewöhnt. In den späteren Jahren unserer Ehe hat meine Frau mich einen Einsiedler genannt. Aber das war ich nicht. Ich bin gern in Gesellschaft, solange die an höchstens einer Hand abzuzählen ist. Niemals hätte ich zum Beispiel in einer Amtsstube mit Publikumsverkehr arbeiten können, oder wie mein Sohn im trubelig-großräumigen Büro einer Assekuranz.

Doch musste ich erst alt und stur werden, um zu verstehen, was gut für mich war. Als junger Mensch hatte ich noch die Gabe, Sorglosigkeit mit Optimismus zu verwechseln und Wut mit Gerechtigkeitsempfinden. Und wenn mir jemand krummkam, konnte ich mir nichts, dir nichts unflätig werden. Heute erspare ich mir das, weil ich mir neue Bekanntschaften erspare. Ich will niemanden um mich. Niemanden, der für mich einkauft und mir Dinge in den Kühlschrank stellt, die ich nicht brauche. Niemanden, der mich dazu anhält, öfter an die frische Luft zu gehen oder weniger Schokolade zu essen. Aber ich freue mich, wenn mein Urenkel hin und wieder zu Besuch kommt und wir Schach spielen. Er ist viel besser als ich, und es kostet ihn einige Mühe, mich gewinnen zu lassen, was er immer dann tut, wenn er wieder einmal Geld braucht. Er glaubt, ich merke es nicht, aber es ist stets dieselbe Spielsituation, in der er überraschend seine Dame verliert. Mein Springer nach sechs Zügen von F1 auf B5. Es macht mir nichts aus. Er ist ein guter Junge, und ich unterstütze ihn gern. Er redet nicht viel, findet aber, dass die für das Schachspiel notwendige »Konzentration« mich »geistig fit hält«. Ich widerspreche ihm nicht und hoffe insgeheim, die Wirkung möge umgekehrt sein. Wenn jemand sich nicht länger als zehn Sekunden auf etwas konzentrieren kann, dann mein Urenkel Jonas.

Ich mache mir Sorgen um ihn. Er sieht mich mitleidig an, so als würde ich die Welt nicht mehr verstehen. Dabei ist es genau umgekehrt. Jeder versucht in seiner Zeit, sich einen Reim auf die Welt zu machen, die ihn gerade umgibt. Doch meine Zeit ist längst abgelaufen, und ich muss die heutige Welt nicht mehr verstehen. Er hingegen schon, denn es ist seine. Und ich fürchte, er hatte nie eine Chance dazu. Von Computern versteht er hingegen etwas. Er hat mir den Kasten eingerichtet, auf dem ich dies schreibe. Er hat mir gezeigt, wo ich es abspeichern muss. Auf mein Bitten druckt er mir einmal in der Woche das Geschriebene aus, damit ich es vor mir sehe. Ich schaue mir jede Seite genau an. Früher hätte ich sie selbstverständlich auswendig gelernt, heute muss ich sie mehrfach aufmerksam lesen, um mich zumindest für kurze Zeit daran erinnern zu können, was ich bereits erzählt habe. Ich will mich ungern wiederholen. Jonas sagt, das Ausdrucken sei unnötige Verschwendung, aber ich habe ihn dabei ertappt, wie er das stetig anwachsende Manuskript auf dem Tisch betrachtete wie ein exotisches Artefakt, und ihn schließlich die Neugierde dazu verleitete, darin zu blättern, und er an einer Stelle sogar lachen musste.

Vielleicht hatte ihn meine jugendliche Tölpelhaftigkeit so amüsiert. Vielleicht fand er es lustig, wie Ludwik und ich nach dem gescheiterten Enttarnungsversuch so schnell uns unsere Füße und Pfoten trugen durch den Nehrungswald nach Westen liefen.

Lange bevor wir die Schutzdüne erreichten, hörten wir das Rauschen der Ostsee. Im Windschatten ging es nach Süden, bis ein Pfad kreuzte, der zum Meer führte. Wenn ich mich nicht täuschte, war dies die Stelle, an der Thomas Manns Strandkorb stand. Auf dem Kamm atmete ich das erste Mal durch, seit ich in Nidden losgelaufen war. Direkt vor meinen Augen tanzte ein Drachen. Zwei Kinder stritten sich darum, die Schnur halten zu dürfen. Einer davon war der Sohn der Manns. Der andere war der kleine blonde Knabe, der mittlerweile offenbar seine Freunde gefunden hatte. Michael eroberte die Drachenschnur, und der Knabe rannte nun mit Elisabeth um die Wette nach dem Ball. Ich sah Katia in einem Liegestuhl sitzen und zu dem Strandkorb sprechen, in dem ich den Dichter vermutete. Ich nahm mir ein Herz und ging auf sie zu.

Katia Mann drehte sich um und sah mir entgegen. Gleich darauf zeigte sich der Kopf des Dichters am Rande des Strandkorbes. Er trug eine helle Schirmkappe und eine Sonnenbrille mit kleinen, runden Gläsern. Beinahe wirkte er bedrohlich auf mich, als er sich aufrichtete, neben den Strandkorb trat und die Hände in die Hüften stemmte. Sein grauer Nadelstreifenanzug mit Krawatte unter der Weste passte so gut an den Strand wie ein buntes Flitterkleid in die Eucharistiefeier. Er schien darin nicht einmal zu schwitzen. Wir hatten kein Treffen am Strand vereinbart, entsprechend überrascht schien er über mein Erscheinen, wohingegen Katia wie stets eine Miene machte, als wäre die Überraschung das Einzige, worauf man sich im Leben verlassen konnte.

Noch bevor ich den Dichter erreichte, waren seine Kinder am Strandkorb vorbei auf mich zugestürmt, wobei sie sich weniger für meine Person interessierten als für meinen Begleiter. Und der für sie. Hatte Ludwik vor Erreichen des Strandes auf mich noch den Eindruck gemacht, als ziehe es ihn auf dem schnellsten Weg zu Frauchen in die nahe Pension zurück, so ließ er sich nun, ohne eine Sekunde zu zögern, auf ein Spiel ein, bei dem die Kinder versuchten, ihn zu fangen, während er sich einen sichtlichen Spaß daraus machte, sie mit heraushängender Zunge zu locken, um dann im letzten Moment mit einem wilden Ausweichmanöver den Ausbruch zu wagen. Als er um ein Haar die Frau des Dichters umgestoßen hätte, lachte die freudig auf und klatschte in die Hände.

»Was gibt es?«, sagte der Dichter in einer Stimmlage, die düstere Vorahnung verriet.

»Ich fürchte, er ist uns durch die Lappen gegangen.«

»Uns?«

»Verzeihung, Herr Mann. Mir natürlich.«

»Misslich, Müller, misslich. Wie ist das vor sich gegangen?«

Ich gestand ihm, für kurze Zeit eingeschlafen zu sein, währenddessen es passiert sein musste. Der Köder war seine Idee gewesen, und um gutes Wetter zu machen, sagte ich ihm, dass der Spion zugebissen hatte.

»Womit immerhin bewiesen wäre«, sagte Mann düster, »dass der Eindringling keine Chimäre ist und sein Motiv tatsächlich politisch.«

»Ein Eindringling?«, horchte jetzt Katia Mann auf. »In unserem Haus?« Stimmlage und Gesichtsausdruck verrieten keine Angst, sondern kontrollierte Entrüstung.

»Das behalten wir am besten für uns, wir wollen die Kinder nicht beunruhigen.«

»*Ich* bin beunruhigt«, sagte Frau Mann.

»Ich auch, meine Liebe, aber sei versichert, Müller und ich haben alles im Griff.«

Katia Mann sah mich an. »Nun, von Ihnen konnte ich mir noch keinen rechten Eindruck machen, aber bei meinem Mann wäre es das erste Mal, wenn er ›alles im Griff‹ hätte.«

Der Dichter reagierte, indem er sich eine Zigarette anzündete, eine flache Hand in die Jacketttasche gleiten ließ und die linke Augenbraue hob. Er ließ sich nicht anmerken, ob die Spitze seiner Frau ihn getroffen hatte oder kaltließ. Vielleicht war ihre Bemerkung ein Beispiel für die Ironie, die ihre Ehe genießbar machte? Wann immer ich die Manns als Paar erlebte, bekam ich den Eindruck, dass die Chemie zwischen den beiden eher der Reaktionsgeschwindigkeit beim Brotbacken als der einer thermischen Explosion glich. Sie werden mir zustimmen, dass erstere gesünder ist.

»Müller hier ist ein verständiger junger Mann und mir unbedingt ergeben«, sagte der Dichter. »Vielleicht kein Eckermann, aber ein passabler Watson.«

»Ist das so?«, fragte Frau Mann mit Blick auf mich. »Aber Sie waren doch derjenige, der die Blätter meines Mannes verloren hat, oder nicht?«

Bevor ich darauf etwas sagen konnte, sprang mir überraschenderweise ihr Mann bei. »Diese Version bedarf offenbar einer Korrektur. Die Blätter sind – ich denke, davon können wir spätestens nach den jüngsten Ereignissen ausgehen – gestohlen worden. Also nicht Müller'sche Fahrlässigkeit, sondern kriminelle Energie liegt der Krisis zugrunde.«

»Und worin bestehen Ihre nächsten Schritte bei der Lösung des Falles?«, fragte mich Frau Mann, als wäre ich tatsächlich der zuständige Kriminalbeamte.

Da stand ich nun und überlegte fieberhaft, was ich antworten sollte. Auch der Dichter sah mich erwartungsvoll an. Mir zur Rettung kam unverhofft Elisabeth Mann. Sie hatte bisher wie die anderen Kinder mit Ludwik herumgetollt, doch das Spiel war zur Ruhe gekommen, der Hund saß hechelnd im Sand, den das Mädchen mit beiden Händen lustlos von der einen Seite auf die andere schaufelte. Jetzt rief sie: »Ich habe Hunger! Wann gibt es was zu essen?«

Katia Mann drehte sich zu ihrer Tochter um. »Sobald wir uns

entschließen, nach Hause zu gehen, Medi. Dalia bereitet das Souper vor!«

Der Name war das Stichwort, das ich für meine Antwort brauchte. »Kartoffeln«, sagte ich zu mir selbst, aber schaute dabei zu Thomas Mann, dessen Augenbraue daraufhin noch höher wanderte. »Will sagen, sie ist eine wichtige Zeugin«, ergänzte ich fachkundig. »Sie müssen wir als Nächstes befragen.«

»Wen bitte?«

»Dalia.«

Er verzog den Mund. »Ist mir nicht bekannt.«

»Was sagst du denn da, Tommy. Natürlich kennst du Dalia. Sie ist unser Mädchen aus Nidden.«

»Das Mädchen, ja«, sagte er und nickte mit einem Mal wissend. »Sie meinen, es kann zur Aufklärung beitragen?«

Katia Mann musste meine Bestürzung angesichts seiner Ignoranz bemerkt haben, denn sie näherte sich mir auf überraschend vertrauliche Weise und raunte: »Für das Dasein anderer interessiert er sich nicht sonderlich. Machen Sie sich nichts daraus. Immerhin nennt er Sie beim Namen. Wenn auch beim falschen.« Und dann, noch leiser: »Beeilen Sie sich bitte bei der Aufklärung. Sein Nervenkostüm ist bereits angegriffen.«

Ich hatte mich gefangen und beschrieb dem Dichter meine Begegnung mit Dalia, ohne meinen Versuch zur Anbahnung eines Rendezvous zu erwähnen. »Wer auch immer ins Haus eingedrungen ist, während ich … abgelenkt war, muss kurz nach ihr gekommen sein. Möglicherweise ist ihr jemand auf ihrem Rückweg ins Dorf aufgefallen? Sie erwähnte, dass sie heute Abend im Gasthaus arbeitet. Ich werde am besten gleich dorthin gehen und sie in einer ruhigen Minute zur Seite nehmen.«

Die Familie Mann packte ihre Sachen und verabschiedete sich von Ludwik. Ich sah ihnen nach, wie sie den Weg durch den Wald beschritten, nach Stunden in Sonne und Wind und bei ausgelassenem Treiben am Strand nun alle erschöpft wirkend und schweigend, jeder mit seinen Siebensachen unterm Arm,

Eimer und Schaufeln, Klappstuhl, Buch und Block. In einigen Metern Abstand folgte ihnen der barfüßige blonde Knabe trippelnd, dribbelnd, den Ball über den Weg kickend.

Ludwik und ich brauchten zehn Minuten bis zu Frau Bryls Pension. Ich wunderte mich darüber, dass die Gäste auf der Terrasse sich von Maria, der Aushilfe, bedienen ließen, während meine Wirtin nirgendwo zu sehen war. Ich musste selbst unbedingt etwas essen, doch zuvor kümmerte ich mich um Ludwik, der mich schon eine ganze Weile mit erbarmungswürdigem Hundeblick anschaute. Der treue Freund und Helfer hatte sich etwas Gutes verdient. Ich ging in die Küche und dann in den angeschlossenen Vorratsraum, fand ein hart gekochtes Ei, ein großes Stück kalten Braten und einen Kohlrabi, den ich schälte und in Stücke schnitt. Damit füllte ich Ludwiks Napf. Der hatte die Schnauze schon hineingesteckt, bevor ich ihn auf den Boden stellen konnte. Nach dem Fressen legte er zufrieden den Kopf auf die Pfoten und schloss die Augen. Und ich gesellte mich zu den Mathiesens auf die Terrasse, die froh waren, mir von ihrer Bootsrundfahrt auf der Lagune berichten zu können. Sie war begeistert von den Kormoranschwärmen, die haarscharf über die Wasserlinie glitten, und er fühlte sich an seinen Kindheitstraum als Matrose auf See erinnert. Beide waren schon beim Portwein angekommen, und er genoss eine Zigarre, was mich nicht beim Essen störte, weil er auf meiner Leeseite saß. Der Zander schmeckte ausgezeichnet, das Bier der Brauerei in Klaipėda war kühl und die Konversation angenehm, und ich spürte, wie sehr ich es genoss, für einmal nicht an Thomas Mann und den Fall zu denken. Doch das gelang mir nur, bis ich die Zimmertür hinter mir geschlossen hatte. Kaum lag ich auf dem Bett und schloss die Lider, sah ich Dalias trauriges Lächeln hinter der Scheibe des Küchenfensters, sah ich den Dichter an seinem Schreibtisch, den forschenden Blick auf mir ruhend, und stand ich wieder schuldbewusst in seinem Arbeitszimmer, wie der Soldat, der seine Wache verschlafen hat, wie der Wachhund, der im leeren Hühnerstall steht. Welcher Fuchs hatte sich hinter meinem Rücken in das Sommerhaus geschlichen?

Sehen Sie, die Blätter waren das eine. Ich hatte sie in einer undurchsichtigen Situation verloren, und jemand versprach sich einen Vorteil davon, sie zu behalten. Etwas gänzlich anderes war es, vorsätzlich in Thomas Manns Haus einzudringen und in seiner Arbeit herumzuschnüffeln. Es ist der Unterschied zwischen der Bereitschaft zur Untätigkeit und dem Willen zur Tat, der Unterschied zwischen unmoralischem und kriminellem Handeln. Am meisten Rätsel gab mir jedoch das Verschwinden von Manns Köder auf. Warum nur gab der Täter sich zunächst so viel Mühe, sein Eindringen zu verheimlichen, nur um dann einen plumpen Diebstahl zu begehen? Und welche Bedeutung maß er einer kommentierten Zeitungsseite bei? Was sagte das über den Dieb aus? Dass er rein gar nichts über den Dichter wusste, obwohl er sich anscheinend brennend für ihn interessierte? Oder dass er rein gar nichts über Hitler und die Nationalsozialisten wusste, obwohl seine Taten eine Nähe des Diebs zu diesen suggerierte? Ich schlief mit wirren Gedanken ein.

Der darauffolgende Tag war ein Samstag. Und Samstag war Badetag. Ich hatte diesen sehnsüchtiger als andere Pensionsgäste erwartet, die sich täglich entweder am Strand oder an der Lagune abkühlten. Ich mochte beides nicht. Das Meer war mir zu kalt, außerdem konnte man in den Wellen, die vom nie nachlassenden Wind an den Strand gedrückt wurden, gar nicht verhindern, dass man Salzwasser in Augen und Nase bekam, was ich als sehr unangenehm empfand. Das Wasser der Lagune hingegen war mir zu warm und brackig, und ich schwamm auch nicht gern zwischen den am Ufer liegenden Kähnen, Schwänen und Kormoranen. Also beschränkte ich mich auf die Katzenwäsche, und mit fortlaufender Woche quittierte das Frau Bryl morgens mit immer deutlicherem Naserümpfen.

»Der reinste Kaninchenstall ist das inzwischen!«, schimpfte sie. »Sogar Ludwik zieht es vor, draußen zu bleiben, das sollte Ihnen zu denken geben, Herr Miuleris. Schmort hier in seinem eigenen Saft, und dabei ist die Erfrischung gleich vor der Tür. Wer soll das verstehen!«

»Ich habe Ihnen schon einmal erklärt, dass mir die Ostsee zu kalt ist. Lieber etwas weniger frisch riechen als an Tuberkulose erkranken.«

Sie faltete theatralisch die Hände vor der Brust und schaute zum Himmel. »Er sieht sich dem Ende nahe, der Arme! Das Meer ist nicht zu kalt, Sie sind nur verzärtelt.«

»Genau. Und deshalb wünsche ich mein Badewasser wohltemperiert, liebe Frau Bryl.«

Als sie schon an der Tür war, rief ich ihr noch eine Frage nach: »Was ist mit den Hofreiters? Ich habe sie gestern nicht beim Souper gesehen. Und wo waren Sie eigentlich?«

Mit einem Mal wirkte sie reserviert. »Ich habe den Herrschaften nahegelegt, zu gehen.«

»Ach. Ich weiß, dass Sie mit dem Gedanken gespielt haben, aber ist denn noch etwas vorgefallen, dass Sie sich schließlich dazu entschlossen haben?«

»Sagen wir, der Gedanke, ihn im Haus zu haben, wurde mir unerträglich.« Sie verschloss sich wie eine Auster.

»Frau Bryl, ich habe Sie erst auf ihn angesetzt. Wollen Sie mich nicht einweihen?«

»Das steht mir nicht an«, sagte sie nur. »Ihr Bad ist in zehn Minuten bereitet.« Sie zog die Tür hinter sich zu. Erst da fiel mir auf, dass sie mir die Antwort auf die Frage nach ihrem Verbleib am Vorabend ebenfalls schuldig geblieben war.

Nach dem Bad zog ich mir eine frische Hemdbrust an, klopfte mir den Staub aus der Hose, putzte meine Schuhe, schlüpfte in mein einziges Jackett und betrachtete mich im Spiegel über dem Waschtisch. Nachdem ich mir auch noch die Haare mit Wasser, Pomade und Kamm geglättet hatte, fand ich mich alles in allem recht ansehnlich. So würde ich Dalia guten Gewissens gegenübertreten können.

Es war noch Zeit bis zum Mittagessen, das ich bei Blode einnehmen wollte, deshalb beschloss ich, einen Umweg über den Schlangenberg und durch den Hexenkessel zu machen, und schritt heiter aus in den Wald hinein.

Erlauben Sie mir, dass ich die Gelegenheit nutze und endlich über den Wald ins Schwärmen gerate, über seine Einmaligkeit als Schutzschild für den Menschen und als Schutzraum für die Tiere. Dabei ist er nicht eigentlich natürlich, sondern ein vom Menschen vor einhundert Jahren in der Not geschaffener Ersatz für den ursprünglichen Wald, den er blind für die Folgen zu seinem Nutzen gefällt hatte. Ein einzelner Mann hatte die Idee, durch Bepflanzung der Dünen ihre Wanderung aufzuhalten. Ohne ihn hätte es keine Künstlerkolonie, keinen Thomas Mann und keinen Italienblick auf der Nehrung gegeben. Der Bestand aus Bergkiefern, die in diesem Teil der Welt sonst nicht vorkommen, ist dem Irrtum eines dänischen Samenhändlers geschuldet, der Wuchs hat sich vollkommen den besonderen Gegebenheiten der Nehrung angepasst. Es ist nicht ein Wald, es sind viele, und sie bilden Stockwerke von unterschiedlicher Größe, Dichte und Stimmung. Das unterste Stockwerk liegt auf Meereshöhe und ist eine grün schimmernde, lichte Säulenhalle, der Boden üppig bespannt mit einem leuchtenden Moosteppich, der Wurzeln, Senken und umgefallene Bäume überzieht, sodass sich alles sanft und hügelig vor dem Betrachter ausbreitet wie eine Voralpenlandschaft in Miniatur. Die hohen Baumsäulen reiben sich ächzend und schabend im Wind aneinander, und nahe am Meer neigen sie sich so dramatisch gen Osten, dass es einen beinahe schwindelt, aber man schreitet hier federnd und mit erhobenem Kopf, alles fühlt sich leicht an, und die Stille ist beruhigend. Ein Stockwerk höher schrumpft die Halle, und es ist, als würde man ein gedrungenes altes Haus betreten, lange schon verlassen, die Balken morsch, aber sich noch gegenseitig stützend. Man zieht den Kopf ein, so niedrig ist die Decke, und gleichzeitig hebt man die Füße, denn der Boden ist mit dem Gerümpel abgebrochener Äste übersät. Während es einen Stock tiefer eine Lust war, die Wege zu verlassen, so bleibt man hier freiwillig folgsam in den Schneisen, die zu düsteren Tunneln werden, sobald auch nur eine Wolke die Sonne bedeckt, und mit einem Mal hat man es eilig. Weiter hinauf geht es, und man betritt das nächsthöhere Stockwerk, wo der Weg sandig wird und warm das Sonnenlicht zurückwirft. Spuren im Sand verraten, dass man sich den Weg nun teilt mit Elchen, Dachsen und Luchsen, die das Labyrinth in und durch dieses Waldstockwerk kennen. Wie eine undurchdringliche Wand stehen die Kiefern verdreht und ineinander verschlungen dicht an dicht. Nur wenige Meter sind sie hoch, uralt und störrisch, die lebendigen neben den sterbenden und toten, deren Äste und Zweige ein wie von Seidenspinnern grau überzogenes Netz auf dem Boden bilden. Immer noch geht es bergauf, und wüsste man es nicht besser, könnte man glauben, einen Alpengipfel zu ersteigen, nachdem auch dieser Wald sich zurückgezogen hat und der Weg auf einer windumtosten Düne endet, wo einem der Sand auf die Kleidung prasselt, dabei hat man gerade einmal fünfzig Höhenmeter geschafft. Hinter dem Schlangenberg geht es durch die Waldstockwerke wieder hinunter, diesmal sogar bis in den Keller, in die Feuerschlucht, auf deren schattigem Grund dicht an dicht die Blaubeer- und Himbeersträucher sprießen, sodass man für die Süßspeise nur die Hände ausstrecken muss, die sich rot und blau färben vom Saft der Früchte.

Und dann sieht man mit einem Mal das Sommerhaus der Manns durch die Bäume auf der Anhöhe aufblitzen. Erst am Nachmittag wollte ich erneut den Dichter aufsuchen, um mich mit ihm zu beraten. Ich wusste nicht, ob er nach dem Schlag ins Wasser am Vortag die Beschattungsaktion wiederholen wollte. Für jetzt ließ ich ihn links liegen, denn das Gasthaus war mein Ziel, und das lag am anderen, dem südlichen Ende des Ortsteils Skrusdin.

KAPITEL VIERZEHN

Künstler

Auf der Veranda war kein einziger Platz mehr frei, also ging ich hinein und blieb einen Moment orientierungslos im Gang zwischen den Tischen stehen, an denen es hoch herging. Ich drehte mich um und brachte eine Kellnerin aus der Balance, die taumelnd halb auf dem Schoß eines Gastes landete, der ausrief: »Hoppla, das ging aber schnell mit der Birne Helene!« Seine Tischgenossen brachen in holpriges Gelächter aus, und ich murmelte »Entschuldigung«.

Die nächste schwungvoll vorbeieilende Bedienung sprach ich an. »Ist Dalia gar nicht da?«

Geschickt hielt sie ihr volles Tablett im Gleichgewicht, als sie sich zu mir umdrehte. »Üblicherweise arbeitet sie samstags, aber ich habe sie heute noch nicht gesehen. Vielleicht hat sie sich krankgemeldet?«

Ich wollte schon unverrichteter Dinge wieder gehen, als mir jemand zuwinkte und ich Ernst Mollenhauer erkannte. »Kommen Sie her!«, rief er von einem Tisch am entfernten Ende des Saales über die Köpfe der anderen hinweg.

Und so fand ich doch noch einen freien Stuhl und bekam etwas zu essen und genoss ein Stündchen in netter Gesellschaft. Und wenn Ihnen das angesichts der Falllage zu unbekümmert vorkommt, so will ich zu meiner Entlastung sagen, dass ich mir zu diesem Zeitpunkt noch keine ernsthaften Sorgen um Dalia machte. Ich stellte mir vielmehr vor, dass sie sich tatsächlich plötzlich unwohl gefühlt haben könnte, vielleicht unter einer Erkältung litt oder unter Kopfweh und deshalb nicht zur Arbeit erschienen war, glaubte also noch fest an die Wahrscheinlichkeit einer trivialen Erklärung.

An dem mit Eitelkeiten reichlich gedeckten Künstlerstammtisch bei Blode ließ ich mich von Mollenhauer und Pechstein
abwechselnd mit den Anwesenden bekannt machen. Da war der
Maler mit dem seltsamen Namen Partikel, der mich in seinem
Aussehen an einen römischen Senator erinnerte und jeden seiner Wortbeiträge mit einem »Freunde!« einführte. Auch den
Namen Bischoff habe ich mir gemerkt, viel mehr jedoch sein
rabenhaftes Aussehen mit den dunklen langen Haaren, der pro-
minent hervorstehenden Nase und den schlauen Augen. Auch
einem gewissen Bruno wurde ich bekannt gemacht, einem Maler aus Breslau. Anders als die meisten Künstler in der Kolonie
hatte Bruno kein Atelier. Er arbeitete und schlief in der Tenne
eines Bauernhofes und bezahlte den Aufenthalt mit leichten
Hilfsarbeiten. Bei Blode trank er Wein, obwohl das Bier dort
billiger war. Stets nur ein Glas mit Bedacht, wie er sagte, denn
Bruno hatte nie Geld. Weil aber alle das wussten, kam es nicht
selten vor, dass jemand ihm ein zweites oder gar drittes Glas
spendierte, nur um nicht auf seine Gesellschaft verzichten zu
müssen. Er lieferte mir gegenüber eine künstlerische Selbstbe-
schreibung als »Holzschneider«, war von geradezu bulliger Statur mit den kräftigen und schwieligen Händen eines Waldarbei-
ters. Mein Deutsch ist – wie Sie inzwischen erfahren haben –
höchst passabel, trotzdem kommt es oft vor, dass ich deutsche
Worte und Begrifflichkeiten zum besseren Verständnis zunächst
in meine Muttersprache übersetze. Das Wort »Holzschneider«,
das ich nie zuvor gehört hatte, heißt tatsächlich wörtlich übersetzt im Litauischen *medienos pjaustytuvas,* was genauso gut
den »Holzfäller« bezeichnet, an den ich bei seinem Anblick hatte denken müssen. Ich sagte ihm, seine Statur erinnere mich an
die eines Boxers, und so gerieten wir bald in einen lebhaften
Wortstreit darüber, ob die Disqualifikation Jack Sharkeys im
Weltmeisterschaftskampf gegen Max Schmeling gerechtfertigt
gewesen war. Da sah ich Ernst Mollenhauer ein Skizzenbuch
hervorziehen, und während ich meine keineswegs lückenlose

Theorie für die Schiebung des Kampfes zuungunsten des aus Litauen stammenden Sharkey darlegte, warf er mit wachen Augen und flinken Strichen zwei sich konfrontierende Köpfe aufs Papier, die Mäuler karikaturenhaft aufgerissen, die Blicke trunken, die Gesichter verzerrt. Die Zeichnung wurde herumgereicht und führte zur allgemeinen Erheiterung. Und so erlebte ich den Künstlerkreis in Nidden. Ich lauschte angeregt der Diskussion über Kunstrichtungen und Malweisen und wurde Zeuge des verbalen Kampfs um Stile, der über den Tisch hinwegtobte.

Bis ein junger, gut aussehender Frechling vom Nebentisch auf sich aufmerksam machte, der schon eine ganze Weile zu uns geschielt und reichlich getrunken hatte. Er hielt sein leeres Glas in die Luft und rief so laut und nachhaltig in einem für mich schwer zu verstehenden Dialekt nach der Bedienung, dass Hermann Blode persönlich aus der Küche kam, um für Ruhe zu sorgen.

»Ei, was is dat hier?«, fiel der Gastwirt ganz natürlich ebenfalls ins Ostpreußische.

»Noch 'n Tulpche Bier!«

»Du schabberst zu viel. Ich will, dass du zahlst und gehst.«

»Nuscht nich«, sagte der junge Mann. »Mehr Bier und Machandel!«

»Du hast deine Tuntel schon tief genug ins Glas gesteckt, Glumskopp. Du zahlst jetzt besser und gehst.«

Der Mann zog einen Flunsch, nestelte in seiner Hosentasche herum und bekam schließlich etwas zu fassen, das er stolz vor Blode auf den Tisch knallte. Es war ein einzelnes Zehnpfennigstück.

»Was soll ich mit dem Dittchen, Dämlack? Willst du mich lackmeiern?«

In seinem trunkenen Zustand verkannte der Mann die Situation, denn er zwinkerte dem Gastwirt zu. »Keine Penunsen, aber ich kann mit einem Bild zahlen. Bin nämlich auch Künstler!« Und mit diesem Ausruf zog er ein kleines Bild unter dem

Tisch hervor, kaum größer als ein Handtuch, und präsentierte es der Runde. Und dann geschah das Überraschende, denn er wurde nicht verlacht. Stattdessen ging das Bild von Hand zu Hand, Pechstein betrachtete es besonders lange, und auch Bruno wirkte durchaus angetan, bis es bei Blode landete, der es mit Kennerblick begutachtete und schließlich zu dem vor Spannung bebenden jungen Mann sagte: »Duhn und plustrig, aber talentiert, da hol mich doch der Deiwel. Was meinen die Herren dazu?«

Und schon ging der Disput wieder los.

Mollenhauer und Partikel nickten wohlwollend. Bischoff sagte: »Mehr Mut zum Primitiven, junger Mann. Empfindungen, die man expressionistisch ausdrückt, sind elementar.«

»Freunde!«, rief Partikel, »setzen wir ihm keine Flausen in den Kopf. Das ist der Fehler von euch Expressionisten, dass ihr glaubt, es reiche aus, wenn man nur schon etwas fühlt.«

Bruno hob den Zeigefinger. »Das Auge, meine Herren. Auf das Auge kommt es an.«

»Willst du damit sagen«, fiel ihm Mollenhauer ins Wort, »dass jeder malen kann, der nicht blind ist?«

»Ach was«, sagte Bischoff, »die Blinden verkaufen sich am besten. Bedenken Sie nur die Surrealisten!«

»Dieser Pfaffenkogel wollte mir ein Bild verkaufen«, sagte ich.

»Ihnen auch?« Mollenhauer lachte auf.

»Der Mann ist wirklich surreal«, sagte Pechstein.

»Wieso ›auch‹?«

»Freunde, sprechen wir von seinem sogenannten weiblichen Akt?«, sagte Partikel, und ich nickte. »Na, dann können Sie sich ja vorstellen, dass darüber geredet wird.«

»Nach der Natur gemalt«, äffte Bischoff den Münchner nach. »Man fragt sich doch, wer schamlos genug wäre, für eine solche Scheußlichkeit Modell zu stehen.«

Der alte Blode hatte ein Urteil gefällt und sagte zu dem jungen Ostpreußen: »Pass auf, Bowke. Ich nehme das Bild in Zahlung, und du kommst morgen wieder. Vielleicht hast du sogar noch was gut.«

Daraufhin stießen alle auf das Bild und seinen Maler an.

Mit einem Mal sagte Bruno: »Nicht hinsehen, da ist der Herr Schauspieler und Lebensreformer.«

Ich blickte auf und entdeckte Paul Isenfels im Eingang zur Veranda stehen.

»Hier ist kein Stuhl mehr frei«, sagte Bischoff.

»Die Herren, sind wir doch nicht so«, mahnte Mollenhauer.

»Isenfels ist immerhin ein talentierter Photograph.«

»Postkarten-Photograph«, sagte Bischoff.

»Freunde, nichts gegen Postkarten«, sagte Partikel, »das ist ein legitimes Medium der Kunst.«

Ich beobachtete Isenfels, diese auffällige Erscheinung in leichtem hellem Sommermantel und mit tief und in verwegenem Winkel über die Augen gezogenem weißem Hut. Er machte keine Anstalten, sich zu unserer Künstlergruppe zu gesellen. Vielmehr schienen seine lebhaften Augen den Saal nach etwas oder jemandem abzusuchen. Unsere Blicke trafen sich, und er machte einen Schritt in den Raum hinein, zaghaft, aber doch so, dass ich es als Signal an mich verstand. Ich erhob mich und ging auf ihn zu.

»Herr Isenfels, ich bin Žydrūnas Miuleris. Wir saßen vor ein paar Tagen zusammen.«

»Ich weiß, ich weiß. Gut, dass ich Sie hier wiedertreffe. Sagen Sie, erinnern Sie sich zufällig an den Herrn, der damals hinter mir saß? Anzug, Krawatte, pomadiertes Haar? Er war in Begleitung seiner Frau.«

»Mir scheint, Sie sprechen von Paul Hofreiter.«

»Sie kennen ihn? Sehr gut. Wissen Sie auch, wo er sich aufhält?«

»Ich kann Ihnen zumindest sagen, wo er sich nicht mehr aufhält. Nämlich in Nidden. Ich weiß aus gesicherter Quelle, dass er und seine Gemahlin abgereist sind. Ich würde sagen: überstürzt.«

»Wie ärgerlich«, entfuhr es Isenfels. »Sein Auftrag ist fertig, und er hat ihn nicht abgeholt. Nun bleibe ich auf der Rechnung sitzen. Andererseits ist das kein Wunder und vielleicht ohnehin besser so. Die Person auf den entwickelten Photographien ist ganz gewiss nicht seine Gemahlin. Ich werde den ganzen Dreck am besten einfach verbrennen und vergessen.«

»Dreck?«

»Ich will nichts gesagt haben.«

»Und wann haben Sie den Auftrag entgegengenommen?«

»Am Montag. Warum fragen Sie?«

»Herr Isenfels, bitte verzeihen Sie meine Neugierde: Dürfte ich erfahren, um was für Photographien es sich handelt?«

Er blickte mich streng an. »Aufträge von Kunden sind vertraulich.«

Doch wer, fragte ich mich, war hier eigentlich der Kunde? Hofreiter war Pfaffenkogels Kunde für gewisse Zeichnungen. Pfaffenkogel hatte mir gegenüber Andeutungen über Photographien gemacht, die ihm als Vorlage für weitere, noch naturgetreuere Bilder würden dienen können. Und er hatte an dem berüchtigten Abend bei Blode nicht gerade den besten Eindruck bei Paul Isenfels hinterlassen, dem einzigen Mann, der im Ort seinen Film entwickeln konnte. Es wäre doch möglich, so deduzierte ich, dass er Hofreiter mit dem Film vorgeschoben, ihn gewissermaßen als Strohmann benutzt hatte. Der Handel, den ich zwischen den beiden auf der Düne beobachtet hatte, war die Übergabe der Dose gewesen, die den Film enthielt, auf dem weitere »Sauereien« zu sehen waren. War ich gerade dabei, neben dem ersten Fall, dem eine politische Verrohung zugrunde lag, noch einen zweiten Fall von moralischer Verrohung zu lösen? Oder gab es da einen Zusammenhang, den ich noch nicht zu erkennen vermochte?

»Nur dass dieser spezielle Kunde sich aus dem Staub gemacht hat, was wahrscheinlich mit dem erwähnten Auftrag zu tun hat.«

»Ich kann trotzdem nicht erkennen, was Sie die Bilder angehen.«

Ich erinnere mich an ein bedrückendes Gefühl dunkler Vorahnung. Sie gingen mich etwas an, und ich musste sie einfach sehen, aber ich war mir nicht sicher, wie weit ich dafür gehen durfte. »Wenn Sie mir helfen, würde ich mich dafür einsetzen, dass Sie eine Gelegenheit bekommen, Thomas Mann zu knipsen.«

Er zog die Augenbrauen hoch. »Zu knipsen, sagen Sie? Sie wissen aber hoffentlich, dass es da einen Unterschied gibt zu der Kunst, die ich ausübe. Aber wenn das so ist … und wenn Sie Herrn Mann ebenfalls den Unterschied zwischen Knipsen und der Kunst des Photographierens nahebringen könnten, und weil Sie so freundlich waren, mir Auskunft über Hofreiter zu geben, werde ich mich revanchieren. Folgen Sie mir.«

Isenfels wartete vor der Tür, während ich meine Rechnung bei Hermann Blode an der Bar beglich. Als er mein Wechselgeld abzählte, fragte er beiläufig, ob ich etwas von Dalia gehört habe. Es sehe ihr gar nicht ähnlich, dass sie ohne ein Wort der Erklärung oder Entschuldigung einfach nicht zur Arbeit erschiene. Die Kollegin, mit der sie das Personalzimmer teile, habe gesagt, Dalias Bett sei in der Nacht zuvor unbenutzt geblieben. Es war der letzte Hinweis, den ich brauchte, um vollends in Alarmbereitschaft versetzt zu werden. Man musste kein Sherlock Holmes sein, um zu begreifen, dass etwas ganz und gar nicht in Ordnung war.

Mit einem kräftigen Arm hätte ich vom Eingang des Gasthauses aus mit einem Stein ein Fenster an Isenfels' Haus einwerfen können, so nah stand es. Und meiner Meinung nach lag es noch schöner als das Sommerhaus der Familie Mann. Klein und verwunschen, wie ein Hexenhäuschen aus dem Märchen, lag es oberhalb der Straße zwischen Nidden und Skrusdin. Gekreuzte Pferdeköpfe am Giebel, eine kleine offene Veranda mit freiem

Blick über die Lagune. Hübsch, ja geradezu niedlich, aber nach meinem Geschmack doch ein wenig spießig für einen, der das Leben in all seinen Aspekten von Kleidung, der Ernährung und des gesellschaftlichen Zusammenlebens reformieren wollte.

Paul Isenfels trat an den Staketenzaun und hielt mir das niedrige Gartentörchen auf. »Wissen Sie, ich habe in meinem Haus ein eigenes Photolabor, hauptsächlich für meine eigenen Arbeiten. Aber ich nehme auch Aufträge entgegen, was sich durchaus lohnt. Seit die Kleinformatphotographie populär geworden ist, knipsen die Kurgäste wie wild in der Gegend herum und bringen mir dann ihre Filmdosen zur Entwicklung und zum Bildabzug. Meist sind die Photographien ohne Sinn und Verstand aufgenommen, unterbelichtet, überbelichtet, amputierte Köpfe und Füße allüberall und alles gänzlich ohne künstlerischen Wert. Etwas wie von diesem Hofreiter habe ich allerdings noch nie entwickelt. Er scheint zu denken, nur weil ich für weibliche Akte bekannt bin, könne er mir so etwas unterschieben.«

Vom Hausflur ging eine schmale Stiege in den Keller hinunter. »Warten Sie hier«, gebot er mir, tastete sich hinab in die Dunkelheit und drehte einen unsichtbaren Lichtschalter. Eine Birne erleuchtete die Treppe, und ich folgte ihm.

»Eine ganz neue Errungenschaft in Nidden«, sagte er. »Das lange ersehnte Elektrizitätswerk ist erst vor wenigen Wochen Wirklichkeit geworden, und ich habe einen der ersten Anschlüsse erhalten. Mein Mentor Fidus lehnt das künstliche Licht zwar ab, aber es erleichtert mir nun einmal die Arbeit im Labor enorm.«

Durch eine isolierte Tür betraten wir einen niedrigen düsteren Raum, in dem es scharf nach Chemikalien roch. Flaschen mit Etiketten, auf denen Totenköpfe zu sehen waren, standen auf einem Tisch zusammen mit Schalen verschiedener Größen, daneben Messer, Scheren, Klammern – offenbar hatte ich die Hexenküche des Hexenhäuschens betreten. An einer Leine unter der Decke hing ein langer, sich wellender Filmstreifen. Isenfels nahm den Streifen herunter, trat an den Tisch, knipste eine

Lampe an, die hinter einer montierten Lupe positioniert war, reichte mir den Film und forderte mich auf: »Hier. Sehen Sie sich das an. Ich hoffe, Sie sind nicht zart besaitet.«

Ich straffte den Streifen zwischen Lampe und Lupe und beugte mich darüber. Auf Anhieb war nichts zu erkennen, denn die ersten Bilder waren stark unterbelichtet, die darauffolgenden sehr unscharf, doch dann entdeckte ich ein Negativ, bei dem mir der Atem stockte.

Haben Sie schon einmal das Porträt eines Ihnen bekannten Menschen im Negativ genau betrachtet? Wenn die Umkehrung der Grautöne die helle Gesichtshaut dunkel und die dunklen Augen unnatürlich hell erscheinen lässt? Das Gehirn erkennt das Gesicht an Form und Merkmalen und erkennt es doch nicht, wehrt sich gegen den verfremdeten Eindruck und kann ihn kaum zusammenbringen mit dem Bild, das man von der dargestellten Person im Kopf hat. Die leuchtenden Augen lassen uns an Raubtiere in der Nacht denken, und sie sind uns unheimlich, was die Verwirrung noch steigert, wenn wir das Bild von jemandem sehen, dem wir zugetan sind, den wir vielleicht sogar gernhaben. Je dunkler die Augen in der Wirklichkeit, desto heller sind sie im Negativ.

Dalias Augen waren von einem dunklen Kastanienbraun.

Mir schwindelte.

»Haben Sie sie erkannt?«, fragte Isenfels.

Mein Kopf war heiß geworden, aber ich suchte darin nach einem kühlen Gedanken.

»Es ist die Bedienung vom Gasthof. Ich glaube, sie heißt Dalia.«

»Herr Isenfels, kein Wort darüber zu irgendjemandem.« Da war der Gedanke, den ich brauchte, und ich zog den Geldbeutel aus der Tasche. »Wie viel schuldet Hofreiter Ihnen für den Auftrag?«

»Ich nehme keine Litas, nur Mark. Für die Filmentwicklung sind es pauschal zwei Mark.«

»Hier haben Sie das Geld. Jetzt bin ich Ihr Kunde, und damit versprechen Sie mir Vertraulichkeit. Kein Mensch darf je von diesen Bildern erfahren.«

Er nahm das Geld entgegen und nickte.

Ich nahm den Filmstreifen wieder auf und zwang mich dazu, ihn Negativ für Negativ zu betrachten. Ihre Augen hatte sie nur auf dem ersten geöffnet, und je mehr ich sah, desto wilder kochte in mir eine Wut hoch, die ich noch heute und in diesem Moment, da ich die Erinnerung daran zu Papier bringe, als kleinen harten Glutkern unter dem Brustbein spüre. Dalias nackter Körper war erschlafft, als wäre sie in eine tiefe Ohnmacht gefallen. Und während dieser Ohnmacht hatte sich jemand mit abscheulichem Kalkül ihres Körpers bemächtigt, hatte sie in Posen, eine obszöner als die andere, auf dem Kanapee wie eine Puppe hindrapiert. Es fiel mir schwer, zu akzeptieren, dass dieses hilflose Wesen tatsächlich das Mädchen war, das meine züchtigen Phantasien erfüllte. Mit grimmiger Entschlossenheit erkannte ich auf den Bildern ebenfalls den Raum um sie herum, den Diwan, auf dem sie lag, den Tisch mit den Farben, den Spiegel an der Wand. Und ich wollte den Film nehmen und verbrennen und die giftige Asche löffelweise an das krankhafte Individuum verfüttern, das sich im Moment der Aufnahmen an Dalias schändlicher Hilflosigkeit geweidet hatte. Mir war übel.

»Ich brauche einen Abzug als Beweisstück«, sagte ich und deutete auf ein bestimmtes Negativ.

»Das macht fünfzig Pfennige extra. Dafür bekommen Sie sehr haltbares Papier, an dem Sie lange Freude haben werden.« Als er meinen Blick sah, erschrak er über sich selbst und fügte ein tonloses »Entschuldigung« hinzu.

KAPITEL FÜNFZEHN

Kippenkreis

D er Schock über die Bilder saß tiefer, als ich es für möglich gehalten hätte, und den ganzen restlichen Tag war ich wie gelähmt bei der Frage, wie ich mit den neuen Erkenntnissen umgehen sollte. Meine Verwirrung wurde noch gesteigert dadurch, dass ich beim Verlassen von Isenfels' Haus Katia Mann begegnete, die zum Dorfladen unterwegs war, um Besorgungen zu machen, die eigentlich von der vermissten Dalia hätten erledigt werden sollen. Als sie erwähnte, dass die ganze Familie sich am Vormittag in den Elchwald hatte kutschieren lassen und es während ihrer Abwesenheit anders als in den Tagen zuvor keine neuerlichen Anzeichen eines Eindringens in das Haus gegeben hatte, musste ich mich abrupt von ihr verabschieden, weil meine Unruhe sich so weit steigerte, dass mir der Schädel schwirrte. Erst als ich mich im Wald abseits des Weges auf das Moos fallen ließ und in den Himmel schaute, wurde ich etwas ruhiger und besann mich. Auch wenn die Manns den Zusammenhang anscheinend noch nicht sahen, für mich war er nicht mehr zu leugnen: Ich hatte den Eindringling nicht verschlafen. Im Gegenteil. Ich hatte ihn tatsächlich auf frischer Tat ertappt, nur dass sein Eindringen gar nicht verdächtig war, vielmehr alltäglich.

Ich wollte nichts mehr, als mich schützend vor Dalia zu stellen, gleichzeitig hatte sie den Dichter in Gefahr gebracht, dem meine Loyalität galt und in dessen Schuld ich stand. Eine wahrhaftig missliche Situation. Doch Selbstmitleid verbot ich mir genauso wie ein vorschnelles Brechen des Stabes über Dalia. Ich meinte sie gut genug zu kennen, um zu ahnen, dass nur eine außerordentliche Zwangslage sie dazu gebracht haben konnte, das Vertrauen des Dichters so zu missbrauchen. Und meine Intuition sagte mir, dass diese angenommene Zwangslage etwas mit den Bildern zu tun haben musste, die Pfaffenkogel von der betäubten Dalia angefertigt hatte. Welcher Umstand konnte sonst dazu geführt haben, dass sie zur Diebin wider Willen wurde? Dass sie bereit war, auf ewig nicht nur ihre Reputation zu ruinieren, sondern auch den Ruf von ganz Nidden aufs Spiel zu setzten, wenn herauskam, dass der prominenteste Sommergast des Ortes von einer Hiesigen bestohlen worden war?

Die folgende Nacht lag ich wach beim Ruf eines Uhus aus dem nahen Wald und beim Pfeifen des stürmischen Westwinds um das Dach der Villa Bernstein. Als es endlich dämmerte, war ich erleichtert und erwartete mit halb geschlossenen Augen das Ritual der wie aus dem Dielenboden gestampft auftauchenden Frau Bryl. Doch sie kam nicht, was mich neuerlich beunruhigte. Ich schwang die Beine aus dem Bett, ging zur Tür, öffnete sie einen Spalt und zuckte zusammen, als sich Ludwiks weiße Schnauze vorwitzig ins Zimmer schob. Ich drückte ihn zurück in den Flur und schloss die Tür. Nach dem Einfallwinkel der Sonnenstrahlen zu schließen, die für einen Augenblick durch ein Wolkenloch ins Fenster fielen, war es bereits halb acht. Noch nie hatte Frau Bryl mich so lange schlafen lassen, und ich fragte mich, ob es ihr gut ging und was es für sie Wichtiges zu erledigen gegeben haben mochte, dass sie das, was sie für ihre Pflicht als fürsorgliche Wirtin hielt, derart vernachlässigte. Ein weiteres auffallendes Versäumnis ihrerseits war, dass sie die Waschschüssel des vorigen Tags nicht aufgefrischt hatte. Doch mit alldem hielt ich mich nicht lange auf, denn ich wusste nun endlich, was ich zu tun hatte. Ich spritzte mir das schon etwas trübe Wasser ins Gesicht, kämmte mir das Haar, zog mich an und ging die Treppe nach unten.

Das Haus war still, noch kein anderer Gast schien bisher aufgestanden zu sein. Maria, die Aushilfe, saß müßig auf einem

Stuhl im leeren Frühstückssalon, hörte mich kommen und nahm den Kopf träge von der Hand.

»Guten Morgen, Herr Miuleris. Möchten Sie Ihr Frühstück einnehmen?«

»Kaffee, bitte. Und haben Sie noch von der Stachelbeermarmelade?« Ich setzte mich an einen Tisch am Fenster und schaute auf den Himmel über den Dünen, der an diesem Morgen grau und übellaunig wirkte. »Ist Frau Bryl nicht da?«

»Sie ist ins Dorf gegangen, um Besorgungen zu machen.«

»Schon so früh an einem Sonntag?«

Maria zuckte mit den Schultern, verschwand in der Küche und kam kurz darauf mit der Kaffeekanne zurück, aus der sie mir einschenkte. Auf dem Kaffee schwamm ein dünner, grünlicher Film.

Zehn Minuten später fühlte ich mich wach und gestärkt und brach auf. Das Miele musste Frau Bryl für ihre geheime Erledigung genommen haben, also ging ich zu Fuß, was für mein Vorhaben ohnehin günstiger war. Ich hatte kaum den Wald erreicht, da hörte ich Atemgeräusche hinter mir und entdeckte erfreut meinen inzwischen ständigen Begleiter Ludwik, der wie selbstverständlich aufschloss und neben mir herlief.

Ich würde den Stier bei den Hörnern packen und den Pfaffenkogel bei seinem vielleicht noch vorhandenen Rest von Ehre. Seit der Dichter und ich ihn uns in seinem Atelier zur Brust genommen hatten, hatte man ihn am Künstlerstammtisch bei Blode nicht mehr gesehen. Vielleicht ein Hinweis darauf, dass der sonst so gern auftrumpfende Münchner doch so etwas wie ein Gewissen hatte und es vermied, Dalia unter die Augen zu treten. Im Bett liegend hatte ich zunächst beschlossen, dass das Detektivspiel nun vorbei sein müsse, wo es doch inzwischen um einen klaren Fall von Körperverletzung ging. Ich wollte also Pfaffenkogel zur Anzeige bringen. Doch dann wurde mir klar, dass eine Anzeige unvermeidlich das Opfer exponieren und damit kompromittieren würde. Und was, wenn die Polizei Dalia nicht glaubte? In meiner Hilflosigkeit hatte ich mir den Rest der Nacht ausgefeilte Torturen für Pfaffenkogel ausgedacht, von denen jede einzelne zu seinem qualvollen Ableben führte. Ja, ich würde ihn zum Schweigen bringen, aber nicht dadurch, dass ich ihn umbrachte, sondern durch Wissen. Mein erster Weg an diesem Morgen führte uns deshalb zu der kleinen Zollstation am Hafen von Nidden, die auch einen Polizeiposten beherbergte. Dort hoffte ich zu finden, was ich suchte. Und ich hatte Glück. Das litauische Gesetzbuch, das mir der Dorfpolizist auf den Stationstresen legte, sah so aus, als hätte noch nie zuvor jemand darin geblättert. Ludwik wartete geduldig vor der Tür, während ich eine ganze Weile brauchte, bis ich gefunden hatte, was ich suchte. Es würde mir sehr nützlich sein. Und der Fund machte mich nicht wenig stolz auf die modernen Gesetze meines noch jungen Landes. Beim Blick auf die entsprechende Seite des Gesetzestextes zog ich mir die Gedankendecke über den Kopf, schlug das Buch zu, bedankte mich und nahm Ludwik wieder ins Schlepptau.

Es war Sonntag, und die überdachte Sonnenterrasse des Hotel Königin Louise war voller Menschen, die ihre gute Kleidung trugen und vermutlich vorher in der Kirche gewesen waren. Ludwik und ich gingen in südliche Richtung die Dorfstraße hinunter, bis wir am Ende der Straße einen Weg zwischen den letzten Häusern nach Westen nahmen. Am Waldrand erreichten wir das alte Fischerhaus, in dem Pfaffenkogel sein Atelier hatte.

Das Törchen zum verwilderten Garten stand offen, doch die Haustür war verschlossen. Ich legte eine Hand an die Fensterscheibe, konnte allerdings nichts erkennen. Dann begann ich, das Haus zu umrunden. An der Ostseite war die Scheune angebaut. Die Falle an dem verwitterten Tor mit dem Ring daran war verrostet und ließ sich kaum bewegen. Ich zog mehrmals ergebnislos daran, bis er sich mit einem Mal ruckartig zurückschieben ließ.

Ich zog das Tor auf und bekam einen Schreck, als ich einen kräftigen Arm erblickte. Dann kam sein Besitzer ins Bild, und ich atmete erleichtert aus und staunte zugleich nicht schlecht. Niemals hätte ich damit gerechnet, ihn hier zu treffen.

»Müller!«

»Nicht so laut«, sagte ich, schob mich an ihm vorbei, zog den widerspenstigen Ludwik am Halsband ebenfalls in die Scheune und schloss das Tor hinter uns wieder, sodass wir uns im Dunkeln gegenüberstanden. Seine Nase wurde gelblich illuminiert, als er an seiner Zigarette zog. »Was tun Sie hier, Herr Mann?«

»Ich habe deduziert und folge einer Spur.«

»Tatsächlich? Genau wie ich.«

»*Les grands esprits se rencontrent*«, sagte er. »Voltaire.« Er beugte sich zu dem Hund hinunter und kraulte ihn zwischen den Ohren. »Braver Ludwik«, sagte er. *Seinen* Namen hatte er sich gemerkt, obwohl ich nicht einmal sicher war, ihn erwähnt zu haben.

Ich hätte mich von dem *grand esprit* geschmeichelt fühlen sollen und hatte doch ganz andere Sorgen. »Ihre Gewohnheiten gehen mich nichts an, aber hier und heute hätte ich gleich zwei Einwände gegen das Rauchen.«

»Die wären?« Wieder glomm es vor seinem Gesicht auf.

»Wir sind in einer Scheune, und geradezu alles, was gemeinhin in Scheunen aufbewahrt wird, ist brennbar. Außerdem könnte der Rauchgeruch unsere rechtswidrige Anwesenheit verraten.«

»Jaja, Sie haben ganz recht«, sagte der Dichter. »Das ist das Gewohnheitstier in mir.« Er öffnete das Tor einen Spaltbreit, um besser sehen zu können, drückte die Zigarette an einer sicheren Stelle des festgetretenen Lehmbodens aus und steckte den Stummel in seine Jackentasche. »So, das wäre erledigt.«

»Was ist das für eine Spur, der Sie folgen?«

»Heute Morgen spazierte ich an der Portofino-Bucht entlang und bewunderte gerade die Kormorane, als mir etwas in den

Sinn kam, das dieser Maler gesagt hatte, als er uns das abgeschmackte Bild gezeigt hat. Sie erinnern sich?«

»Lebhaft. An das Bild, aber nicht genau an das Gesagte.«

»Ihr photographisches Gedächtnis macht nicht viel her, sonst müssten Sie wissen, wovon ich spreche. Er bezeichnete die dargestellte ... Körperstelle als ›heilige weibliche Unterwelt‹.«

Ich verzog das Gesicht.

»Haben Sie die verlorenen Blätter noch im Gedächtnis?«

»Selbstverständlich.«

»Dann werden Sie darauf kommen, wenn ich Ihnen sage, dass nichts ärgerlicher ist, als von jemandem zitiert zu werden, der das Zitierte nicht versteht.«

»Sie sagen, die ›weibliche Unterwelt‹ ist aus Ihrer Rede zitiert?«

Im Dämmerlicht der Scheune, an das sich meine Augen inzwischen gewöhnt hatten, ruhte sein vorwurfsvoller Blick auf mir. »Trauen Sie mir etwa zu, so etwas Dummes zu Papier zu bringen? Natürlich handelt es sich mitnichten um ein wörtliches Zitat von mir. Wohl eher um eine misslungene Übertragung. In meiner Rede geht es um dunkle, völkische Naturreligiosität, um den chthonischen Mutterkult, um die heilig *gebärerische* Unterwelt, nicht um öde Geschlechtliches. Dennoch, bei allem Ärger über diese Verzerrung, habe ich auf meinem Spaziergang mit einem Male erkannt, dass er sich damit verraten hat. Von selbst wäre dieser steindumme Mensch doch nicht annähernd auf eine solche Formulierung gekommen. Und aus dieser Tatsache deduziere ich: Er muss die Blätter kennen.«

Ich hatte während seiner kleinen Ansprache die Gedächtnisdecke über mich gezogen und die inkriminierte Stelle in den Notizen zur Rede gefunden. Seine Beweisführung klang überzeugend.

»Nun sind Sie dran, Müller. Was hat es mit dem Verschwinden unseres Niddener Mädchens auf sich?« Bevor ich antworten konnte, waren seine Gedanken bereits ein Stück weitergewandert. »Der Umstand hat dazu geführt, dass meine Frau mich wieder nicht auf dem Morgenspaziergang begleiten konnte, hinwiederum das Alleinsein möglicherweise erst zu Überlegungen geführt hat, die meinen Verdacht auf den Pfaffenkogel lenkten. Ich habe vor Ihrem Eintreffen das Haus bereits rekognosziert und das Atelier durchsucht, aber die Abschrift nicht finden können. Doch zurück zu dem Mädchen.«

»Bei der Arbeit war sie auch nicht.« Ich zögerte mit weiteren Erklärungen, denn es war mir im Grunde nicht recht, den Dichter dabeizuhaben, wenn ich Pfaffenkogel konfrontierte. Je kleiner vorerst der Kreis blieb, der davon wusste, was er Dalia angetan hatte, desto besser. Noch immer ging es mir vor allem darum, sie zu beschützen. »Jedenfalls bitte ich Sie, nicht vorschnell über Dalia zu urteilen, es ist nicht so, wie Sie denken.«

Er betrachtete mich forschend mit steilen Augenbrauen: »Wissen Sie etwas, das ich noch nicht weiß?«

»Es ist nicht an mir … «

»Sherlock und Watson, mein Lieber«, sagte er mahnend, »ich muss Sie doch wohl nicht daran erinnern, wer Hirn und wer Hand bei unserer kleinen Aktion ist.«

»Ich versichere Ihnen, dass Sie meine volle Loyalität genießen, mit Dalia hat das nichts zu tun.«

»Ach, Müller, ich ahne wohl, dass es nicht die Hand ist, die Sie leitet, sondern das Herz. Sie Armer sind ein Liebender.«

»Die Lage ist zu ernst, um sich über mich lustig zu machen«, versuchte ich abzulenken.

»Das fällt mir gar nicht ein, im Gegenteil. Ich freue mich für Sie. Erwidert sie Ihre Gefühle?«

»Ich muss schon sagen, Herr Mann, das ist eine sehr intime Frage.«

»Also nicht? Umso besser. Zu lieben ist ein Glück, Müller, geliebt zu werden ist ein Unglück und lässt einen nur zum Trottel werden.«

»Nichts für ungut, aber hat Ihnen eigentlich schon einmal jemand gesagt, dass Sie sehr grausam sein können?«

Er ließ die Schultern hängen. »Kommen Sie mal mit, wir gehen dahin, wo es ein bisschen heller ist. Ich kann Ihr Gesicht ja gar nicht richtig sehen. Du bleibst hier«, befahl er Ludwik, dann betraten wir durch den Gang das Atelier. Er drehte sich zu mir um und sagte: »Das Schicksal des Mädchens ist mir nicht gleichgültig, Müller, auch wenn es Ihnen wegen meines schlechten Namensgedächtnisses manchmal so vorkommen muss. Ich betrachte es als Mitglied meines Hausstandes und fühle mich insofern durchaus verantwortlich. Aber ich wäre sogar unter den Amateurdetektiven der lausigste, wenn ich zwischen der mysteriösen Spionagetätigkeit in unserem Sommerhaus und der Anwesenheit des Mädchens nicht schon einen Zusammenhang hergestellt hätte. Wenn es um die Aufklärung des Falles geht, müssen Ihre Gefühle ihr gegenüber hintanstehen. Sie können sich auf mich verlassen, also schießen Sie schon los.«

Ach, dieser Mann. Es war so typisch für ihn, dass er mir Vertrauen einflößen wollte, indem er mich habichtartig von oben herab mit seinem Blick durchbohrte. Es war seine Art, Distanz zu überwinden, und die Ausstrahlung menschlicher Wärme war ihm nun einmal nicht gegeben. Was er hingegen im Übermaß hatte, war eine Charaktereigenschaft, die man nicht mit einem mitfühlenden Augenaufschlag oder Lächeln imitieren kann. Und wenn es einem gelang, über die hochmütige Fassade hinwegzusehen, dann entdeckte man dahinter einen freundlichen Menschen, der sich stets leiten ließ von Anstand und Vernunft. Das mag schlicht klingen, aber sehen Sie sich einmal um in der nahen und fernen Welt, in der Sie leben, und fragen Sie sich, von wie vielen Menschen Sie das guten Glaubens behaupten können.

Ich erzählte ihm also, woher Dalia und ich uns kannten und dass sie neben dem Dichter der zweite Grund für meine Anwesenheit in Nidden war. Ich beschrieb ihm Pfaffenkogels blamables Auftreten Dalia gegenüber an dem Abend bei Blode, als er sie durch seine Frechheit in Verlegenheit gebracht hatte und bei mir erstmals der Eindruck entstanden war, als würden sie sich nicht nur aus dem Gasthaus kennen. Am Ende meiner Schilderung kam ich auf Isenfels zu sprechen und auf den Photoauftrag, und schließlich reichte ich ihm mit zittrigen Fingern den Abzug, den der Photograph von einem der Negative für mich gefertigt hatte. Dalias Gesicht war darauf ebenso klar zu erkennen wie der Diwan, auf dem sie lag. »Herr Mann, versprechen Sie mir, Dalia keinen Strick daraus zu drehen.«

Doch meine Befürchtung war vollkommen unbegründet. Er hielt das Photo, als wäre es giftig. »Ich nenne dies hier einen verstörenden Gewaltakt«, sagte der Dichter mit finsterer Miene, »missbräuchlich und heimtückisch vorgenommen an einem offensichtlich wehrlosen Menschen. Es gibt nur eine Person, der man daraus einen Strick drehen sollte.« Erschrecken trat in seinen Ausdruck. »Mein Gott, sie wird doch hoffentlich noch am Leben sein. Nicht auszudenken …«

Auch mir fuhr bei seinen Worten ein namenloser Schrecken in die Glieder. Keine Sekunde hatte ich bisher die Möglichkeit in Betracht gezogen, dass es tatsächlich um Leben und Tod gehen könnte. Alle Kraft wich aus mir, und ich weiß noch, dass ein Gefühl der Ohnmacht mich übermannte, sodass ich mich auf den Diwan setzen musste. Nur gut, dass wir beide, Mann und Müller, im nächsten Augenblick aus der Lethargie gerissen wurden, als das scharfe Schnappen des Riegels am Scheunentor zu hören war, auf und wieder zu. Und in die Stille hinein ertönte ein wütendes Bellen, gefolgt von einem Japsen und einem Schrei der Überraschung, der in ein Rumpeln und Rumoren überging, bevor Pfaffenkogels schrille Stimme zu hören war: »Was zum Teufel! Aus dem Weg, du Biest! Was willst du von mir, Höllenhund?«

Mann und ich sahen uns an, dann ging ich durch den Flur voraus, blieb am Eingang zur Scheune stehen und ließ den Anblick auf mich wirken: Der schlaue Ludwik musste still in einer Ecke auf seinen Einsatz gewartet haben, während Pfaffenkogel nichts ahnend in die Scheune getreten war, um den Schreck seines Lebens zu erfahren. Das Gesicht des Malers war so weiß wie das Fell des Hundes, der ihm in der Düsternis der Scheune wie ein geisterhaftes Ungeheuer erschienen sein musste. Ludwik hatte ihn in einer Ecke festgesetzt und knurrte ihn zähnefletschend an, fast so, als wäre er aufs Stichwort bereit, die Mordgelüste, die ich gegen diesen Mann hatte, in die Tat umzusetzen. Auf dem Boden verstreut waren Pfaffenkogels Malutensilien. Als er den Dichter und mich auftauchen sah, wurde er noch bleicher, wenn das überhaupt möglich war, und das heillose Durcheinander seiner panischen Gedanken sprudelte aus ihm heraus: »Halten Sie den Hund zurück! Ich lasse mich nicht einschüchtern. Ich habe nicht, was Sie suchen. Gehen Sie weg, oder ich rufe die Polizei!«

Thomas Mann bestand darauf, das Verhör im Atelier weiterzuführen, wo er rauchen konnte, also trieb Ludwik Pfaffenkogel wie ein folgsames Schaf von der Scheune dorthin, wo er auf dem lachsfarbenen Diwan niedersank und sich selbst dann nicht traute, die ergeben erhobenen Hände herunterzunehmen.

»Sie wissen ja nicht, wie zuwider mir die Konfrontation mit stupiden Personen wie Ihnen ist«, sagte der Dichter, »sonst bekämen Sie eine Ahnung davon, wie groß das Schlamassel ist, in das Sie sich durch Ihre Taten gebracht haben.«

»Meine Taten? Was für Taten? Ich bin Maler!«

Ich hatte mir einen Hocker genommen und mich neben den Hund direkt vor den Angeklagten postiert. »*Schlechter* Maler und …« Ich hielt ihm Isenfels' Abzug entgegen, »… schlechter Photograph.«

Er starrte auf das Bild. »Woher haben Sie das?«

Er wollte danach greifen, aber ich zog meine Hand zurück. »Was haben Sie ihr angetan?«

»Ich? Gar nichts.« Er nahm die Hände herunter. Anscheinend fühlte er sich beim Thema nackte, erniedrigte Frauen auf sicherem Terrain, was mich nur noch wütender machte. »Es geht Sie zwar nichts an, aber ich mache manchmal Photoaufnahmen von Modellen … um Positionen später reproduzieren zu können.«

»Tatsächlich? Solche Positionen? Was sollen die Ihrer Meinung nach zeigen? Die Bereitschaft des Weibes zum Beischlaf? Sie steht nicht Modell, sie liegt.«

»Alles freiwillig. Ich habe Dalia für das Modellstehen bezahlt.«

»Freiwillig nennen Sie das? Sehen Sie hier einen freien Willen am Werk?« Wieder hielt ich ihm das Bild so nah vor Augen, dass er den Kopf wegzudrehen versuchte. Anscheinend gab es da doch einen Rest Schamgefühl in ihm. »Wie haben Sie Dalia gefügig gemacht?«

»Davon kann keine Rede sein!«, protestierte Pfaffenkogel. »Sagen wir: Es lag eine gewisse Anspannung in der Luft, die ich lösen wollte. Darum habe ich ihr ein Glas Wein angeboten oder zwei.«

»Sie haben sie betrunken gemacht.«

»Das ist nicht wahr.«

»Wie haben Sie ihren Willen dann gebrochen?«

»Möglicherweise war in dem zweiten Glas ein wenig Laudanum?«

»Möglicherweise?«

»Mir ist die Zeit abhandengekommen, da klafft eine Lücke in meiner Erinnerung.« Er wandte sich an den Dichter. »Herr Mann, Sie wissen doch, wie sich ein Opiumrausch anfühlt.«

»Unterstehen Sie sich, mich als Zeugen für die Rechtfertigung Ihrer Abscheulichkeiten aufzurufen! Ich lehne rauschhafte Zustände in jeder Form ab.« Thomas Mann wirkte unruhig und klopfte seit Minuten eine Zigarette auf dem Deckel seines Etuis fest. Er schien geradezu körperlich unter der Situation zu leiden. Der Dichter mochte das analytische Gedankenspiel, die Verdichtung von Möglichkeiten menschlichen Handelns in seiner Vorstellung. Das Hervorkitzeln der banalen Wahrheit unter Gestotter und Gestammel des Verdächtigen beelendete ihn jedoch nach meinem Eindruck zutiefst.

»Aber Sie beschreiben doch das Traumhafte des Opiumrausches im *Zauberberg,* die enorme Beschleunigung der Zeit, das Grenzüberschreitende neuer Erfahrung.«

»Mann!«, unterbrach ich ihn wütend. »Können Sie sich eigentlich selbst reden hören? All dieses Geschwätz von grenzüberschreitenden Erfahrungen? Als Sie Dalia betäubt, erniedrigt und missbraucht haben, war die Grenze überschritten.«

»Sie reden von Grenzen und moralisieren immerzu? Ich jedoch bin Künstler und kann keine Grenzen akzeptieren.«

Und da war er, mein Watson-Moment. Auf ihn hatte ich mich mit dem Studium der Gesetze vorbereitet, und auf ihn hatte ich gewartet. »Nun, eine Grenze sollte Ihnen zumindest zu denken geben.«

»Welche sollte das sein?«, fragte er hochmütig.

»Die Grenze etwa ein Kilometer südlich von hier zwischen dem Deutschen Reich und der Republik Litauen, deren Gesetze Sie offensichtlich nicht kennen. Sie haben Dalia Geld gegeben und danach obszöne Handlungen an ihr vorgenommen. So etwas nennt man hierzulande Prostitution.«

Der Kerl war so hochmütig, er widersprach nicht einmal. »Das ist dann doch wohl das Problem der Prostituierten, nicht wahr?«

»Eben nicht. Prostituierte gehen nach litauischem Gesetz straffrei aus. Aber auf Kuppelei steht Gefängnis. Und dem Freier drohen sogar drei Jahre Arbeitslager. Im vorliegenden Fall sind Sie nach meinem laienhaften Dafürhalten sowohl das eine als auch das andere. Da kommt etwas zusammen.«

Pfaffenkogel war wieder die Farbe aus dem Gesicht gewichen. »Aber ich habe sie nicht angerührt! Jedenfalls nicht so!«

»Und wer würde Ihnen das glauben, wenn er dieses scheußliche Photo betrachtet und die Bilder, die Sie von ihr gemalt haben?«

»Ich bin Künstler!«, winselte er wieder. »Sie können die Kunst nicht unterdrücken!«

Ist es nicht erstaunlich, dass die stärkste menschliche Regung, die schlechte Menschen aufzubringen imstande sind, das Selbstmitleid ist? Noch heute, so viele Jahre nach diesen Ereignissen, schwillt mir der Kamm, wenn ich an den Opferblick des in die Enge getriebenen Pfaffenkogel denke, an das Kriecherische und Schwammige, an den selbstverständlichen Willen zur bedingungslosen Unterwerfung, wenn sie ihn nur vor den Konsequenzen seines Tuns bewahren kann.

Im Leben war meine Frau immer sehr viel nüchterner als ich. Ihr reichte es, schlechte Menschen nicht gewinnen zu sehen. Mir fehlte ihr Pragmatismus.

Den greinenden feisten Maler vor Augen und die arme geschändete Dalia im Kopf, überkam es mich, und ich wurde so wütend auf Pfaffenkogel und all das, was mir seit Tagen den Schlaf raubte, wo ich doch nichts anderes wollte, als an einem Schreibtisch zu sitzen und mit Wörter zu jonglieren und von der Gemeinheit der Welt verschont zu bleiben, und mit einem Mal brach es aus mir heraus, und ich schrie: »Ich habe solche Lust, dir aufs Maul zu hauen, du Dreckmatz!«

Und alle im Raum erschraken zutiefst, Ludwik sprang auf und bellte mich verwirrt an, als wüsste er plötzlich nicht mehr, auf wessen Seite er stand, der Dichter murmelte »Donnerwetter« und wich einen Schritt zurück, und Pfaffenkogel sah augenscheinlich im Geiste meinen Schlag schon kommen, und er machte sich ganz klein und hob schützend die Hände.

Manchmal, das habe ich an diesem Tag gelernt, ist es durchaus nützlich, die eitle Kunst der Gesprächsführung links liegen zu lassen und ganz schlicht mit Gewalt zu drohen.

Das Geständnis des Malers war umfänglich und nach meinem Eindruck glaubwürdig. Dies ist ein weiterer Vorteil von Menschen ohne Moral im Verhör: Sie sehen keinen Grund, *nicht* die

Wahrheit zu sagen. Man musste ihm glauben, diesem windelweichen Mann mit seinem verqueren Ehrgefühl. Frauen mit Laudanum im Wein betäuben, um sie wehrlos in schamlosen Posen malen zu können? Zugegeben. Aber Spitzeldienste? Das müsse er »bei seiner Ehre« weit von sich weisen! Ja, er gestehe, die Blätter an dem Abend bei Blode auf dem Tisch gefunden und an sich genommen zu haben. Kurz darauf habe er sich am Ausschank von Dalia eine heftige Abreibung abgeholt. Sie habe zwar keine konkrete Erinnerung daran gehabt, was in Pfaffenkogels Atelier vorgefallen war – und er habe sie ja auch nicht angefasst, jedenfalls allenfalls, um bestimmte Posen herzustellen, aber sein Blick auf sie sei der eines Malers gewesen und nicht der eines Unholds –, trotzdem, so berichtete er bass erstaunt, habe sie ihm gleichsam die Freundschaft und das Vertrauen aufgekündigt und ihm gesagt, sie wolle nichts mehr mit ihm zu tun haben und könne ihm nicht mehr über den Weg trauen. Bei diesem Detail seiner Schilderung schaffte es Pfaffenkogel tatsächlich, erschüttert zu wirken. Bis sie ihm den »Todesstoß« versetzt habe, als sie verkündete, auf sein Geld für das Modellstehen nicht mehr angewiesen zu sein, weil sie nun eine anständige Anstellung für die Saison gefunden habe. Als Mädchen bei den Manns. Pfaffenkogel gestand, deshalb wütend auf den Dichter geworden zu sein, der sich ihm gewissermaßen als Konkurrent um Dalia in den Weg gestellt habe. Und überhaupt, nur deshalb habe er sich von dem Mann breitschlagen lassen. Wäre dies nicht geschehen, und er sehe seinen schweren Fehler inzwischen ein, so hätte er dem Dichter die Blätter selbstverständlich längst ausgehändigt.

Der Dichter hatte inzwischen einen Erregungszustand erreicht, der mir Sorgen bereitete. Von vernünftigen Fragen seinerseits konnte keine Rede sein, vielmehr spielte er mit dem Maler wie eine Katze mit einer Maus, ungewöhnlich zynisch und bissig und ein wenig blutberauscht kam er mir vor. Auf den Verdächtigen muss er gefährlich und vielleicht sogar leicht irre gewirkt haben, in jedem Falle auf eine Art einschüchternd, die seinen Bekenntnisdrang beförderte.

»Von was für einem Mann sprechen Sie? Was haben Sie getan?«

»Bitte verstehen Sie, dass ich gerade einen herben persönlichen Schlag hatte erleiden müssen. Dalia hatte mir das Herz gebrochen. Und die Künstlerseele herausgerissen! Und ja, ich wollte den Schmerz in Alkohol ertränken, das ist meine Schwäche, die Last meiner Sensibilität.«

»Sie armer Dilettant.«

»Man kann wohl sagen, dass ich mich ihm in gewisser Weise anvertraut habe, als er sich zu mir setzte, um mit mir von Mann zu Mann zu sprechen, über Herzensdinge, die Kunst, die Literatur, das Schicksal des Reiches. Und er hat spendiert, das war auch sehr freundlich.«

»Von Trottel zu Mann, wollten Sie sagen«, meinte der Dichter.

»Ich habe über Dalia gesprochen und darüber, was an dem Abend passiert war, auch über Sie, Herr Melone. Genau weiß ich es leider nicht mehr, denn es war ja schon spät, und ich war nicht nüchtern, und es ist etwas neblig in meinem Kopf bei dem, was dann geschah.«

»Besinnen Sie sich!«, insistierte ich.

»Wie gesagt, es ging ums Große und Ganze, ich habe von mir und Dalia gesprochen, auch entsinne ich mich dunkel, ihm eine der Zeichnungen gezeigt und zum Kauf angeboten zu haben, die ich bei mir hatte. Und er hat über sich und über Sie geredet, Herr Mann, und über Ihre Haltung zur Politik …«

»Über mich?«, unterbrach der Dichter. »Und ich soll mich gewiss glücklich schätzen, dass er Sie Genie zu meiner Haltung befragen konnte.«

Ganz in seiner Rolle als verfolgte Unschuld aufgehend, schüttelte Pfaffenkogel heftig den Kopf. »O nein, Herr Mann, niemals hätte ich mir angemaßt, für Sie zu sprechen. Vielmehr hat er selbst

Sie als seinen Zeugen aufgerufen und von der Hoffnung gesprochen, Sie würden den hochherzigen Revolutionsdrang der Jugend stärken, denn das Reich dürfe nicht den scharfen Judenjungen zum Opfer fallen, das hätten Sie ja selbst gesagt, und ...«

Der Dichter machte große Augen. »Nein, nein, da hat er mich gründlich missverstanden, es ist mir nicht um das Reich, sondern um die Republik gegangen ...«

Ich sah ihn überrascht an, aber Pfaffenkogel redete einfach weiter.

»... und dann ging es ihm um die Bedeutung der Wahlen und die bedeutsame Rolle der großen Kulturschaffenden dabei, die Knechtschaft von Versailles abzuschütteln. Wenn man ihm den jugendlichen Drang nachsah, war er alles in allem nicht unsympathisch. Er war jedenfalls ganz offensichtlich ein Kenner Ihres Werkes, und deshalb wollte ich mich für die spendierten Getränke erkenntlich zeigen ...«

»Was war mit der Abschrift?«, fuhr ich ihn an, denn das war die wichtigste Frage, und ich hatte eine böse Vorahnung, worauf seine Erzählung hinauslaufen könnte.

»Nun ja, er hatte sich doch so interessiert an Ihnen gezeigt«, dabei warf er dem Dichter einen scheuen Blick zu, »... und da ließ ich ihn einen Blick darauf werfen.«

»Hat man einen solchen Armleuchter schon erlebt!«

»Und dann muss mich die Müdigkeit überkommen haben, denn als Blode mich anstieß, weil er schließen wollte, war der Mann nicht mehr da und die Abschrift und die Zeichnung ebenso wenig.«

»Ja, wie war denn das möglich!«, sagte der Dichter dramatisch. »Hatte er sich in der Luft einfach aufgelöst, wie ein Geist? Schwebte er noch in einem dunklen Winkel des Raumes, verwandelt in eine Fledermaus? Ist er Ihnen hierher gefolgt?«

Im Blick des Malers, der zwischen mir und dem Dichter hin und her ging, war die blanke Verwirrung zu lesen. »Sie scherzen? Er macht nur einen Scherz, nicht wahr?«

»Wer war der Mann? Wie heißt er?«

»Ich glaube nicht, dass er sich mir namentlich vorgestellt hat.«

»Weil Spukgestalten keinen Namen haben, Herr Pfaffentrottel. Weil der Arme zwischen dem Diesseits und dem Jenseits seines Passes verlustig ging und seither verflucht ist, als Namenloser durch den Äther zu schweben.«

Was tatsächlich dick im Äther schwebte, war der Rauch der Zigaretten, die er eine nach der anderen weggeraucht hatte, bis er mit schnaufendem Atem und augenrollend inmitten eines Kippenkreises stand, sein leeres Silberetui in der Hand haltend. Der Dichter war ohne Tabak, was – wie ich sofort begriff – einer veritablen Krisis gleichkam. Das war das Signal für mich, zum Schluss zu kommen.

»Erinnern Sie sich wenigstens noch daran, wie er ausgesehen hat?«, fragte ich.

»Die Kleidung sauber gebürstet, ein glattes Gesicht und korrekt frisierte Haare, geradezu helmartig pomadiert, würde ich sagen, als käme er aus der Theatermaske. Leider standen seine Ohren ab wie bei einem Juden.«

»Sie halten mich besser zurück, Müller, sonst könnte es sein, dass ich diesen geistig rasierten Herrn hier so sauber durchbürste, dass er sich in der Maske neue Zähne besorgen muss.«

»Was wollen Sie denn noch von mir? Ich habe Ihnen alles gesagt, was ich weiß!« Pfaffenkogel schien den Tränen nahe. Vielleicht aus echter Angst vor dem Dichter, vielleicht aus Ergriffenheit vor dem eigenen Martyrium.

»Am Ende ging es Ihnen nur ums schnöde Geld, habe ich recht? Wie viele Gemälde und Zeichnungen haben Sie für den Verkauf angefertigt?«

»Nur das eine Gemälde, das ich Ihnen schon gezeigt habe. Es steht dort drüben an der Wand. Und davon ein halbes Dutzend Kopien in Kohle und Rötel. Drei davon hat Hofreiter gekauft.«

Die, wie ich wusste, von Frau Bryl konfisziert und vernichtet worden waren.

»Wie viele Filme haben Sie geknipst?«

»Nur einen.«

Ich zog die Zelluloidrolle aus der Tasche. »So viel Schamgefühl hatten Sie doch, dass Sie Hofreiter damit zu Isenfels geschickt haben. Er war ja auch nach dem Abend nicht besonders gut auf Sie zu sprechen.«

Der Münchner war nun endgültig ein erledigter Fall. Ich wies ihn an, die übrigen Zeichnungen und das Gemälde zu holen, eine Aufforderung, der er schleppend und unaufhörlich wehklagend nachkam.

»Und jetzt in den Kamin damit.«

»Was denn? Sie verlangen von mir, vom Künstler höchstpersönlich, sein Werk den Flammen zu übergeben? Das ist wohl die barbarischste Idee, die man …«

Der Dichter riss dem Maler das Bild aus der Hand und warf es in die Feuerstelle, obenauf landeten die Zeichnungen, er hielt die Hand auf, und ich drückte ihm den Film und die Photographie in die Hand. Dann ging er knackend vor dem Kamin in die Knie und hielt sein Dupont an die Zeichnungen, die sich augenblicklich kräuselten. Ohne Pfaffenkogel anzusehen, sagte der Dichter: »Dass Sie es überhaupt gewagt haben, nach allem, was Sie dem Mädchen angetan haben, ihr wieder frech unter die Augen zu treten, ist Beweis genug dafür, wie hoffnungslos zerrüttet Ihre moralische Konstitution ist. An Ruf haben Sie nicht viel zu verlieren, aber Sie können noch der vollständigen Ächtung entgehen, hier in Nidden und in München in Ihrer Secession, zu der ich – zu Ihrer Warnung – einige recht gute Kontakte pflege, indem Sie meinem dringenden Rat Folge leisten und bei allernächster Gelegenheit geräuschlos von hier verschwinden.«

KAPITEL SECHZEHN

Deiwel

Mit dem Abstand der Jahre muss ich mir eingestehen, dass ich nicht viel Grund habe, besonders stolz zu sein auf das, was in Pfaffenkogels Atelier an diesem Tag geschah. Es ist leicht, den starken Mann zu spielen, wenn man sich für moralisch überlegen hält und einen großen Hund an seiner Seite weiß. Von der einschüchternden Präsenz des Dichters ganz zu schweigen. Vor allen Dingen aber muss ich so ehrlich sein, zuzugeben, dass meine Empörung nicht einer grundlegenden sittlichen Haltung entsprang. Denn hätte es sich bei dem Opfer von Pfaffenkogels skrupelloser Nötigung nicht um Dalia gehandelt, sondern um eine ganz andere Person, ich hätte wohl kaum mit dieser Heftigkeit reagiert. Ich selbst war der Heuchler, diesmal statt von der Schwärmerei für einen Dichter von der Schwärmerei für ein Mädchen geleitet. Mit einem tiefen moralischen Rechtsempfinden hatte das herzlich wenig zu tun.

Als wir uns von dem Haus entfernten, warf ich einen Blick auf die Rauchfahne zurück, die aus dem Kamin aufstieg. Die Zerstörung der Bilder und die Erniedrigung des Malers hatten mir merkwürdig wenig Befriedigung verschafft. Mir ist wohl bewusst, dass allein der Wunsch nach einem solchen Gefühl mich beim Leser in ein moralisch mindestens zweifelhaftes Licht rücken könnte. Jemand, der unter gleich welchen Umständen Befriedigung aus dem Leiden anderer zieht, kann kein anständiger Mensch sein. Hilft es, meine Beweggründe zu verstehen, wenn ich Ihnen sage, dass ich vor Sorge um Dalia fast verrückt wurde? Wo mochte sie nur sein? Wie mochte es ihr gehen? Lebte sie in Angst? Vor was? Oder, besser: vor wem?

Der Dichter hatte es eilig, nach Hause und zu seinen Zigaretten zu kommen, und wir liefen zügig am Wasser entlang, Ludwik immer ein Stück vor uns und sich immer wieder durch kurze Blicke versichernd, dass wir ihm noch folgten. Ein Dutzend Kurenkähne lagen im flachen Wasser nahe dem schmalen Strand nebeneinander vor Anker, sodass man hätte meinen können, eine Flotte raublustiger Wikinger wäre gelandet. Doch alles war so friedlich wie immer in diesem stillen Ort. Die rautenförmigen Segel hingen schlaff herunter, die hölzernen Wimpel wiesen unbewegt hinaus aufs Wasser. Und nicht wilde Nordmänner, sondern Fischer mit ihren Frauen und jedem Kind, das alt und kräftig genug war, bei der Arbeit zu helfen, standen am Strand und breiteten Netze und Reusen zum Trocknen aus. Sie arbeiteten stumm, niemandem musste gesagt werden, was er zu tun hatte. Ein Fischer blickte auf, als wir vorbeigingen. Er war die ganze Nacht auf dem Haff gewesen, um Hechte und Zander zu fangen, und erst im Morgengrauen nach Hause zurückgekehrt. Und doch hatte er sein Tagwerk noch längst nicht geschafft, bevor er sich ein paar Stunden Schlaf würde gönnen können. Und dann würde die Sonne über der Ostsee verschwinden, und er musste wie die anderen wieder hinaus aufs stumme, dunkle Haff.

Der Dichter seinerseits wirkte bedrückt und innerlich aufgewühlt.

Ich versuchte ihn aufzumuntern, indem ich ihm die neu gewonnenen Erkenntnisse noch einmal vor Augen führte. »Man könnte es als Gewinn betrachten, dass wir nun zumindest theoretisch wissen, wer im Besitz der Blätter ist«, sagte ich. »Außerdem hat sich bestätigt, was Sie von Anfang an vermutet haben: Für die Spionageaktion gegen Sie gibt es ein politisches Motiv.«

»Ich muss Ihnen leider widersprechen, Müller«, sagte der Dichter düster, »denn ich fürchte, es ist schlimmer als das. Sicher spielt die Politik eine Rolle, aber die ganze Angelegenheit scheint mir in allererster Linie persönlich zu sein.«

»Inwiefern persönlich?«

»Das erschließt sich mir noch nicht. Doch hat dieser rück-
gratlose Maler, ohne es freilich zu wissen, mich schon wieder
zitiert, als er den Spion zitierte.«

»Es ist mir vorhin so vorgekommen«, sagte ich vorsichtig,
»als hätten Sie gewusst, worüber der Maler und der Unbekannte
sich unterhalten haben. Die Erwähnung von ›scharfen Judenjungen‹ und ›dem hochherzigen Revolutionsdrang der Jugend‹.
Was hat das zu bedeuten?«

Mit einem Mal wurde er unwirsch. »Was es zu bedeuten hat?
Ich sage Ihnen, was es zu bedeuten hat. Es hat gar nichts zu bedeuten. Es ist Unfug. Aus dem größeren Zusammenhang gerissen und ganz offensichtlich geistig weder ausreichend durch-
drungen noch verdaut. Es ist mein Schicksal, missverstanden zu
werden, deshalb halte ich mich mit öffentlichen Äußerungen
wohlweislich zurück.« Es war ihm anzusehen, dass das Thema
für ihn damit erledigt war, also kam er auf ein anderes. »Auch
wenn wir seinen Namen nicht kennen, so wäre er doch möglicherweise an seinem Aussehen zu erkennen, meinen Sie nicht?
Die helmartige Frisur? Die auffälligen Ohren? Könnte es sich
bei ihm um das handeln, das Sie bei Blode gesehen haben?«

Ich rief mir das Standbild von dem Abend bei Blode ins Gedächtnis und betrachtete die von Dalia halb verdeckte Gestalt.
»Es ist möglich«, gab ich zu.

Der Dichter schüttelte den Kopf. »Machen wir uns nichts vor,
Müller. Ich werde nicht zulassen, dass – wie Montaigne sagt –
meine Ängste sich über mich selbst hinaus versteigen, doch
muss ich zugeben, dass mich der Stand der Ermittlungen über
die Maßen alarmiert. Die Blätter befinden sich in den Händen
eines Kreuzritters, und ihre Wiederbeschaffung ist dringlicher
denn je. Hören Sie mir überhaupt zu, Müller?«

Ich konnte nur hoffen, dass Pfaffenkogel die Warnung des
Dichters bitter ernst nahm, seine Sachen packte und so schnell
wie möglich von hier verschwand, denn die Vorstellung, ihm in
Nidden wieder zu begegnen, war mir unerträglich. Ich sollte mit

den anderen Bedienungen bei Blode sprechen, überlegte ich. Sie kannten möglicherweise Orte, an denen sich Dalia gern aufhielt, Menschen, mit denen sie verkehrte. So hoffte ich, Hinweise zu erhalten, die mir bei der Suche nach ihr helfen konnten. Wie lange konnte sie ausharren? Sie würde essen müssen.

Der Dichter hielt an. »Müller? Wo sind Sie mit Ihren Gedanken?«

»Verzeihung, Herr Mann. Ich denke an Opfer und Täter.«

»Nun, das Opfer der Infamie steht hier neben Ihnen. Und der Täter treibt noch immer sein Unwesen.«

»Ich spreche von Dalia.«

»Lassen Sie sich nicht von den Drangsalen des Herzens ablenken. Sie werden sich Ihrem geliebten Gegenstand zur rechten Zeit wieder annähern können, da bin ich gewiss. Doch jetzt gilt es, sachlich zu bleiben, Ordnung in die Gedanken zu bringen und den Fall zu lösen, bevor ich in die Bredouille komme, verstehen Sie?«

»Ist es denn die Möglichkeit!«, rief ich lauter als beabsichtigt, aber es waren Momente wie diese, in denen seine Weltfremdheit mich auf die Palme brachte. »Sie scheinen immer noch nicht recht zu begreifen, dass alles zusammenhängt. Wenn wir Dalia finden, finden wir auch eine wichtige Zeugin, die das Phantom bei Blode gesehen hat und wiedererkennen könnte.«

Wir hatten den Hafen erreicht, wo Kurgäste gerade einen zum Ausflugsboot umgestalteten Kahn bestiegen. Ein Mann erkannte Thomas Mann und zog seinen Hut, woraufhin der Dichter die Geste erwiderte. Man konnte dabei zusehen, wie sich die Kunde der prominenten Sichtung in der Gruppe verbreitete, bis schließlich alle den Kopf zu uns gedreht hatten.

Wir trennten uns hinter dem Hafen in gedämpfter Laune und mit betretenen Mienen, wie mir schien. Ich erklärte mir die seltsame Stimmung damit, dass wir uns im Atelier des Malers gegenseitig überraschende Facetten unseres Wesens gezeigt hatten. Er die des sarkastischen Zynikers. Ich die des impulsiv Unbeherrschten. Wir kamen uns näher, doch für das Näherkommen zahlt man den Preis der Entzauberung. Nicht dass Sie denken, der Dichter wäre in irgendeiner Weise von mir verzaubert gewesen, doch halte ich mir zugute, mit einem gewinnenden Charme aufwarten zu können, der allerdings sicherlich gelitten hatte, als ich Pfaffenkogel Gewalt androhte.

An dieser Stelle der Geschichte möchte ich etwas gestehen. Über mein außergewöhnliches bildliches Erinnerungsvermögen habe ich schon genügend Worte verloren. Hingegen ist meine Schilderung der zeitlichen Abläufe weit weniger zuverlässig. Es darf nicht vergessen werden, dass ich – da bin ich mir ganz sicher – insgesamt nur vierzehn Tage in Frau Bryls Pension logiert habe. Ich folgte dabei der Überlegung, dass eine Woche nicht ausreichen mochte, um die Fürsprache des Dichters zu erhalten, drei Wochen Aufenthalt aber meinen Geldbeutel überstrapazieren würden. Hingegen hielt sich Thomas Mann fast zwei volle Monate in Nidden auf. Der »Fall« selbst beschäftigte ihn also nur einen kleinen Teil dieser Zeit. Wenn er auch erhebliche Nachwirkungen für den Dichter und dessen Familie hatte.

Es geschah also alles in diesen zwei Wochen, und der Eindruck täuscht nicht, dass manches Schlag auf Schlag ging. Ich kann mir deshalb nicht vollkommen sicher sein, ob ich mich erst am nächsten oder schon am selben Tag an die Verfolgung von Frau Bryl machte. Für Letztes spricht, dass ich mich daran erinnern kann, Ludwik an meiner Seite gehabt zu haben. Er war es, der mich, kaum hatte der Dichter mir den Rücken zugewandt, auf sie aufmerksam machte, indem er mit einem Mal einen Sprint ansetzte, so als wollte er einer etwas entfernt auf der Straße vorbeiradelnden Frau nachsetzen, dann stehen blieb und mich ansah, wie um zu überprüfen, ob ich sie auch gesehen hatte. Das hatte ich. Aber zu spät erkannte ich, dass es Frau Bryl war, die gerade den staubigen kurzen Anstieg in Richtung von Blodes Gasthof auf ihrem Fahrrad in Angriff nahm. Sie war schon zu weit von mir entfernt, um ihr noch in angemessener Lautstärke nachrufen zu können, also beschleunigten Ludwik und ich unsere Schritte. Ich dachte, ich würde sie am Gasthof treffen. Doch da stand ihr Fahrrad nicht. Und Ludwik wollte zielstrebig daran vorbei und weiter. Also ließ ich mich von ihm führen. Warum ich mir die Mühe machte, ihr zu folgen? Nennen wir es ein mulmiges Gefühl, eine Ahnung von Bedrohung, ausgelöst davon, dass mir eine Verbündete seit Tagen aus dem Weg zu gehen schien.

Ludwik hatte keine Eile und wusste anscheinend genau, wohin er wollte. Weiter auf der unbefestigten Straße, vorbei an den letzten Häusern des Dorfes und in Richtung Wald. Links um den Schwiegermutterberg herum, auf dem die Manns residierten, erreichten wir nach einer Viertelstunde die Purwin'sche Bucht. Eine Handvoll einfacher reetgedeckter Fischerhäuser stand nahe am Ufer, ihnen gegenüber auf dem spiegelglatten Wasser der Lagune die vertäuten Kähne. Ob den Fischerfamilien Purwins bewusst war, dass sie den unter europäischen Künstlern berühmten »Italienblick« bewohnten, dass ihre Häuser und Schuppen und Gärten und Netze vielfach verewigt waren durch Maler wie Max Pechstein, Fritz Behrendt, Ernst Mollenhauer und Karl Schmidt-Rottluff? Ich denke, sie wussten es, und es war ihnen gleichgültig. Es sei denn, ein Maler stieg vom Berg herab und suchte nach mehr als nach dem reizvollen Motiv und dem ungewöhnlich mediterranen Licht im Norden Europas. Einer wie Max Pechstein hielt nicht künstlerische Distanz, sondern näherte sich den schweigsamen, ernsten Menschen und fuhr sogar – so erzählte er es selbst – als helfende Hand mit ihnen zum Fischfang aufs Haff hinaus.

Am sandigen Haffufer hielt Ludwik die Spürnase nahe am Boden. Dabei hätte ich sie hier gar nicht gebraucht, denn selbst ich konnte die Reifenspuren erkennen und die Fußabdrücke daneben. Und kurz vor dem Dorfende sah ich dann das Miele an der Wand eines Häuschens stehen, von dem die dunkelrote Farbe abblätterte. Der Hund lief voraus und bog um die Hausecke, woraufhin ein überraschter Ruf zu hören war. Nach einem Moment der Stille trat Frau Bryl aus dem Schatten. Sie sah nicht aus, als freue sie sich, mich zu sehen.

»Da sind Sie ja«, sagte ich.

»Herr Miuleris. Was wollen Sie hier?«

Das war nicht die freundliche Begrüßung, die ich erwartet hatte, und so versuchte ich einen Scherz. »Sie haben mich nicht auf Ihre unwiderstehliche Weise geweckt, und da habe ich mir Sorgen gemacht.« Ich grinste, aber sie grinste nicht zurück.

»Nun ja, und dann sind Sie vorhin in Nidden direkt an Herrn Mann und mir vorbeigefahren. Haben Sie uns denn nicht bemerkt?«

Sie schüttelte den Kopf und sagte dann etwas sehr Seltsames: »Ist Ihnen jemand hierher gefolgt?«

»Wer sollte mir denn folgen?«

Statt darauf zu antworten, kam die sonst so resolute Pensionswirtin mir mit einem Mal verzagt vor. Sie atmete einmal tief ein und dann zitternd wieder aus, während ich die Indizien in meinem Kopf in einen schlüssigen Zusammenhang brachte: Wen auch immer Frau Bryl hier so dringend besuchte, zeigte sich nicht. Ludwik, der gewusst hatte, wo sein Frauchen zu finden war, ließ dieses links liegen und zeigte sich ebenfalls nicht. Und Frau Bryl, die Frau, die sonst nicht genug davon bekommen konnte, mich zu bemuttern, wollte mich umgehend loswerden. Dies alles und dazu das auffällige zeitliche Aufeinandertreffen von Frau Bryls Sich-Rarmachen und Dalias Verschwinden ließen für mich nur einen Schluss zu.

»Ich kann ihr helfen«, sagte ich, begleitet von der Art Seufzen, das einem entfährt, wenn zuvor ein großer Stein vom Herzen gefallen ist.

Sie wrang die Hände in ihrer Schürze, blinzelte und stieß dann hervor: »*Mon Dieu,* nun kommen Sie schon da weg, wo Sie jeder sehen kann.« Und da war sie wieder die alte Frau Bryl und zog mich am Arm um die Hausecke und durch die offene Tür in den niedrigen Gang und schlug die Tür hinter uns zu.

»Es ist Herr Miuleris!«, rief sie ins Haus.

»Zydrūnėlis!«

Dalia kam aus der Tür und fiel mir um den Hals, sodass ich für den Augenblick alle Not vergaß, die uns in diese Situation gebracht hatte. Das Blut schoss mir ins Gesicht, doch ich schäme mich nicht, zuzugeben, dass ich ihre innige Umarmung freudig erwiderte.

»Na, na, ich bitte um etwas *contenance*«, ging Frau Bryl milde mahnend dazwischen. »Sie beide erlauben sich mehr, als ich in meiner Pension zwei unverheirateten jungen Menschen zu gestatten bereit wäre.« Sie schob Ludwik aus der offenen Haustür, hielt ihm strafend den Zeigefinger vor die Nase – »Du wartest draußen, Verräter« – und schloss sie. Dann schob sie uns in die niedrige Küche, die gleichzeitig Stube zu sein schien. Barfuß am Herd stand eine Frau mit Kopftuch und Misstrauen im Blick und rührte mit einem großen Löffel in einem Topf. An einem Tisch in der Stubenecke saß ein Mädchen, ein Lockenkopf von vielleicht zwölf Jahren, über Schularbeiten und warf mir einen scheuen, aber verschmitzten Blick zu, ehe sie sich wieder über ihre Tafel beugte. Neben ihr auf der Eckbank hockte eine weiß gefleckte Katze, die sich offenbar durch mein Eintreten gestört fühlte und mit wenigen Sprüngen beleidigt den Raum verließ.

»Soll der hier rumschwadronieren?«, fragte die Frau.

Frau Bryl nickte der Frau zu. »Das ist Žydrūnas Miuleris, Gast in meiner Pension und vertrauenswürdig. Herr Miuleris, Hildegart und ihr Mann Harri haben Dalia auf meinen Wunsch hin Unterschlupf gewährt.«

»Guten Tag«, sagte ich.

»Ich bin die Gertrud«, sagte das Mädchen.

»Das braucht er nicht zu wissen«, wurde sie von ihrer Mutter zurechtgewiesen. Sie wog den großen Holzlöffel wie einen

Knüppel in der Hand. Dann steckte sie ihn wieder in den Topf und rührte weiter darin herum.

Dalia setzte sich auf einen Holzstuhl und rang die Hände im Schoß. »In was für ein Schlamassel bin ich da nur hineingeraten?«

»Ich weiß nicht, Dalia. Aber du solltest es mir sagen. Nur dann kann ich dir helfen.« Ich setzte mich ihr gegenüber. Kurz beugte sie sich vor und griff tapfer lächelnd nach meiner Hand, ließ sie aber gleich wieder los und senkte den Kopf. Ich weiß noch, wie hübsch sie aussah in ihrem weißen, geblümten Kleid mit den blauen Bordüren und dem gepunkteten Tuch, das ihre blonden Locken zurückhielt. Und ich weiß noch, wie leid sie mir tat und wie wütend ich auf diejenigen war, die sie wie ein verängstigtes Tier in die Enge getrieben hatten. In diesem Augenblick fühlte ich mich ihr so innig verbunden wie nie zuvor, und ich schwor mir, alles zu tun, um sie aus dieser schrecklichen Lage zu befreien. Für den Augenblick verharrten alle Anwesenden stumm. Niemand wusste vom anderen, was er oder sie wusste über die Dinge, die geschehen waren, und wo anfangen und was tun mit der Scham und dem Schuldgefühl, die das Resultat von Geheimniskrämerei zwischen Menschen sind, die sich eigentlich zugetan sind.

Dalia regte sich als Erste, zog ein zerknülltes Taschentuch aus dem gebauschten Ärmel und tupfte sich damit die Augen. Hildegart trat vom Herd hinter sie, legte ihre groben Hände auf die Schultern und sagte: »Ei, Marjell, was ist dat.«

»Dalia wird erpresst«, sagte Frau Bryl.

»Koppscheller«, knurrte Hildegart.

Dalia griff, ohne hinzuschauen, wieder nach meiner Hand und sagte: »Nicht wahr, dir kann ich vertrauen? Du wirst alles, was ich dir erzähle, für dich behalten und mich nicht in noch mehr Schwierigkeiten bringen. Das musst du mir versprechen.«

»Das möchte ich gern, Dalia. Aber es stecken noch andere auf höchst unschöne Weise in dieser verzwickten Geschichte mit drin. Ich muss auch an Thomas Mann und seine Familie denken.«

Sie schlug sich die Hände vors Gesicht. »Ich werde meine Anstellung verlieren, und alle werden schlecht über mich reden.«

»Was denn, Kindchen«, sagte die Frau, ohne den Blick von ihrem Topf zu lassen. »Ei, wenn einer dwatsch daherschabbert, dem will ich schon einen Mutzkopp geben.«

Ich selbst sprach den ostpreußischen Dialekt nicht, doch hatte ich ihn in dem Dorf, in dem ich aufgewachsen war, von vielen Menschen sprechen hören. Und dieses »Wer dumm daherredet, kriegt es mit mir zu tun« war genau die Art von zupackendem Zuspruch, die Dalia gerade wohltat. Dankbar sah sie zu Hildegart auf, gab sich einen Ruck und begann zu erzählen.

Die Zeiten waren hart, und sie musste Geld verdienen, um nach dem Sommer weiter in Kaunas studieren zu können. Die Arbeit bei Blode brachte ihr nicht genug ein, und als Rudolf Pfaffenkogel am Künstlerstammtisch auftauchte, fand Dalia ihn zunächst amüsant auf seine Münchner Art. Längst wunderte sie sich nicht mehr darüber, dass Männer, die sich als kulturelle Botschafter aus der weiten Welt verstanden und den ganzen Tag über das Schöne und Wahre dozieren konnten, sich ihr gegenüber weniger anständig benahmen als die einheimischen Hafffischer, die nach einem harten Arbeitstag stumm ihr Bier bei Blode tranken. Und Pfaffenkogel war keinen Deut besser, doch er dekorierte seine Anzüglichkeiten mit charmanten und anerkennenden Bemerkungen über Standbein und Spielbein und die Anmut ihres »Kontraposts«, wenn sie vor dem Tisch des lärmenden Malerpulks abbremste mit dem vollen Tablett in perfekter Balance. Dalia wusste, dass Rudolf ein Großmaul war, der einen Michelangelo nicht von einer Jahrmarktsbudenfigur hätte unterscheiden können, aber sie fand ihn unterhaltsam und hielt ihn für ungefährlich. Und als Pfaffenkogel ihr tatsächlich anbot, gegen gutes Geld für ihn Modell zu stehen, bedeckt natürlich, so wie sie es für die Kunststudenten in der Universität von Kaunas schon einige Male getan hatte, hegte sie zunächst kein Misstrauen. Und ein paar Sitzungen bei Pfaffenkogel verliefen auch ganz normal. Aber dann musste eines Tages etwas geschehen sein, wie sie sagte, das ihr jegliche Erinnerung an ihren Aufenthalt im Atelier des Malers geraubt hatte. Sie wisse nur, dass sie am Morgen wund und frierend und verwirrt in dem leeren Atelier aufgewacht sei und es mit letzter Kraft zurück zum Gasthof geschafft habe, um dort noch ein paar Stunden zu schlafen, bevor ihre Schicht losging.

Kurz darauf habe sie die Anstellung bei den Manns erhalten. Das Mädchen, das die Familie aus München begleitet hatte, war erkrankt, und da habe Frau Mann bei Herrn Blode nachgefragt, ob er nicht jemanden kenne, der kurzfristig aushelfen könne. Und der habe dann eben sie, Dalia, empfohlen, weil sie stets fleißig und zuverlässig war und dazu kein Plappermaul. Und am nächsten Tag sei Frau Mann während Dalias Schicht extra noch mal ins Gasthaus gekommen und habe ihr die frohe Nachricht überbracht, dass sie anfangen könne. Tagsüber habe sie also im Hause Mann gearbeitet und abends noch als Bedienung im Gasthaus. Und wiederum ein paar Tage später, an dem Montag nach dem Tumult um Thomas Mann, habe sie spät am Ende der Schicht ein Gast angesprochen. »Er hatte allein gegessen, wie schon am Abend zuvor, ganz an der Wand im Schatten. Ich musste ihn bedienen, und mir hat nicht gefallen, wie er mich angesehen hat. Einer dieser Kerle, die glauben, sich etwas ausrechnen zu können, habe ich mir gedacht. Die Sorte kenne ich zur Genüge, und ich habe ansonsten keine Scheu, ihnen zu sagen, dass sie sich benehmen oder andernfalls zum Teufel scheren sollen. Aber der war anders. Und diese Blicke die ganze Zeit! Wie von einem Raubtier, das seine Beute belauert. Er hat gewartet, bis alle gegangen waren, und dann rief er mich zu sich und hat mir diese scheußliche Zeichnung gezeigt und behauptet, dass ich das wäre. Und ich habe mich auch auf dem Bild erkannt und war schockiert, denn ich würde mich niemals für so etwas hergeben.«

»Dieser Perversling!«, rief Frau Bryl, die offenbar wusste, wie die Geschichte weiterging.

»Es war tatsächlich Pfaffenkogel«, sagte ich ihr so ruhig, wie es mir möglich war. »Er hat gestanden, dich betäubt zu haben, bevor er …«

»Dem gehört auch mit dem Klotzkorken auf den Kopp gehauen«, sagte Hildegart scharf über ihre Schulter hinweg. Und was immer auch ein Klotzkorken war, es klang so, als wäre es für den Münchner wirklich ratsam, sich in Nidden nicht mehr blicken zu lassen.

»Wie konnte er mir das nur antun?« Dalias Gesicht hatte rote Flecken. »So ein schrecklicher Mensch!«

Hildegart drehte sich wieder um. »Ein Deiwel!«

Die Tür zur Stube wurde aufgestoßen, und ein gedrungener Mann mit Fischermütze erschien darin. Die wässrig blauen Augen, das ledrige Gesicht mit dem feinen Spinnennetz aus Lachfältchen: Erstaunt erkannte ich den Fischer Pinkis wieder, der selbst hinwiederum keinerlei Überraschung bei meinem Anblick erkennen ließ. Hinter ihm tauchte im Flur nun der blonde Junge auf, den ich schon ein paarmal mit den Mann-Kindern am Strand hatte spielen sehen. Natürlich waren Nidden, Skrusdin und Purwin winzige Dörfer, in denen es kaum verwundern durfte, immer wieder denselben Menschen über den Weg zu laufen, aber diese Familie Pinkis hatte dafür anscheinend ein besonderes Talent.

»Muske«, rief der Fischer, »was kaamelst rum vom Deiwel vor dem Puppke. Sie soll mir und Vidas mit den Netzen helfen.«

Anschließend ruhte sein Blick auf mir: »Und du, Fixniegel, bringst Hilfe oder noch mehr Ärger?«

»Hilfe«, beeilte ich mich zu versichern.

Und damit war er schon wieder verschwunden, zog den Jungen mit, und Hildegart Pinkis scheuchte ihre Tochter hinterher: »Hast den Vater gehört, Gertrud, bleib nicht hucken, fortz, na los. Ich hab noch die Klunker in der Kassroll.«

Das Mädchen tat wie ihm geheißen, schob sich von der Bank und zog die Tür hinter sich zu.

Die Unterbrechung hatte Dalia gutgetan, und sie schien nun etwas ruhiger. »Ich hätte diesem Rudolf Pfaffenkogel niemals trauen dürfen«, sagte sie kopfschüttelnd.

»Fang gar nicht erst so an«, sagte Frau Bryl. »Als ob es deine Schuld wäre.«

»Was wollte der Mann von dir?«

»Er wusste, dass ich im Sommerhaus der Manns ein und aus gehe, und hat mich erpresst. Ich sollte für ihn in Thomas Manns Arbeitszimmer herumschnüffeln und nach verdächtigen Briefen, Notizen, Handschriften suchen. Und wenn ich nicht spurte, würde bald ganz Nidden wissen, was für eine …«

Frau Bryl ging energisch dazwischen. »Sprich das Wort nicht aus, Dalia. *C'est infâme!* Wir ehren die Lüge nicht, indem wir sie wiederholen.«

»Verdächtig? Was meinte er denn damit? Und was solltest du mit diesen verdächtigen Schriften tun, sie stehlen und ihm bringen?«

»Ach, Žydrūnas, ich war doch selbst so verwirrt. Der Erpresser interessierte sich für ›Politisches‹, wie er sagte, und Persönliches. Für Briefe und Tagebücher und einfach alles, was der Dichter über diesen Hitler und seine Partei geschrieben hat. Aber von diesen Dingen verstehe ich nichts, und das meiste, was der Dichter schreibt, konnte ich gar nicht lesen, und ich habe nichts gefunden bis auf diese alte Zeitung, auf die der Dichter was geschrieben hat, und ich dachte, die vermisst er vielleicht gar nicht und dass der Erpresser vielleicht Ruhe geben würde, wenn ich sie ihm bringe, aber stattdessen ist der Mann dann sehr wütend geworden. Aber ich wollte ja auch gar nichts finden, weil ich doch den Herrn Mann mag und seine Frau und auch die Kinder Elisabeth und Michael. Sie alle hintergangen zu haben fühlt sich furchtbar an. Und was will dieser Mensch überhaupt? Was geht es ihn an, was andere denken?«

In die Stille hinein sagte Hildegart Pinkis leise, aber vernehmlich: »Dieser Hitler.«

»Sie wollen die Macht über alles«, sagte Frau Bryl. »Auch über das Denken. Besonders über das Denken. Man kann es nämlich nicht sehen, deshalb ist es gefährlich.«

Ich sah überrascht zu ihr auf.

»Was denn, Herr Miuleris, ich lebe zwar hinter der Düne, aber nicht hinter dem Mond. Ich lese Zeitung, ich bin durchaus im Bilde. Erzähl ihm, was dann passiert ist, Dalia. Was die Kanaille getan hat.«

Sie war nun ganz gefasst. »Ich habe ihn gestern wiedergetroffen, und er war nicht zufrieden mit dem, was ich ihm gebracht habe. Er wurde böse und gemein und hat Thomas Mann einen Verräter genannt. Und er verlangte von mir, ihm bis morgen etwas Handfestes zu bringen, andernfalls würde er nicht nur dafür sorgen, dass mein Ruf zerstört ist. Er hat auch damit gedroht, meine Familie ausfindig zu machen.«

»Und da hast du beschlossen, nicht zu dem Treffen zu gehen und dich stattdessen zu verstecken?«

»Nein. Sie ist zu mir gekommen«, sagte Frau Bryl.

»Aber warum zu Ihnen?«

»Weil ich seit einem gewissen Vorfall im Dorf bekannt dafür bin, mir nichts von Männern gefallen zu lassen, die Frauen schlecht behandeln. Schon wieder dieser skeptische Blick, Herr Miuleris? Sie unschuldiges Lämmchen! Die Welt ist voller Wildschweine, wie er eines ist«

So wie sie mich ansah, glaubte ich ihr jedes Wort.

»Und ich habe sie bei Hildegart und Harri untergebracht. Das sind liebe Menschen, und ich wusste, dass du hier sicher bist. Nur mit Ludwik hatte ich nicht gerechnet.«

Später in der Pension erzählte mir meine Wirtin nicht ohne Stolz, was bei diesem ominösen Vorfall geschehen war. Frau Bryl hatte einen Gast aus ihrem Etablissement entfernt, der zuvor – wie er vor der Polizei geltend machte – lediglich von seinem »Recht« Gebrauch gemacht habe, sein Weib zu züchtigen. Grün und blau geschlagen habe er die arme Frau, und das aus nichtigem Anlass, behauptete hingegen die später beschuldigte Pensionswirtin. Anscheinend hatte die resolute Frau Bryl den Gast zunächst mit Hieben aus dem Haus getrieben und dann, als dieser sich wieder gewaltsam Zutritt zu verschaffen suchte, einen – wie sie aussagte – Warnschuss mit einer alten Schrotflinte abgegeben. An der Warnschuss-Behauptung waren allerdings Zweifel aufgekommen, weil dem Wüterich anschließend in einem Krankenhaus in Klaipėda mehrere Schrotkugeln aus dem Allerwertesten entfernt werden mussten. Als die Polizei die Flinte sicherstellen wollte, war sie zum Leidwesen der beschuldigten Pensionswirtin in der Zwischenzeit gestohlen worden. In Nidden schien jeder diese Geschichte zu kennen, und insbesondere einige männliche Einwohner waren froh, dass Frau Bryls Pension nicht auf der Haffseite im Dorf, sondern hinter der Schutzdüne auf der Meerseite der Nehrung stand.

»Was kannst du mir über den Erpresser sagen, Dalia? Hat er seinen Namen genannt? Wie hat er ausgesehen? Wo ist euer Treffpunkt? Hast du ihn vorher schon einmal gesehen? Wir alle wollen dir helfen, aber dafür ist es wichtig, dass wir möglichst viel über ihn wissen.«

»Ach, ich wünschte, ich könnte dir Antworten auf all deine Fragen geben, aber ich weiß nur, dass er mir Angst macht. Seinen Namen hat er nie genannt. Im Gasthaus habe ich ihn nur dieses eine Mal gesehen und auch noch nie zuvor im Dorf. Wir treffen uns immer am alten Friedhof im Wald oberhalb von Blodes Gasthof nach meiner Abendschicht.«

»Er könnte«, überlegte ich laut, »von der deutschen Seite der Nehrung kommen und nach jedem Auftauchen in Nidden wieder über die Grenze verschwinden. Wie sieht er denn aus?«

»Wenn ich dir sage, wie er auf mich gewirkt hat, wirst du mich albern finden.«

»Aber wieso denn? Nur du kannst ihn beschreiben.«

»Also gut. Ich musste bei seinem Anblick an den Teufel denken.«

»Der Deiwel«, sagte Hildegart Pinkis wieder.

»Den Leibhaftigen? Ist das nicht etwas weit hergeholt?«

»Ich behaupte nicht, dass er der Teufel ist, ich sage nur, dass er so aussieht. Es liegt an seinen Haaren. Die hat er nach hinten gekämmt, und sein dunkler Haaransatz sieht so aus wie bei einem Schauspieler, der den Mephisto spielt, mit so einer Spitze in der Mitte über der Stirn, verstehst du? Er hat Ringe unter den Augen und sieht immer so aus, als ob er lauert, und er lächelt nie, und er hat abstehende Ohren. Und mir läuft es kalt den Rücken herunter, wenn ich an ihn denke und mir vorstelle, dass er gerade nach mir sucht.«

Pfaffenkogel hatte einen Mann beschrieben, der aussah, als käme er aus der »Theatermaske«. Ich hatte inzwischen keinen Zweifel mehr daran, dass er und Dalia dieselbe Person beschrieben.

»Was soll ich denn jetzt nur tun?« Ihr Anblick brach mir das Herz. Mit eingezogenen Schultern und den in sich verkrampften Händen zwischen den Knien saß sie da, als müsste sie sich gegen Kälte schützen. Am liebsten hätte ich sie in den Arm genommen, doch in Anwesenheit von Frau Bryl wagte ich es nicht. Also drückte ich nur wieder ihre Hand.

»Kann Dalia noch ein oder zwei Tage hierbleiben?«

»Wenn ich Pinkis darum bitte, wird er es mir nicht ausschlagen. Wir werden ihnen aber etwas Geld geben müssen für die Kost. Und Dalias Aufenthalt wird nicht lange in Purwin geheim zu halten sein. Dann spricht es sich auch bald in Nidden herum.«

»Ich werde mich beeilen, dir zu helfen«, sagte ich zu Dalia.

»Aber wie?«

»Ich werde an deiner Stelle zu dem Treffpunkt gehen.«

»Wenn Sie wollen, begleite ich Sie«, sagte Frau Bryl und

schien geradezu begierig darauf, den Teufel in die Finger zu kriegen.

»Danke, doch das wird nicht nötig sein.«

»Spielen Sie nur nicht den Helden, Herr Miuleris. Das sind Sie nicht.«

Es klang spöttisch, aber ich sah ihr an, dass sie sich vielmehr um mich sorgte. Tatsächlich sollte Frau Bryl den Erpresser sozusagen noch in die Finger bekommen, allerdings unter weit dramatischeren Umständen.

KAPITEL SIEBZEHN

Grabschilder

Ich hatte einen Plan. Seine Schwäche lag darin begründet, dass die erfolgreiche Umsetzung davon abhing, ob ich mit meiner Annahme über den Erpresser recht hatte. Dass er nämlich gierig genug war, eine Dummheit zu begehen. Die Dummheit müsste darin bestehen, mir das Faksimile zurückzugeben. Und dies würde er nur tun, wenn ich seine Gier auf etwas anderes, Wertvolleres wecken könnte. Was das aber sein könnte, wollte mir nicht einfallen, während ich am frühen Nachmittag durch den einsamen Wald lief. Ich hielt es für gut, den Dichter vorerst nicht über die jüngsten Ereignisse zu unterrichten. Zu groß war meine Befürchtung, er würde darauf bestehen, mich zu dem Treffen am Friedhof zu begleiten, denn dies könnte alles verderben.

Später in der Pension lag ich rücklings auf meinem Bett und spielte in meinem Kopf wieder und wieder meine Rolle in dem Stück durch, das ich im Begriff war aufzuführen. Würde der andere mitspielen? Bei der Überlegung, was den Erpresser antrieb, konnte ich die Einschätzung des Dichters nicht außer Acht lassen. Wenn der Teufel die Sache persönlich nahm, wollte er zuallererst eine brennende persönliche Neugierde befriedigen. Doch es war auch nicht auszuschließen, dass er selbst unter dem Diktat eines anderen oder im Auftrag handelte und deshalb seinerseits unter dem Druck stand, »liefern« zu müssen, oder aber von einem geradezu krankhaften Ehrgeiz getrieben war, den Dichter bloßzustellen und sich selbst bei seinen Gesinnungsgenossen ins beste Licht zu setzen. Alle drei Möglichkeiten konnte ich mir bei meinem Plan zunutze machen. Vorausgesetzt, es gelang mir, eine bestimmte – und, wie ich befürchtete, beinahe unmögliche – Facette meiner Rolle ganz besonders glaubhaft zu machen:

die des Verräters an Thomas Mann. Aber sooft ich mir auch sagte, dass ich mir nur vorübergehend den Anschein des Judas gab, um dem Dichter aus einer Notlage zu helfen, verzweifelte ich doch zunehmend bei der Vorstellung. Und so musste ich mir während des Abendessens unter den Argusaugen meiner Wirtin mit einer halben Flasche Moselwein Mut antrinken. Ich wollte mein Glas gerade wieder füllen, als Frau Bryl an den Tisch trat und mir energisch die Flasche wegnahm.

»Reißen Sie sich doch zusammen!«, raunte sie ungehalten. »Oder sagen Sie es mir, wenn Sie sich der Sache nicht gewachsen fühlen.«

»Vollkommen gewachsen, Frau Bryl. Ich werde vor meinem Mann stehen.«

»Sie sind ja schon angetrunken.«

»Will sagen: Ich werde meinen Mann stehen.«

Sie seufzte.

»Und ich werde mich vor den Mann stellen.«

»Vor Dalia sollen Sie sich stellen. Herr Mann kann auf sich selbst aufpassen.«

Ich erhob mich und schob mit einem lauten Scharren den Stuhl zurück. »Und dabei wollte ich doch nur mit aller Muße die *Buddenbrooks* übersetzen.«

»Ich kann Ihnen immer noch die Schrotflinte mitgeben.«

Den frischen Wind im Rücken und das Rauschen der Bäume in den Ohren stieg ich über die bewaldete Höhe der Nehrung. Die Sonne war noch nicht untergegangen, und ein Stück des Weges tanzte mein Schatten riesenhaft vor mir über Wurzeln und umgefallene Bäume. Ich wollte vor der Zeit am Treffpunkt sein und die Lage ausbaldowern, wie man unter Gaunern so sagt. Zwar versprach ich mir davon keinen Vorteil, aber ich war noch nie zuvor dem Teufel auf dem Friedhof begegnet und wollte ihn lieber kommen sehen, als von ihm überrascht zu werden. Durch ein Birkenwäldchen ging es bergab, und der Weg wurde breiter.

Bevor er die Straße zwischen Nidden und Purwin erreichte, schlug ich mich nach rechts in den weglosen Wald. Ich tastete mich durch niedriges Gesträuch bergauf, bis ich die Kuppe des Hügels erreicht hatte. Vor mir lag das Haff, vom Wind zu unzähligen Wellenkrönchen aufgewühlt, die weiß im letzten Licht des Tages leuchteten. Aus den Fenstern des Gasthauses Blode, das unter mir lag, schien Licht auf Straße und Böschung. Am Rand der Kuppe, dem Gasthof gegenüber, stand Paul Isenfels' romantisches Häuschen. Meine Schritte machten nicht das leiseste Geräusch auf dem von Gras durchbrochenen sandigen Boden, als ich an dem dunkel daliegenden Haus vorbeiging. Kurz darauf wäre ich in der Dunkelheit beinahe mit einem hölzernen Grabschild zusammengestoßen. Andere Menschen werden auf Friedhöfen von romantischem Schauer angefasst, mich hingegen packt eine unheimliche Ehrfurcht vor dem großen Unbekannten beim Anblick verwitterter Grabkreuze. Noch beunruhigender ist der Eindruck der fremdartig-heidnisch anmutenden Grabschilder auf dem Kirchhof von Nidden, die hölzernen Pferdeköpfe, Vögel und Ranken, die wie Verwandlungen aus der mit Knochen gedüngten Erde zu wachsen scheinen. Ich setzte mich hinter ein Gebüsch auf einen flachen Grabstein und wartete.

Wie aus dem Nichts erschien zwischen zwei Bäumen eine Gestalt als Silhouette gegen das schwindende Licht. Sie stand bewegungslos, der Kopf mit Mütze und Ohren ein Dreieck formend, und daran erkannte ich ihn. Und mit dem Erkennen bekam ich es mit der Angst zu tun, denn mit einem Mal hielt ich es für möglich, dass er nicht allein gekommen war, sondern wie vor Tagen am Strand seine militärisch gedrillte Jungmännertruppe mitgebracht haben könnte. Ich blieb deshalb zunächst noch ängstlich gebückt, während er sich langsam und methodisch um sich schauend in meine Richtung in Bewegung setzte. Zumindest die Angst vor Verstärkung erwies sich als unbegründet, und als er nur noch wenige Meter von mir entfernt war, trat ich aus der Deckung.

»Wer sind Sie? Was bedeutet das? Wo ist das Mädchen?«

Man sieht, was man erwartet, zu sehen, und die Muster eines Hirngespinsts sind so wirkmächtig wie die wahre Natur von etwas, mit dem die Sinne sie in Übereinstimmung zu bringen versuchen. So kam es, dass sein unnatürlich glattes Gesicht im Mondlicht, sein glänzender gezackter Haaransatz und die tonlose Stimme aus der Tiefe seiner Kehle mir tatsächlich den Teufel in Menschengestalt vorgaukelten.

»Sie kommt nicht. Sie müssen mit mir vorliebnehmen.«

Er zeigte keine Reaktion, aber schien zu überlegen. »Das ist schade. Sie war ein hübsches, dummes Werkzeug.«

»Dalia ist nicht dumm«, entfuhr es mir spontan.

»Nur dumme Menschen lassen sich so leicht von noch dümmeren Menschen kompromittieren. Warum lassen Sie es zu, dass sich das Mädchen hinter Ihnen versteckt? Wollen Sie Eindruck bei ihr machen? Oder haben Sie die Bilder von Pfaffenkogel gesehen und wollen sich an diesen Hüften reiben? Wer will schon mit einer so slawisch aussehenden Stute ein hässliches Fohlen züchten?«

Bis ans Ende meiner Tage werde ich mich dafür hassen, dass ich bei seinen Worten zum Schein lachte.

»Sie sind doch der Übersetzer.« In einem so kleinen Ort wie Nidden auch nur für zwei Wochen anonym zu bleiben war unmöglich, trotzdem schreckte mich die Beiläufigkeit, mit der er mich identifiziert hatte. Dabei wusste ich ja, dass er mich sowohl an dem Abend mit Pfaffenkogel als auch am Strand mit dem Dichter gesehen hatte.

»Und wer sind Sie?«

Er lachte. Natürlich war die Frage sinnlos gewesen. Ich hatte nicht erwartet, dass er sich mir vorstellen würde.

»Ich hätte Sie für klüger gehalten.«

»Was meinen Sie damit?«

»Ich werde Sie nicht einfach so gehen lassen können.«

Oh, ich war die ganze Zeit schon auf dem Sprung, glauben Sie mir, und es hätte dieser Drohung gar nicht bedurft, denn ich achtete peinlich genau auf den Abstand zwischen dem Teufel und mir, und wenn er sich mir auch nur einen weiteren Zentimeter drohend genähert hätte, wäre ich um mein Leben gerannt. Eben weil ich klug bin.

»Aber ich kann Ihnen helfen, wenn Sie mir sagen, was Sie von Thomas Mann wollen. Ich habe Zugang zu ihm.«

Und bei den dann folgenden Worten legte er endgültig seine Maske ab und wurde zum Deiwel. »Was ich von ihm will? Ich werde ihn nach Canossa führen, wo die Jugend Deutschlands über den feigen Verräter richten wird.«

»Ich sage Ihnen: Sie irren sich, und er ist kein Verräter. Er stand immer zu dem, was er gesagt hat.«

»Die schlimmsten Verräter bedienen sich der göttlichsten Sprache. Doch niemand spürt den Verrat schmerzhafter als der Jünger. Nach den *Betrachtungen* wähnte ich ihn auf unserer Seite. Ich war auch dabei, als er seine Rede auf die Republik gehalten hat, und ich habe ihn danach verteidigt, denn *ich* hatte genau hingehört. Thomas Mann hatte mir und der revolutionären Jugend das Recht gegeben, die Republik zu bekämpfen. Denn sie liegt in Schande. Und das Nationale ist mächtiger und lebensbejahender als der Staat. Und jetzt, da wir die Chance haben, Deutschland zu befreien, und Volk und Kultur und das Nationale endlich eine heilige Verbindung eingehen, da stellt sich heraus, dass der große Dichter einen Dolch im Gewande führt …« In seiner Hand leuchtete mit einem Mal Papier auf, und ich wusste sofort, dass es *die* Blätter waren. So nah war ich ihnen nicht gekommen, seit ich sie verloren hatte. Ich wunderte mich darüber, dass er sie zu dem Treffen mitgebracht hatte, anscheinend schützte er sie wie einen dunklen Schatz. »… und er holt zu einem weiteren Stoß in den Rücken aus vor den Augen der Welt, gegen mich und meine Generation, gegen das Deutschland, das er vorgibt zu lieben und doch zerstört sehen will.«

»Aber Sie missverstehen ihn!«, rief ich. Schon immer, hätte

ich anfügen mögen, aber es ging hier nicht um eine Thomas-Mann-Textauslegung, sondern darum, mein Meisterstück der Täuschung zu inszenieren.

»Was wissen Sie schon davon? Sie sind Litauer.«

»Memel-Deutscher«, entgegnete ich schnell.

Der Wind blies Stimmengewirr die Düne hinauf und über die Gräber. Bei Blode ging es hoch her. Der Teufel stand stumm zwischen den heidnischen Grabschildern.

Und ich musste an Mollenhauer, Pechstein, Partikel, Bischoff und die anderen denken. Was sie wohl zu dem geistigen Verrat gesagt hätten, den ich in diesem Augenblick an dem Mann beging, den ich so bewunderte und für den ich, um Schaden abzuwenden, alles tun würde. Wäre es nicht Nacht gewesen, hätte allein mein vor Scham hochrot angelaufener Kopf mich sofort verraten. Doch ich sagte mir, dass alles das es wert wäre, so denn mein gewagter Plan nur aufginge.

Ich erinnere mich, die nun folgenden Worte beinahe gewaltsam hervorgewürgt zu haben. »Sie wollen schriftliche Beweise für die wahre nationalistische Gesinnung von Thomas Mann.« Und als er mich weiter nur ansah, setzte ich noch einen drauf. »Sie irren sich, wenn Sie in ihm einen Verräter sehen.«

»Sie wollen behaupten, Thomas Mann ist ein Unterstützer der Bewegung?«

»Sie müssen verstehen, dass er sich bei politischen Themen seit jeher äußerste Zurückhaltung auferlegt hat. Wie viele Jahre sind seit der Rede, die Sie erwähnten, vergangen? Acht? Da sehen Sie's. Er versteht seine Aufgabe als Künstler nicht in offensichtlicher Agitation, die seine Glaubwürdigkeit und damit Wirkung untergraben würde, sondern vielmehr in der geistig-sittlichen Ertüchtigung seiner Leser, für die richtige Sache einzustehen. Für Deutschland. Ja, ich kann sagen, dass er … die dynamische Kollektivierung der Massen und den rauschhaften Optimismus, ausgelöst durch Ihre Bewegung, mit größtem Interesse verfolgt.«

Nichts von dem, was ich gesagt hatte, war eigentlich unwahr. Doch alles von dem, was ich gesagt hatte, erzeugte nach meiner Hoffnung den unwahren Eindruck, Thomas Mann stünde der faschistischen Ideologie wohlwollend gegenüber. Mir grauste vor mir selbst, und das eigene salbungsvolle Geschwätz strengte mich so sehr an, dass ich ins Schwitzen geriet.

»Ist das so?«

Als Lohn für meine Anstrengungen hatte ich mir ein bisschen mehr Enthusiasmus vom Teufel erhofft.

»Ich gebe zu, dass ich Thomas Mann tatsächlich stets für einen Schriftsteller gehalten habe, dem das Nationale am Herzen liegt«, sagte er leise. »Es hätte nützlich sein können, ihn auf der richtigen Seite zu wissen. Auf uns warten nach der kommenden Wahl große Aufgaben. Gewaltige Aufgaben. Das zionistische Welttheater wird Zeter und Mordio schreien. Ein Mann von internationalem Format wie Thomas Mann hätte beruhigend auf das Ausland wirken können.« Er hielt inne, um dann drohend die Stimme zu senken. »Aber Sie begehen einen schweren Fehler, wenn Sie versuchen, mich hinters Licht zu führen. Wie erklären Sie mir diese Beleidigung?« Er hielt das Faksimile erneut hoch.

»Dichterische Freiheit!«, rief ich verzweifelt.

»Freiheit?«, sagte er verdutzt, als sei dies ein vollkommen absurder Begriff.

»Notizen zu einem Roman, in dem er einen Volksverräter sprechen lässt.« Ich schwöre, mir war nichts Besseres eingefallen als diese lahmste aller schriftstellerischen Rechtfertigungen. »Der Autor antizipiert die Argumente der politischen Feinde, um sie für seine Zwecke zu nutzen.« Ich lachte auf. »Ein klassisches Missverständnis.«

»Ein Missverständnis, sagen Sie. Ich glaube, das Missverständnis besteht darin, dass Sie glauben, mich für dumm verkaufen zu können. Ich habe Geschichte und die alten Griechen studiert. Die Starken tun, was sie wollen, und die Schwachen ertragen, was sie müssen. Sie sind schwach, und deshalb werden Sie ertragen müssen, dass ich Ihnen den Hals umdrehe, wenn Sie versuchen sollten, mich hinters Licht zu führen.«

»Ich kann es beweisen.«

»Wie?«

»Thomas Mann steht im brieflichen Kontakt mit ...«, ich überlegte fieberhaft und brachte den ersten Namen heraus, der mir in den Sinn kam, »... Adolf Hitler.«

Der Name wirkte wie eine unsichtbare Wand, gegen die der Teufel prallte. »Mann! Ich habe Sie gewarnt, mir noch mehr Lügen aufzutischen!«

»Nein, es stimmt. Ich habe es selbst gesehen.«

»Mit dem Führer persönlich?«

Ich nickte. »Im Geiste gegenseitiger Wertschätzung. Und sehr geheim.«

»Das ist unglaublich. Besorgen Sie mir einen solchen Brief.«

»Ich fürchte, das ist unmöglich. Thomas Mann ist argwöhnisch geworden, seit dieses Schriftstück verschwunden ist.« Ich deutete auf die Blätter, die er noch immer in der Hand hielt. »Andererseits, wenn ich sie ihm zurückbringen könnte, selbstverständlich ohne mich über deren zwischenzeitlichen Verbleib auszulassen, würde das sein Vertrauen stärken, und ich könnte Ihnen einen solchen Brief wohl besorgen.«

»Ist das ein weiterer Trick von Ihnen? Vergessen Sie's.« Ich stand mit dem Rücken an einem Grabmal, und an ein Wegrennen war nicht mehr zu denken. Der Teufel beugte sich über mich, seine Ohren zeichneten sich gegen den Himmel ab, sodass es aussah, als landete eine Fledermaus auf meiner Nase. Ich spürte seinen Atem in meinem Gesicht, und überraschenderweise stank der nicht nach Schwefel, sondern nach Sauerampfer.

»Ich werde Ihnen sagen, was jetzt passiert: Sie bringen mir seine Korrespondenz mit dem Führer. Wir treffen uns morgen Abend im Hotel Königin Louise. Ich werde auf Sie warten.« Er senkte den Kopf und sprach den folgenden Satz mehr zu sich selbst als zu mir. »Vielleicht habe ich mich in Thomas Mann getäuscht. Was bedeuten würde, dass er mich nie getäuscht hat.« Er nahm mich wieder ins Visier. Schwarz glänzte sein Haarhelm im Mondlicht über der weißen Stirn. »Wenn ich überzeugt bin, bekommen Sie die Blätter zurück, und es ist, als wäre nichts geschehen. Sollten Sie falschspielen oder dem bitteren Irrtum erliegen, zu glauben, Sie könnten mich täuschen, werde ich erst Thomas Mann in seinem schmucken neuen Sommerhaus mit meiner Truppe einen Besuch abstatten. Und danach werden wir Sie finden.«

Und so kam das mit dem Brief. Es war wohl weniger eine Schnaps- als eine Schnappatmungsidee. Geboren aus der Panik. Jetzt musste ich diese dumme Idee nur noch dem Dichter schonend nahebringen. Es klingt komischer, als es war (obwohl dem Brief selbst, wie Sie noch sehen werden, eine gewisse Komik nicht abzusprechen ist). Nachdem der Teufel gegangen war, stand ich noch eine Weile auf dem Friedhof, stellte mir vor, wie Thomas Mann auf die neuesten Entwicklungen in unserem Fall reagieren würde, und dachte, es wäre vielleicht am besten, sich einfach selbst zwischen zwei alte Grabplatten zu legen und in den Dünensand zu versinken.

KAPITEL ACHTZEHN

Der Brief

Ich passte den Dichter und seine Frau früh am Morgen auf dem Schwiegermutterberg ab, nachdem ich die Nacht zuvor kaum ein Auge zugetan hatte. Ich war zu erregt gewesen. Zumal Frau Bryl bei meiner Rückkehr kurz vor Mitternacht in der Küche auf mich wartete, sich alles haarklein berichten ließ und es sich dann nicht verkneifen konnte, mir die Leviten zu lesen. Angesichts der Tatsache, dass ich die Probleme von gleich zwei Menschen, die mir am Herzen lagen, zu lösen versuchte, fand ich das reichlich selbstgerecht.

»Was hätten Sie denn getan? Ihn überwältigt, gefesselt und geknebelt und der Polizei frei Haus geliefert?«

»Sie übertreiben, Herr Müller. Aber ihn auch noch zu ködern und zu reizen?«

»Mit Speck fängt man Mäuse.«

»Mäuse vielleicht. Der Teufel frisst Seelen. An der Ihren nagt er bereits.«

Den Rest der Nacht hatte ich damit verbracht, mich vor der Reaktion des Dichters zu fürchten. Und um das Unausweichliche möglichst schnell hinter mich zu bringen, hatte ich mich schon um sechs auf die übliche Weise von Frau Bryl wecken lassen. Sie war wenigstens ein Dämon, den ich kannte.

Katia Mann sah mich unter der Kiefer vor dem Haus von einem auf das andere Bein treten und blieb stehen, kaum war sie vor die Tür getreten. Ich hörte erst deutlich ihr Seufzen, und dann, wie sie zu ihrem Mann sagte: »Dein Watson ist schon wieder da. Halleluja.«

»Es tut mir leid, Sie so zu überfallen, aber es gibt außerordentliche Entwicklungen von größter Dringlichkeit.«

»Dann werde ich Ihnen wohl besser den Platz an seiner Seite überlassen«, sagte sie, um sich dann mahnend an ihren Gatten zu richten. »Denk daran, dass du heute um elf Besuch von einem Reporter bekommst.«

»Welches Blatt?«

»Herr René Kraus ist von der *Neuen Freien Presse* und extra aus Wien angereist, um mit dir zu sprechen. Also nimm dir etwas Zeit für ihn.«

»Dann muss es wohl sein.«

Als wir allein waren, schlugen wir den Weg nach Westen ein, den Berg hinab und anschließend die bewaldete Düne wieder hinauf, bis Mann, oben angekommen, stehen blieb, um sich die obligatorische Zigarette anzuzünden. »Nun heraus mit der Sprache. Was ist so dringlich?«

»Ich habe den Fall gelöst.«

»Donnerwetter!«, rief der Dichter, und ich glaube, in diesem Moment stampfte er sogar vor Freude mit dem Fuß auf.

»Sozusagen.«

»Und das teilen Sie mir so en passant mit, Müller? Freude schöner Götterfunken! Hätte ich eine Zigarre dabei, ich würde sie Ihnen höchstselbst anzünden! Wie haben Sie das angestellt? Erzählen Sie, erzählen Sie.«

Und so begann ich mit der Schilderung der Verfolgung von Frau Bryl, die mich unwissentlich zu Dalias Versteck geführt hatte. Ich gab ihm in aller Kürze wieder, was Dalia mir gestanden hatte, und pochte vor allem darauf, dass sie ein Opfer war. Das Opfer einer ruchlosen Erpressung. »Sie war der unfreiwillige Spitzel, auf den ich gewartet habe. Ihr Niddener Mädchen.«

»Das Mädchen«, sagte er. »Soso. Wer hätte das für möglich gehalten. Und deshalb hat sie ihre Pflichten vernachlässigt?«

»Aber das habe ich Ihnen doch gerade zu erklären versucht, Herr Mann. Die arme Dalia hat sich versteckt, weil sie nicht mehr für den Erpresser spionieren wollte und deshalb befürchten musste, dass der sie mit Pfaffenkogels Bildern in irreparablen Verruf bringt.«

»Aber Pfaffenkogel war nicht der Erpresser?«

»Eben nicht. Der eigentliche Erpresser hat von der Existenz dieser Bilder erfahren und dem betrunkenen Pfaffenkogel das Faksimile abgenommen. Er wusste, dass Dalia bei Ihnen ein und aus geht, und hat sich sein Wissen zunutze gemacht.«

»Eine verzwickte Sache.« Ich war mir nicht sicher, ob der Dichter den Fall meinte oder seinen Versuch, mir zu folgen.

»Sie sind dem Erpresser sogar schon einmal begegnet.«

»Tatsache?«, fragte er mit steiler Augenbraue und hüllte sich in Rauch.

»An dem Tag, an dem wir uns am Strand zum ersten Mal getroffen haben, kam er mit seiner militärischen Jungschar vorbei und hat Sie angesprochen. Erinnern Sie sich?«

»Allerdings. Sie meinen den strammen Kerl, der mir Honig um den Mund geschmiert hat mit seinem nationalistischen Kulturgeschwätz?«

»Genau der. Ihm hat wohl nicht gefallen, dass Sie ihn zurechtgewiesen haben.«

»Und dieser dumme Jungfuchs war im Besitz meiner Notizen? Und Sie haben sie wieder? Geben Sie her, Müller.« Er zückte sein Feuerzeug. »Ich werde sie hier und jetzt feierlich verbrennen.«

»Nun, ich habe die Abschrift noch nicht in den Händen. Und er ist ganz und gar nicht dumm, sondern ein gefährlicher Mensch voller Groll gegen Sie, weil er Sie einst angebetet hat und nun für einen Verräter hält.«

»Hm. Angebetet? Der Hass ist die Liebe, an der man gescheitert ist.«

»Das Scheitern steht nicht zur Wahl, Herr Mann. Er hat Drohungen ausgestoßen gegen Sie und gegen Ihre Familie, wenn wir seine Bedingungen nicht erfüllen.«

»Müssen wir diese Drohungen ernst nehmen, oder reißt er nur das Maul auf?«

»Ich fürchte, er ist zu allem fähig.«

»Dann ist die Lage ernst. Was geschieht als Nächstes?

»Ich soll den Erpresser heute Abend erneut treffen, und dann erfolgt ein Austausch.«

Ich machte eine Pause, die vor allem deshalb bedeutsam lang wurde, weil ich all meinen Mut für das Folgende zusammennehmen musste.

»Und das ist der Haken, Herr Mann, denn für diesen Austausch brauchen wir einen weiteren Köder.«

»Ich kann Ihnen nicht mehr folgen. Was für ein Köder soll das sein?«

»Sie müssen einen Brief schreiben.«

»Einen Brief? Ich bin andauernd mit Korrespondenz beschäftigt. An wen soll ich denn noch schreiben?«

»An Adolf Hitler.«

Hätte ich ihm die Nachricht überbracht, dass ihm der Nobelpreis aberkannt worden war, der Choc in seinem Gesicht hätte nicht größer sein können.

»Sagen Sie das noch mal.«

»Sie müssen bitte einen Brief an Adolf Hitler schreiben. Einen freundlichen Brief. Tut mir leid.«

Er warf seine nur halb gerauchte Zigarette weg. »Sind Sie des Wahnsinns?«

»Natürlich nicht in Tat und Wahrheit, Herr Mann. Sie setzen etwas auf, das den Eindruck erweckt, als würden Sie in Korrespondenz mit ihm stehen. Das habe ich nämlich behauptet. Um Sie zu schützen.«

»Wer Ihren Schutz genießt, muss sich warm anziehen. Was haben Sie da nur wieder angestellt, Müller? Verstehe ich es richtig, dass Sie – was immer ich auch aufsetze – es dem Erpresser aushändigen werden?«

»Schon. Aber wenn Sie es richtig machen, bekommen wir nicht nur die Abschrift zurück, wir bannen darüber hinaus die eigentliche Gefahr, weil der Erpresser keinen Argwohn mehr gegen Ihre Gesinnung hegt, verstehen Sie? Sie wären wieder frei, zu denken und zu handeln, wie Sie es für richtig halten.«

»Verdacht gegen meine Gesinnung«, sagte er mit tiefster Verachtung. »Frei, zu denken. Ein vergifteter Trost.«

Ich tat so, als müsste ich mein Hosenbein vom stacheligen Zweig eines wilden Brombeerbuschs befreien, doch in Wirklichkeit suchte ich nur einen Anlass, seinem Blick zu entgehen.

»Erkennen Sie denn nicht, dass die Räder zu meiner Vernichtung bereits in Bewegung gesetzt wurden?«

»Aber wir können sie doch dadurch aufhalten.«

»Falls der Schurke Ihnen das Blatt tatsächlich aushändigt. Und selbst wenn dies geschehen sollte, was ich bei Ihrer Beschreibung dieses Charakters offen gestanden für äußerst unwahrscheinlich halte, geschähe dies zum Preis meiner restlosen künstlerischen Selbstvernichtung. Ein freundlicher Brief von Thomas Mann an Adolf Hitler? Das wäre ein wahres Fest für die blutberauschte Hugenberg-Presse. Der Propagandasieg für den Verächter der Humanität, ermöglicht durch den selbst erklärten Bewahrer des Humanismus persönlich? Das nenne ich Ironie. Diesmal haben Sie sich selbst übertroffen, Müller. Bravo!«

Das war zu viel für mich. Seit über einer Woche wand ich mich, taktierte, spielte Rollen, hetzte von einer Küste zur anderen, ließ mich verleumden und umschmeicheln, bemuttern und belächeln, mit Bällen bewerfen und bedrohen. All dies vollkommen gegen meine ansonsten sehr zurückhaltende Natur und mit wachsender innerer Anspannung, die sich schließlich entladen musste. »Jetzt wird es mir aber zu bunt mit Ihnen, Herr Mann! Haben Sie mir überhaupt zugehört? Es geht doch längst nicht mehr nur um Sie. Ihre Frau und Ihre Kinder werden bedroht. Dalia muss um ihre Sicherheit und die ihrer Familie fürchten, während Sie sich nicht einmal die Mühe machen, sich den Namen der Person zu merken, die für Sie seit Tagen durch die Hölle geht. Meine Wirtin geht Risiken ein, indem sie Dalia hilft, genauso wie eine nette Fischerfamilie in Purwin, die andere Sorgen hat und sicherlich keines Ihrer Bücher im Schrank. Und ich treffe mich zur Geisterstunde mit einem gewaltbereiten Nazi auf dem Friedhof, um eine Schuld bei Ihnen zu tilgen, die ich – nebenbei bemerkt – aus Respekt und Bewunderung für Sie auf mich geladen habe und die mir seither schlaflose Nächte bereitet. Mit intellektuellem Ekel und moralischer Empörung kommen wir nicht weiter! Alles, was Sie tun müssen, ist das, was Sie besser können als jeder andere Mensch auf der Welt: Sie denken sich eine Geschichte aus, in der Sie verklausuliert selbst vorkommen. Eine sehr kleine Geschichte nur, in Form eines Briefes, die in einer erfundenen Welt spielt, in der der Schriftsteller Thomas Mann aus irgendeinem vorgeschobenen Grund mit dem Scheusal Adolf Hitler korrespondiert. Damit wiederum ich es dem Tier in den gierigen Rachen werfen kann, damit für Sie alles gut wird. Ist das denn zu viel verlangt?«

Ich war fertig mit meiner Tirade, und wenn der Dichter in diesem Augenblick etwas Falsches gesagt hätte, wäre ich auch fertig mit ihm und mit der Welt gewesen. Ich wartete auf eine Entscheidung. Er bedachte mich mit diesem abschätzigen, unendlich überlegenen Ausdruck in den Augen, ließ mich einige Sekunden schwitzen und sagte schließlich: »Die Rolle des Vertrauten besteht manchmal darin, Schmerz zuzufügen. Ihre Worte haben mir wehgetan, aber auch wohlgetan, und ich lobe Ihre Leidenschaft.« Dann schob er beide Hände flach in die Taschen seines Jacketts, straffte sich und ließ den Blick über das frische Grün des Waldes gleiten. »Kommen Sie nach dem Souper um sieben zu mir. Der sogenannte Führer bekommt Post von mir.«

Rastlos in den Gliedern und mit einem Kopf voller Gedanken, die ich nicht in eine Ordnung zu bringen vermochte, konnte ich nicht einfach in meinem Pensionszimmer darauf warten, dass die Zeit bis zu meinem Treffen mit dem Dichter verging. Deshalb trat ich aus dem Haus und Ludwik hinter mir her, und wir liefen ohne Ziel, denn in solchen Momenten ist es am heilsamsten, in die Natur zu gehen, in den Wald, der einen birgt und beschützt und wo man die Verwirrung abschütteln kann wie Muff aus der Kleidung. Ich verließ den Weg und lief zwischen die Bäume, bis ich mich gänzlich allein wähnte, dann legte ich mich ins Moos wie auf eine weiche Matratze. Ich blickte in den Himmel und hörte das hohle Klopfen eines Spechtes und dann die Antwort aus einiger Entfernung, das Klopfen und wieder die Antwort. Ludwik ließ sich neben mir nieder, auch er ruhig und zufrieden mit dem Kopf auf das Moospolster gebettet. Ich streckte die Hand nach ihm aus. Es war so still, dass ich seinen Atem hören konnte. Klopfen, Atem, Antwortklopfen. Klopfen, Atem, Antwortklopfen.

Das Gespräch, das der Dichter mit dem Wiener Reporter in seinem Sommerhaus führte, während ich auf dem Waldboden lag, begann im Übrigen tatsächlich mit diesem »Märchenwald in der unendlichen Weite der Dünenwelt«. Es erschien am Tag meiner Abreise aus Nidden am 15. August in der *Neuen Freien Presse,* aber ich las es erst viele Jahre später und photographierte es mit meinem Gedächtnis. Thomas Mann schwärmt darin von seinem neuen Sommerdomizil in Nidden, spricht über seine Arbeit an dem biblischen Stoff der *Joseph-Romane* und über seinen Traum, ein Lustspiel zu schreiben. Er lässt sich über die junge Schriftstellergeneration aus, die »kleiner« geworden sei, woran seiner Meinung nach die Kommerzialisierung Schuld trug, der Druck, schnell Geld zu verdienen und deshalb schnell zu schreiben. Was man eben als der »nobelste Dichter, den die Welt hat« so sagt, wenn man gerade mit einem üppigen Preisgeld ein Sommerhaus und zwei Automobile gekauft und die Rechnungen für die Weltreise seiner zwei erwachsenen Kinder beglichen hat. Doch in der Mitte des Artikels entdeckte ich etwas Unerwartetes: Thomas Mann verkündet seine Abkehr von der Politik. Sie ist formuliert wie eine offizielle Verlautbarung und unmissverständlich. Noch genau bei zwei Gelegenheiten werde er sich öffentlich zu Zeitfragen äußern, einmal vor den Rotariern in Haag und ein weiteres Mal in Genf vor dem Völkerbund. »Dann aber Schluss!« Das gelte auch für einen geplanten Essayband, in dem von der Politik »mit keinem Wort« die Rede sei. Er fügt hinzu, er wolle sich eigentlich nur noch um den Roman kümmern, allerdings müsse er sich etwas »von der Seele« schreiben, ehe er sich wieder darin versenken könne.

Ich war mir beim Lesen dieser Worte sicher, zu wissen, was dieses Etwas gewesen war, das ihm auf der Seele gelegen hatte. Ich glaube, er meinte das Manuskript zu einer wegweisenden Rede, die eben doch politisch war und von der er schon wusste, dass er sie halten werde bei einer Veranstaltung, die er in seiner Aufzählung vorsichtshalber ausließ, ja wahrscheinlich mit Bedacht verschwieg. Es klang für mich in diesem Interview mit anderen Worten so, als würde er zum Schein wieder zum »Unpolitischen«. Doch er warf mit Nebelkerzen.

Sie mögen sich zu Recht fragen, ob es dafür nicht schon zu spät war. Denn der Teufel hatte das Faksimile gelesen, und nichts und niemand hätte ihn daran hindern können, sich als strebsamer Musterschüler bei seinen Parteioberen damit zu brüsten, den Nobelpreisträger enttarnt zu haben, und »Verrat!« zu schreien. Ich halte dem entgegen: Wird sich nicht jeder Mensch, solange es irgend in seinen Lebenskräften steht, gegen eine als existenziell empfundene Bedrohung stemmen? Vernichtung ist beileibe kein zu starkes Wort für das, was Thomas Mann drohte. Er sah es lange vor den hier geschilderten Ereignissen sehr klar, dass manche ihm »den Tod des Verräters« an den Hals wünschten. Und hier spreche ich keineswegs vom geistigen Tod, sondern tatsächlich von der physischen Auslöschung. Und ist die Flucht, die gut zwei Jahre später unabwendbar wurde, denn etwas anderes als der verzweifelte Versuch, seiner Auslöschung zu entgehen? Fraglos war unser Plan von vornherein zum Scheitern verurteilt. Der Dichter und ich konnten nur darauf hinarbeiten, den Teufel so lange wie möglich über die wahren Absichten des Dichters zu täuschen, indem wir ihn von der vollkommen absurden Behauptung überzeugten, Thomas Mann und Adolf Hitler wären sich in Sympathie verbunden.

Ich setzte mich auf, und Ludwik hob den Kopf. Er sah mich an, so wie alle Hunde immer schauen, nämlich so, als würden sie sagen wollen: Keine Angst, das wird schon schiefgehen.

Punkt sieben Uhr stand ich auf dem Schwiegermutterberg vor dem Mann'schen Sommerhaus. Katia Mann und die Kinder Elisabeth und Michael saßen am Tisch auf der Veranda. Mutter und Tochter sortierten Beeren von einer in die andere Schüssel, während Michael in einem Buch las.

Elisabeth sah mir entgegen und sagte dann enttäuscht: »Oh, Sie haben Ihren Hund gar nicht dabei.«

Im ersten Stock wurde ein Fenster geöffnet. Der Dichter steckte den Kopf heraus. »Da sind Sie ja, Müller! Kommen Sie gleich herauf!«

Als ich sein Arbeitszimmer betrat, stand er in weißem Tennispullunder neben seinem Schreibtisch und war gerade dabei, eine Zigarre zu köpfen. Einladend zog er den Stuhl zurück. »Nur herein, setzen Sie sich und lesen Sie.« Er wirkte auf nervöse Art aufgekratzt. »Ich hatte den Einfall während der Mittagsruhe, eine glückliche Fügung in einem unglücklichen Moment, denn ich brauche den Schlaf.« Doch er habe den Einfall sogleich realisieren müssen, wobei er stets die schauerlichen Visagen des wahnsinnigen Hitler und des Lügenmauls Goebbels vor Augen gehabt habe, was seinen festen Vorsatz, die schwierige Aufgabe mit einem Sinn für Ironie anzugehen, schier unmöglich gemacht habe. »Doch am Ende scheint es gelungen. Meinen Sie, dies ist ein Angebot, das der Teufel nicht ablehnen kann?« Seine Mundwinkel zuckten.

Während ich die Zeilen überflog, trat er hinter den Stuhl und las über meine Schulter hinweg mit.

»Herr Mann, Sie haben es faustdick hinter den Ohren.«

»Gefällt Ihnen der Brief? Er gefällt Ihnen. Ich kann es Ihnen ansehen.«

»Er ist gut. Sie erwecken den Eindruck, als wäre dies die Antwort auf Hitlers briefliche Kontaktaufnahme, was sehr geschickt ist. Er wirkt auf eine geradezu verschlagene Weise wohlgesinnt, und trotzdem hat man als Leser nicht den Eindruck, als würden Sie den Buckel krumm machen, denn zwischen den Zeilen sind Sie ganz Sie selbst.«

»Ha! An Ihnen ist ein Literaturkritiker verloren gegangen.«

»Es ist natürlich eine dreiste Lüge.«

»Fiktion, Müller. Nennen wir es Fiktion, nicht wahr? Mein Erzähler mokiert sich, indem er diesen Maulaffen für sich vereinnahmt. Daran werden sie zu beißen haben.«

»Er ist kunstfertig, wie nicht anders zu erwarten. Man könnte den Eindruck bekommen, das Komponieren dieses Briefes habe Ihnen geradezu Freude bereitet.«

»So viel Freude, wie es einem bereitet, einen Giftcocktail zusammenzumischen.« Er nahm mir den Brief aus der Hand. »Nicht dass Sie den falschen Eindruck von mir bekommen: Ich tue dies nur, weil es die Situation verlangt. Doch jedes Wort, das ich überhaupt dieser Kreatur widme, setzt mir schwer zu. Dieser Brief mag als Komödie durchgehen, das Stück, was der Adressat und seine Komplizen aufführen, ist es nicht.«

»Haben Sie die Befürchtung, der Brief könnte gegen Sie verwendet werden?«

Der Dichter paffte und schüttelte den Kopf. »Nicht einmal der schmähsüchtige Goebbels käme wohl auf die Idee, ihn öffentlich zu machen, denn die Peinlichkeit fiele auf seinen Herrn und Meister selbst zurück.«

»Wenn Sie sich da nur nicht irren. Es ist ein Risiko.«

»Den Teufel wird irgendjemand damit tun, Müller. Ich sage sogar: leider. Bösewichte haben keine Lieder, und sie haben keinen Sinn für Humor und Ironie. Wäre es nicht so, würden sie etwas Salz in die trübe Suppe streuen, die sie den notgeplagten

Menschen als Politikvorschlag auftischen. Wenn dieser Brief öffentlich gemacht würde, könnte sich die Parteizentrale nicht mehr retten vor Anfragen, ob es denn wahr sein könne, dass der Schreihals mein Werk verehrt.«

Ich faltete den Brief, der Dichter gab mir einen Umschlag, auf dem seine Münchner Adresse vorgedruckt stand, ich schob ihn hinein. Es gab nun kein Zurück mehr, also verabschiedete ich mich und versprach, ihm so bald als möglich Bericht zu erstatten.

Thomas Mann war jetzt sehr ernst, wirkte dunkel und in sich gekehrt. Zum Abschied sagte er: »Ich zähle auf Sie, Müller. Sie versuchen nichts Geringeres, als dem Teufel ein Schnippchen zu schlagen. Wenn diese Groteske misslingt, habe ich ab morgen keine ruhige Minute mehr.«

Ich ging und nahm die Zweifel mit mir. Der Erpresser war kein Einfaltspinsel. Im Gegenteil, er hatte sogar studiert. Und noch etwas machte ihn unberechenbar: Nach dem, was ich wusste, war er nicht nur ideologisch verblendet, sondern vor allem ein enttäuschter Liebhaber des großen Mannes. Er würde dem Brief nur auf den Leim gehen, wenn er sich selbst davon überzeugen könnte, an seine Echtheit zu glauben, weil die Sehnsucht, sich mit Thomas Mann zu versöhnen, größer war als der Wunsch, ihn ans Messer zu liefern.

KAPITEL NEUNZEHN

Verrat

Ich war schon einige Male am Hotel Königin Louise vorbeigekommen, ohne es je betreten zu haben, denn ich hatte es für ein besseres Haus gehalten, in dem Menschen wie ich nichts zu schaffen hatten. Durch die großen Scheiben der verglasten Veranda konnte man zu jeder Tageszeit vornehme Damen mit weißen Hüten ihren Tee trinken und distinguierte Herren ihre Bärte zwirbeln und Zigarre rauchen sehen. Das Haus lag nahe dem Hafen, sodass es erste Wahl für Gäste der ankommenden Ausflugsdampfer war, die weniger bei dem Ersteigen der hohen Düne ins Schwitzen kommen, als sich vielmehr von ihresgleichen sehen lassen wollten. Als ich die Veranda nervös um die vereinbarte Zeit betrat, erwies sich das Königin Louise als weniger vornehm, als ich erwartet hatte. Die Tagesgäste waren mit dem letzten Dampfer abgereist, und übrig blieben die Hotelgäste, davon dem Anschein nach vor allem Familien mit Kindern, von denen die meisten im Aufbruch begriffen waren. Mütter befahlen quengelnde Kinder auf die Zimmer unter Zurücklassung erleichtert wirkender Väter an Tischen, die noch die Spuren wenig ausgeprägter Tischmanieren zeigten.

Nur wenige waren besetzt, sodass ich ihn gleich entdeckte. Er saß allein an einem Tisch in einer schlecht beleuchteten Ecke des Gastraumes, und als ich mich ihm durch die anderen Tische hindurch näherte, leerte er gerade langsam und methodisch ein Bierglas. Als er mich sah, rückte er ein Stück vor und schob das Gesicht in den Lichtkreis der Lampe über der Tischmitte. Und so sah ich ihn zum ersten Mal richtig und ohne Mütze. Der glänzende Keil seines Haaransatzes wurde in der Achse von der scharf gezogenen Nase verlängert, die Augen waren lauernde

Schlitze unter den schmalen, wie mit dem Pinsel gemalten Augenbrauen, die Lippen waren so dünn, dass sich hinter ihnen die Eckzähne abzeichneten, und das Kinn so glatt und weiß und künstlich aussehend, als wäre daraus noch nie ein Haar gesprossen. All dies war schon auf beunruhigende Weise befremdlich, aber die Maske wurde erst vervollständigt durch ein vollkommen unangemessenes Verziehen der Mundwinkel, das ein Lächeln sein sollte, aber wirkte, als habe ein menschenähnliches Wesen die Mimik bis zur Perfektion einstudiert, um als Homunkulus unter den Normalsterblichen keine Aufmerksamkeit zu erregen. Nun, in mir erregte es ein Gefühl des Grauens, das mir die Knie zittern ließ, sodass ich nicht anders konnte, als mich auf den Stuhl ihm gegenüber fallen zu lassen. Und wäre ich nicht im nächsten Augenblick Zeuge einer winzigen und eindeutig menschlichen Reaktion geworden, so hätte mich wohl vollends der Mut verlassen. Er fragte: »Haben Sie ihn dabei?«, und ergriff ein Glas mit Schnaps, den er offenbar zusammen mit dem Bier bestellt hatte. Und als er ihn sich mit einer knappen Kopfbewegung hinter die Binde kippte, wie man so sagt, geschah es: Es schüttelte ihn. Es war unwillkürlich und dauerte nur eine Sekunde. Dabei musste er die Augen zusammenkneifen, und ein paar Härchen lösten sich aus dem bis dahin so fest gefügten Haarhelm. Es wirkte auf mich, als hätte die teuflische Fassade mit einem Mal feine Risse bekommen, und dahinter war ein Mensch. Ein gemeiner Mensch und also ein normaler Mensch. Und ich fasste erstmals Mut.

Auf dem Tisch lag das Faksimile, mit dem alles begonnen hatte, und auf dem Faksimile lag seine gespreizte Hand.

Ich zog den Briefumschlag hervor.

Er rührte sich nicht, schien sogar wie erstarrt zu sein.

»Nehmen Sie den Brief aus dem Umschlag.«

Ich tat wie mir befohlen.

»Entfalten und vor mich hinlegen.«

Wieder gehorchte ich.

Er angelte mit den Fingern der Linken eine Lesebrille aus der Brusttasche des Hemdes, entfaltete sie mit einem Schütteln des Handgelenks, räusperte sich und warf mir einen Blick zu, der wohl eine letzte Warnung enthalten sollte, der aber durch die Gläser der Brille an Bedrohungskraft einbüßte. Daraufhin legte er das Kinn auf die Brust und begann zu lesen. Ich beobachtete abwechselnd sein Mienenspiel und die Hand auf dem begehrten Papier. Er hörte auf zu blinzeln.

Dies war, was er las:

Sehr geehrter Herr Hitler,

ich hoffe, Sie haben durch die schändlich lange Zeit, die ich habe verstreichen lassen, nicht den Eindruck gewonnen, ich würde Ihren freundlichen Brief unbeantwortet lassen. Mit größtem Interesse und mit nicht geringem Stolz habe ich Ihren Wunsch zur Kenntnis genommen, meinen Tod in Venedig zur diesjährigen Weihnachtsgabe für die Mitglieder Ihrer Partei zu erwählen. Ahnte ich doch nicht, dass Sie dies bescheidene Büchlein selbst in so schweren Zeiten, in denen die Rettung des Reiches sicherlich Ihre ganze Kraft erfordert, immer wieder – wie Sie so überaus rührend schreiben – an Ihr bebendes Herz drücken und darin in jeder kostbaren freien Minute, die Ihnen bleibt, Trost und überraschende Eingebung finden. Ich gestehe Ihnen gern meinerseits, dass die Lektüre Ihres Werkes von der ersten Zeile an so starke Gefühle in mir weckte, dass es mir das Wasser in die Augen trieb. Ich gab das Buch einem Bekannten, der es mir ob seiner Faszination für Ihre Botschaft nie mehr zurückbrachte, woraufhin ich die Beziehung zu diesem unzuverlässigen Individuum abbrechen musste. Wie man sich doch in Menschen täuschen kann! In Ihnen hingegen, Herr Hitler, kann sich niemand täuschen. So will ich mich Ihnen gegenüber gleichfalls als verlässlich erweisen und die Idee unterstützen. Ihre zusätzliche Bitte, die Buchgeschenke sämtlich und namentlich zu autographieren, ist jedoch dazu angetan, wie ich bedau-

ernd feststellen musste, meine Kräfte zu übersteigen. Habe ich doch zu meinem Erstaunen erfahren, dass Sie über gut und gerne hunderttausend Mitglieder gebieten. Bevor ich nun also meinen geschätzten Verleger Samuel Fischer mit Ihrer Bitte und meinem Auftrag für einen erheblichen Sonderdruck in freudige Erregung versetze, erlauben Sie mir, Ihnen einen Vorschlag zur Güte zu unterbreiten. Sie nennen mir die geschätzte Zahl derjenigen in der Partei, die Ihrer Meinung nach des Lesens mächtig sind, und ich komme Ihrer Bitte nach, indem ich für diese ausgewählten Mitglieder die Buchgeschenke persönlich signiere. Dies sollte, so nehme ich an, bis zur beginnenden Adventszeit recht gut zu schaffen sein.

Viele Grüße Ihnen und Ihrem lieben Reichspropagandaleiter (dem Sie bitte auch für das freundliche Glückwunschtelegramm zum Nobelpreis noch einmal ausdrücklich von mir danken wollen)

Ihr Thomas Mann

Zu den letzten Zeilen bewegte er die Lippen, sprach die Worte »… Ihrem lieben Reichspropagandaleiter« und »ausdrücklich von mir danken« sogar kopfschüttelnd leise mit, ließ den Brief sinken, legte die Lesebrille darauf, hob den Blick und sah aus, als hätte er zu lange in die Sonne gesehen. Seine Augen waren feucht, darin ein Ausdruck von Verwirrung, und eine Sekunde lang befürchtete ich, er könne in Gelächter ausbrechen. Doch er musste stattdessen schlucken, sich allem Anschein nach sammeln. Dafür sah er wieder auf den Brief, las noch einmal, nicht mit Amüsement, sondern geradezu andächtig.

Ich täuschte mich nicht. Der Teufel war angefasst. Aber noch nicht vollkommen überzeugt, was ich daran erkennen konnte, wie er das schwarze glänzende Haardreieck tief in die Stirn zog.

»Wenn das ein schlechter Scherz sein soll …«

»Aber keineswegs! Ihnen ist doch sicher bekannt, wie belesen der Führer ist.«

»Darüber muss ich mich von Ihnen nicht belehren lassen, Mann. Selbstverständlich ist er das. Aber ausgerechnet der *Tod in Venedig*?«

Er hatte fast angebissen, ich musste nur noch ein wenig seiner Eitelkeit schmeicheln. Was bei harmlosen Menschen wie mir funktionierte, würde auch bei Teufeln wie diesem seine Wirkung nicht verfehlen. »Es muss doch für Sie als Kenner des Werks von Thomas Mann eine tiefe Genugtuung sein, zu erfahren, dass Herr Hitler Ihre Leidenschaft für diesen großen deutschen Dichter teilt.«

In seinem steinharten Gesicht kam etwas in Bewegung, als würden sich unter der straffen Haut seiner Stirn und seines Kiefers tektonische Platten verschieben. Und gerade als ich mich fragte, ob ich mit einer Eruption rechnen musste, löste sich die Spannung, als er den Mund aufmachte, einmal ausatmete und dann sprach: »Ich … also … das ist … Sie sehen mich bewegt, Herr Müller. Dieses Dokument, ein historisches, möchte ich behaupten, in der zwei Genies, zwei deutsche Geistesriesen sich auf Augenhöhe … Mit dieser Menschlichkeit und auch einem gewissen … wie soll ich sagen: Witz, den man Thomas Mann ja gar nicht unbedingt zugetraut hätte, aber hier ist das … die Vereinigung von höchstem Geist, von Willenskraft und Schaffenskraft, zwei Führer, die für die Sache vereint … welches Land, welche Nation hat je zwei solch exorbitante Persönlichkeiten hervorgebracht … Und ich werde zu den Auserwählten für die Signatur gehören, auch das ist gewiss, ich bin ja geradezu als Leseratte verschrien, während andere Parteigenossen … schon richtig, Tat ist Ehre, aber immer nur Knüppel drauf auf den Juden, auf den Kommunisten, da braucht es einen Ausgleich im Schönen, Guten und Wahren, in der Vergeistigung, das macht uns erst zu Deutschen, ich habe nämlich – wie Sie schon ahnten – immer alles von und über Thomas Mann gelesen!« Er winkte dem Kellner: »Ober, hier zweimal Schaumwein, aber nur von Ihrem besten!«

»Wenn Sie mir den Brief jetzt zurückgeben könnten, denn mir ist von Herrn Mann aufgetragen, ihn zur Post …«

»Nichts da. Das Porto können Sie sich sparen. Erlauben Sie mir, mich anheischig zu machen, die sichere Zustellung persönlich zu garantieren. Ein solcher Brief kann nicht von irgendeinem Feld-Wald-und-Wiesen-Briefträger zwischen Wurfsendungen für Miederwaren im Fahrradkorb ausgeliefert werden. Das kommt ü-ber-haupt nicht infrage. Ich selbst, Scharführer Karl Auer, werde dafür sorgen, dass dieses bedeutsame Dokument sicher beim Führer am Prinzregentenplatz in München ankommen wird.«

»Sind das nicht zu viele Umstände?« Mir war nicht entgangen, dass er seinen Namen verraten hatte.

»Es ist mir eine Freude und Ehre. Außerdem erlauben Sie mir, mich bei Ihnen zu entschuldigen. Und selbstverständlich bei Herrn Mann.«

Und was ist mit Dalia, du Widerling?, fragte ich mich im Stillen.

»Ich bin im Eifer der Schlacht – und nichts weniger als eine Schlacht um das Schicksal Deutschlands muss geschlagen und gewonnen werden – über das Ziel hinausgeschossen. Aus Sorge und gutem Grund, wie ich hervorheben möchte, aber dennoch … Ich konnte nicht anders, und ich stehe zu diesem Fehler. Andererseits«, und damit schob er das Faksimile endgültig auf meine Tischseite und hob mit erhabener Geste die Hand davon, sodass ich schnell danach greifen und es einstecken konnte, »wer das liest, kann ja nicht ahnen, dass es sich um Mimikry handelt, um … wie nannten Sie es?«

»Dichterische Freiheit.«

»… um dichterische Freiheit handelt, sicherlich aus dem Zusammenhang gerissen und eine Provokation für den Leser. Natürlich, jetzt verstehe ich, Herr Müller, nur wer die Sprache der Volksverräter kennt, kann sie auch entlarven.«

Der Schaumwein kam, Auer leerte sein Glas, griff nach der

Flasche im beigestellten Kühler und füllte es sogleich wieder mit Schwung, sodass es überschäumte. Ich nippte nur an meinem. Mir war nicht nach Feiern zumute.

Das Bier, der Schnaps, der Brief und nun der Schaumwein schienen ihm nicht im Geringsten die Sinne zu benebeln, doch er war in Wallung, geradezu agitiert. Was ist es, was die romantischen Deutschen sich immer wieder an dem Gefühl der eigenen Ergriffenheit so berauschen lässt?

»Ist Ihnen der Moment bewusst, Herr Müller? Sie und ich werden hier und jetzt, umfangen von finsterster Nacht, getroffen vom ersten Sonnenstrahl des sich vollendenden Geheimen Deutschlands, verstehen Sie, was ich Ihnen sage? Höchste dichterische und politische Kultur, vereint im Sehnen für das große Morgen der deutschen Nation. Trinken wir darauf!«

Er stand von seinem Stuhl auf und wischte dabei den Brief auf den Boden. »Keiner bewegt sich!«, rief er, indem er beide Hände hob. Dann bückte er sich nach dem Brief und hob ihn mit spitzen Fingern auf. »Der ist für den Führer und darf nicht beschmutzt werden. Umschlag!«

Ich reichte ihm den Umschlag.

Er faltete den Brief und schob ihn hinein. »Am besten, den bringe ich gleich in Sicherheit«, sprach er und ging in Richtung Ausgang davon.

Ich atmete auf und sah ihm nach. Das Blut rauschte mir in den Ohren. Ich fragte mich, was passieren würde. Käme er wieder? Deponierte er den Brief an einem geheimen Ort? Und würde er sich in seinem Zustand an diesen Ort später noch erinnern können? Sollte ich auf ihn warten oder die Gelegenheit nutzen, mich aus dem Staub zu machen? Ich hatte, wofür ich gekommen war. Das Spiel war aus. Mann & Müller hatten gewonnen. Doch hatten wir das wirklich?

Ich war noch ganz in Gedanken, als jemand an den Tisch trat und sagte: »Hat er den Brief für voll genommen?«

»Herr Mann, das war nicht geplant. Sie sollten nicht hier sein.«

»Wohl wahr. Es ist längst Schlafenszeit. Zumindest unter normalen Umständen, die ich mir wieder sehr herbeisehne. Doch die Umstände sind alles andere als normal, und ich habe die Spannung nicht mehr ausgehalten. Sagen Sie schon: Hat der Austausch bereits stattgefunden?«

»Ja, aber …«

»Sie haben also das Faksimile?«

Ich nickte und klopfte mir auf die Brust und hielt gleichzeitig Ausschau nach Auer …

»Vortrefflich, Müller! Ich wusste, dass der Plan aufgehen würde.«

… der in diesem Moment um die Ecke kam und von hinten auf den Dichter zutrat, stutzte und sich dann ungläubig näherte.

»Wie ich schon sagte: Keinen Sinn für Ironie, diese Faschisten. Lachhafte Figuren allesamt! Und was für eine herrliche Komödie! Es juckt mich in den Fingern, die Sache zu einem Lustspiel zu verarbeiten …«

»Herr Mann, Sie sollten jetzt besser …«

Auer blieb blinzelnd hinter dem Dichter stehen.

»… ein Lustspiel über einen kleinen Mann mit großen Träumen von der Weltherrschaft, am Tage bläht er die mit Faschingsorden gespickte Hühnerbrust vor seinem zu ausgelassener Gemeinheit aufgepeitschten Volk, in der Nacht weint er sich zu zarter Lyrik in den Schlaf und träumt sich als zahnloses Hauskätzchen hinter Rilkes tausend Stäbe …«

»Sie …«

Der Dichter drehte sich überrascht um. Er war einen halben Kopf größer als Auer und sah auf ihn hinunter wie auf etwas Schleimiges, auf das er um ein Haar getreten wäre.

»Herr Mann!«, rief Auer. Nicht Wut schien seine Gesichtszüge zu verzerren, sondern Schmerz. »Sie Verräter. Sie doppelzüngiger Schreiberling. Sie hochnäsiger, aufgeblasener, heuchlerischer Hochstapler.« Auer sprach diese Worte in dem ungläubigen Ton grenzenloser Enttäuschung.

Der Dichter sah mich an und deutete mit dem Daumen auf seinen Hintermann. »Sie hätten mir sagen sollen, dass der Trottel noch nicht gegangen ist?«

Woraufhin der Teufel jedwede Contenance verlor. »Oh, Sie fühlen sich ja so überlegen, so unantastbar. Aber das treiben wir Ihnen aus, Ihnen und Ihresgleichen, verlassen Sie sich drauf. Wir kriegen euch *alle!* Verräter!« Er raufte sich die Haare, schien um Balance zu ringen.

Alarmiert von dem Geschrei, näherte sich nun der Kellner. In meiner Erinnerung war nur noch ein einziger anderer Gast zu sehen, der sich schleunigst aus dem Staub machte.

»Ich muss Sie bitten, das Lokal zu verlassen«, sagte der Kellner.

»Finger weg, du Lakai!« Und dann wieder drohend an Thomas Mann gerichtet und jede Silbe betonend: »Sie finden das *komisch?* Sich über den *Füh-rer* zu *mo-kie-ren?*« Auer spuckte dem Dichter jede Silbe einzeln ins Gesicht.

»Komisch? Ihre Art und Weise, zu sprechen, ja, sehr sogar«, sagte Thomas Mann. »Darüber hinaus: Nein. Ich halte Sie und Ihren sogenannten Führer und alles, wofür Sie stehen, vielmehr für tragisch.«

»Es wird böse für Sie enden, Mann. Ich sorge dafür, dass Sie ab sofort ganz oben auf der Liste stehen! Keine ruhige Minute sollen Sie mehr haben! Bis wir mit Ihnen fertig sind. Und ich habe Sie verehrt. *Verehrt!*«

Der Kellner hatte Auer am Arm gepackt. »Sie gehen jetzt. Los.«

»Ich habe für meinen Sekt *bezahlt,* und ich trinke ihn *aus!*«

»Hier geht's für Sie lang.« Der Teufel ließ sich überraschend einfach von dem breitschultrigen Kellner abführen, gegen den er noch zu einem fahrigen Schlag ausholte, wobei er ins Straucheln kam und wohl lang hingeschlagen wäre, hätte sein Kontrahent ihn nicht so fest im Griff gehabt. »Keine ruhige Minute, merken Sie sich das!«

Die Tür wurde hinter ihm zugeschlagen und abgeschlossen, und wir hörten Auer draußen noch undeutlich den Mond anschreien. Der Kellner kam kurz darauf mit zwei kleinen Gläschen mit dunkler Flüssigkeit zurück. »Auf den Schreck spendiere ich Ihnen einen Port. Aber dann möchte ich, dass auch Sie gehen, bitte.«

Mir dröhnte die hasserfüllte Stimme noch in den Ohren. Ich glaube sogar, dass meine Hand zitterte, als ich das Glas nahm und dem Dichter zuprostete.

»So spät trinke ich sonst nie Alkohol. Ich fürchte um meine Nachtruhe.«

»Sollte das wirklich alles sein, um das Sie fürchten, nach dem, was gerade passiert ist?«

Thomas Mann wurde sehr ernst. »Natürlich nicht, Müller. Ich habe es gründlich verhauen, nicht wahr?«

Ich nickte. »Mit Pauken und Trompeten.«

Vor der Tür war es ruhig geworden. Auer war anscheinend abgezogen.

»Sherlock Holmes wäre das wohl nicht passiert.«

»Weil Watson ihn davon abgehalten hätte.«

»Das ist überhaupt wahr.«

Ich hätte ihn gegen das Schienbein treten mögen.

»Die Herren?«, sagte der Kellner, und wir tranken aus und standen auf.

»Ich müsste bitte noch einmal austreten«, bat ich.

Der Kellner seufzte und deutete in Richtung des Aborts. »Wenn Sie sich beeilen.«

»Ich werde draußen auf Sie warten«, sagte der Dichter, knöpfte sich das Jackett zu und richtete die Krawatte. »Guten Abend.«

»Guten Abend.«

Ich ging durch den schon abgedunkelten Gastraum in den rückwärtigen Teil des alten Gebäudes. Ein kleines Schild wies mich nach links zum Klosett, und ich lief durch einen langen Gang, der nur vom letzten blauen Licht des vergangenen Tages, das durch eine Reihe hoher Fenster von draußen fiel, schwach erhellt wurde. Am Ende des Ganges betrat ich durch eine Tür einen gekachelten Vorraum mit Waschgelegenheiten. Hier war es noch dunkler.

Und da hörte ich das Geräusch. Es kam von der anderen Seite der weißen Tür mit Sprossenfenstern, auf der »Herren« stand. Ein Knirschen und Krachen, als ob Holz barst, gefolgt von einem Stöhnen. In meinem ohnehin hocherregten Zustand standen mir die Haare zu Berge. Ich griff nach der Klinke und öffnete die Tür nur einen Spaltbreit, und durch die Öffnung bot sich mir ein unvergessliches Bild:

Eine Reihe Wasserklosetts in mit weiß lackierten Brettern abgeteilten Kabinen, deren Türen offen stehen. Über einem der Klosetts ein geborstenes Fenster, aus dem mich ein Luftzug anweht. Und in diesem Fenster ist ein Mann zu erkennen, der hindurchzuklettern versucht, schnaufend und mit den Händen tastend nach Halt suchend, den Oberkörper Stück für Stück über die Fensterbank ins Innere ziehend. Auer hebt den Kopf, sieht mich an und verstärkt seine Anstrengungen. »Damit … hat er … nicht gerechnet. Wer … ist hier der … Trottel?«

Ich trat in die Kabine. Ich kann ehrlich nicht mehr sagen, warum ich das Folgende tat. Ich hätte mich einfach umdrehen können. Nichts hätte sich an der ohnehin durch das ungeplante Auftauchen des Dichters verkorksten Situation noch verschlimmert. Und was, sage ich mir heute, wenn ich gerade wegen dieser Gewissheit eine Gelegenheit erkannte, meine Lage und die des Dichters *verbessern* zu können? Wenn ich also keinem Impuls folgte, sondern mit Vorsatz handelte, weil ich eine letzte Chance ergreifen wollte, doch noch alles zum Guten zu wenden? Und lag da nicht wieder etwas Teuflisches in Auers langsamen, kriechenden Bewegungen, in der unerbittlichen Kaltblütigkeit seines Eindringens? In diese Toilette, aber vor allem in das Leben so vieler Menschen, die mir auf ganz unterschiedliche Weise ans Herz gewachsen waren?

Mit dem Oberkörper war er bereits in der Kabine. Eine Hand stützte er am Rand des Porzellans ab, mit der anderen fuhr er in der Luft herum und bekam die Spülkette zu greifen, gerade als ich ihm in dem Versuch, ihn zurückzudrängen, einen Stoß versetzte. Seine Hand glitt von der Schüssel ab, und er machte eine abrupte Verbeugung, auf die ein fürchterlicher Schlag folgte, als er mit dem Kopf auf den Rand der Kloschüssel schlug und mit einem letzten Aufbäumen an der rasselnden Kette zog, sodass alles mit einem finalen Wasserrauschen endete. Die erschlaffte Hand ließ die Kette los und klatschte auf den Boden. Der Kopf in der Schüssel gab ein letztes leises Glucksen von sich, dann wurde es mucksmäuschenstill auf der Herrentoilette des Hotels Königin Louise.

Und ich? Rührte mich nicht. So lange, bis ich auf der anderen Seite des Fensters vor dem Haus eine Bewegung wahrnahm, den Kopf hob und Thomas Mann dort stehen sah. Seine Zigarette glühte in der Dunkelheit, während er anscheinend fasziniert auf Auers Beine starrte, die wie in schwebender Habtachtstellung waagerecht aus dem Fenster ragten. Er blies den Rauch aus, zog die linke Augenbraue hoch und sagte: »Was ist das. – Was – ist das …«

KAPITEL ZWANZIG

Wahrheit

B in ich ein Mörder? Habe ich in Notwehr gehandelt? Sicher ist, ohne mein Zutun hätte Auer nicht den Tod gefunden. Nachdem das Unglück geschehen war, habe ich nichts unternommen, um Hilfe für den Verunglückten zu holen. Dass der Mann ein Nazi und Teufel war, entschuldigt nichts. Niemand kann wissen, ob er sich nicht eines Tages besonnen und seinen Irrtum erkannt hätte. Sie können mir glauben, dass ich mir in meinem langen Leben alle nur erdenklichen Erklärungen und Entschuldigungen für mein Handeln ausgedacht habe. Stets nur mir selbst gegenüber, denn bis heute wusste niemand sonst über das Bescheid, was in jener Nacht geschah. Und doch. Am Ende kann man die Lügen, die man sich selbst erzählt, nicht ewig glauben. Ich bin verantwortlich für den Tod eines Menschen. Und dass ich dafür nie zur Rechenschaft gezogen wurde, verdanke ich nur dem Schweigen des einzigen Zeugen.

Thomas Mann hat die Leiche gesehen. Zumindest die Beine einer Leiche. Wusste er, dass es Auers Beine waren? Er muss es geahnt haben. Hätte er wissen können, dass Auer tot war? Etwas Lebloseres als diese Beine kann sich kein Mensch vorstellen. War er sich im Klaren darüber, dass Auer durch mein Tun den Tod gefunden hatte? Möglicherweise. Denn wie lange er vor dem Fenster gestanden hatte, weiß ich nicht. Wir haben nie wieder über diese Nacht gesprochen. Es war wie ein stiller Pakt zwischen uns, geschlossen in den Sekunden nach der Tat, als ich nämlich auf die Fensterbank kletterte und aus dem Fenster sprang. Wie in Trance ging ich auf den Dichter zu, dabei darauf achtend, ihm die Sicht auf die Leiche zu versperren, und ich hielt ihm die Abschrift seiner Rede hin, mit der alles begonnen hatte.

»Hier ist sie, Herr Mann. Es ist erledigt. Sie können nach Hause gehen.«

Der Dichter nahm die Blätter entgegen, faltete sie zusammen und schob sie sich in die Tasche. Er offerierte mir stumm eine Zigarette aus seinem Silberetui, die ich mit einem Kopfschütteln ablehnte. Er nickte einmal feierlich, wandte sich ab und verschwand in der Nacht.

Und ich stelle mir vor, wie er gedankenschwer die Düne zu seinem Haus besteigt, der Mond spiegelt sich auf dem Wasser des Haffs, wie er sein stilles Refugium betritt, in dem die Kinder schon schlafen und Katia am Tisch im Wohnzimmer auf ihn wartet. Wie sie ihn fragt, ob alles in Ordnung sei, und er ihr einen Kuss auf die Stirn gibt und ihr versichert, ja, jetzt sei alles wieder in bester Ordnung. Wie er die Treppe hinaufgeht und sich aber nicht nach rechts zu seinem Schlafzimmer wendet, sondern nach links geht, die Tür zu seinem Arbeitszimmer hinter sich schließt, einen kleinen Schlüssel aus seiner Jackentasche nimmt, eine Schublade öffnet, ihr sein Tagebuch entnimmt, nach seinem bereitliegenden Füllfederhalter greift und zu schreiben beginnt:

»Leidlich geschlafen, zeitig auf und warm gedoucht, Spaziergang im Sommeranzug ...«

Oder schreibt er: »Erschüttert und überreizt. Man soll den Tag nicht vor dem Abend loben ...«

Und während der Dichter vielleicht oder vielleicht auch nicht die dramatischen Ereignisse für sich, aber niemals für die Nachwelt, festhielt, reihte ich weiterhin Dummheit an Dummheit.

Zunächst war ich wieder an den Beinen vorbei durch das Fenster in die Toilette eingestiegen, weil ich mich vergewissern wollte, ob Auer den Hitler-Brief noch bei sich hatte. Sein Körper lag aber so ungünstig mit Bauch und Brust gegen die Fensterbrettkante und Wand gedrückt, dass mir – um an seine Innentasche zu gelangen – nichts Besseres einfiel, als die Leiche auf die Seite zu drehen. Dies war gleich aus mehreren Gründen ebenso schwachsinnig wie folgenreich: Erstens war mir in diesem Augenblick fatalerweise entfallen, dass Auer selbst davon gesprochen hatte, den Brief »in Sicherheit« bringen zu wollen. Ich hätte mich also nicht wundern dürfen, dass die Innentaschen leer waren, nachdem ich ihn mit schier übermenschlichem Kraftaufwand auf die Seite gedreht hatte. Was aber durch die besondere Position seines Körpers mit der Hüfte als Scheitelpunkt und Schwerpunkt zugleich dazu führte, dass die ganze tote Bagage ins Rutschen kam und wie eine Sturzgeburt erst langsam, dann unaufhaltsam und am Ende mit Schwung aus dem Fenster herausrutschte und auf die Wiese vor dem Haus aufschlug. Panisch kletterte ich den gleichen Weg wieder zurück, musste allerdings stocksteif auf dem Fensterbrett verharren, weil ich draußen auf der Straße eine lustig schwatzende Gruppe von Kurgästen vorbeigehen hörte, während ich ein Stoßgebet zu irgendeinem Gott sandte, der hoffentlich Mördern gnädiger war als Nazis. Und dabei stieg die Angst in mir hoch, ich könnte bei all dem Hin und Her verräterische Fußabdrücke hinterlassen haben, die in der Dunkelheit für mich nicht zu erkennen waren. Und nachdem ich schwer atmend mit einem Sprung neben der Leiche gelandet war, dämmerte mir langsam, was ich mir alles hätte ersparen können, wenn ich nur für einen ruhigen Augenblick mein Hirn angestrengt und den Toten in seiner ursprünglichen Lage belassen hätte. Dann nämlich hätte niemand daran gezweifelt, dass Auer bei einem bizarren Einbruchsversuch tragisch ums Leben gekommen wäre. Aber so wie es jetzt stand und wie ich die Dinge hingerichtet hatte, musste ich mich erstmals in meinem Leben mit der Aufgabe befassen, ein Verbrechen zu verschleiern und eine Leiche zu beseitigen.

Doch nicht alle Umstände hatten sich gegen mich verschworen, denn zu meinem Glück stand das Königin Louise nur wenige Meter entfernt vom Rand des sogenannten Urbo-Bergs, einer Wanderdüne, die dem Dorf fünfzig Jahre zuvor bedrohlich nahe gekommen war, ehe ein findiger Mann die Idee hatte, die Sandwalze aufzuhalten, indem man Bäume darauf pflanzte. Ich packte den toten Auer an den Füßen und schleifte ihn mit Mühe und Not die zehn Meter bis zum Fuß der Düne, schob mit dem Rücken das Gestrüpp auseinander und zog und zerrte so lange an der Leiche herum, bis sie halbwegs verdeckt quer im Sand lag. Dann schaufelte ich mit den Händen so lange Sand darüber, bis ich erschöpft zu Boden sank und erstmals, seit das große Malheur seinen Anfang genommen hatte, zu Atem kam und meine Gedanken sortieren konnte.

Ich steckte in den größten anzunehmenden Schwierigkeiten, und ich schäme mich nicht, zuzugeben, dass ich mich – beschmutzt, verzweifelt und schuldig, wie ich mich fühlte – für einige Minuten gehen ließ und wohl aus schierem Selbstmitleid mein Schicksal beweinte. Bis zwei Füchse über die Wiese zwischen Düne und Hotel huschten, stehen blieben und neugierig zu mir herübersahen, was ich als nur zu deutliche Erinnerung daran verstand, dass die Leiche keinesfalls auf Dauer hier bleiben konnte. Und ich hatte keine Zeit zu verlieren, denn wenn Wildtiere den toten Körper erst einmal gewittert hatten, würden sie ihn innert kürzester Zeit freilegen. Allein, das war mir schnell klar, war die Beseitigung nicht zu bewerkstelligen. Und ebenso schnell wurde mir klar, dass ich von den wenigen Menschen, die ich in Nidden kannte, besonders zwei Menschen aus der Angelegenheit unter allen Umständen heraushalten musste: Dalia und den Dichter. Und damit war die Auswahl derjenigen, die ich einweihen und um Hilfe bitte konnte, auf die kleinstmögliche Anzahl zusammengeschrumpft, denn übrig blieben Frau Bryl und Ludwik.

Doch bevor ich Hilfe holen konnte, so sagte es mir mein primitives Verbrecherhirn, musste ich unauffällig meine Spuren verwischen. Also schlich ich über die Wiese zurück zum Fenster und beugte mich hinein, so weit ich es vermochte. An der Kabinenwand hing an einem Bindfaden gelochtes Zeitungspapier, von dem ich ein Blatt zu fassen bekam und abriss. Ich wischte erst über die Fensterbank und streckte mich dann so weit, dass ich das Klosett erreichen konnte. Es war zu dunkel, um festzustellen, welchen Erfolg meine Bemühungen eigentlich hatten, aber allein das Gefühl, die gröbsten Hinterlassenschaften meiner Torheit zumindest im Ansatz getilgt zu haben, beruhigte meine Nerven. Weil ich mich nicht traute, die Spülung zu benutzen, nahm ich das Papier mit und begann meinen Aufstieg auf den Urbo-Berg. Bei meiner ersten Verschnaufpause trat ich ein Loch in den Sand und vergrub das zerknüllte Beweisstück.

Tief in der Nacht – das Gefühl für Zeit hatte ich längst verloren – erreichte ich die Pension. Blind war ich den Dünenkamm immer weiter hinaufgestiegen und hatte mich dabei nur an dem Lichtstrahl orientiert, der alle vier Sekunden über den Himmel wischte. Auf die Art erreichte ich den Leuchtturm, von dem aus der Weg zum Strand führte. Meine Gefühle waren in hellem Aufruhr, doch meine Gedanken waren wie gelähmt.

Die Haustür war wie erwartet verschlossen. Weil ich nicht das ganze Haus wecken wollte, lief ich zu Frau Bryls Schlafzimmerfenster. Ihr Schnarchen war sogar durch die Scheibe zu hören. Ich klopfte dreimal, machte eine Pause, klopfte erneut. Das Schnarchen erstarb. Kurz darauf wurde der Vorhang zurückgezogen, und das Gesicht der Wirtin tauchte auf. Ich bilde mir ein, dass sie nicht einmal überrascht wirkte. Als würde alles einem vorgefassten Plan folgen, machte sie Zeichen, ich solle zurück zur Haustür gehen. Sie ließ mich ein und wies mir stumm den Weg zur Küche. Ludwik hob den Kopf von seiner Schlafdecke, als sie leise die Tür hinter uns schloss und eine Lampe anzündete.

»Was ist passiert? Und wie sehen Sie denn aus? Bringen mir den ganzen Unrat ins Haus!«

»Sie können Dalia sagen, dass sie nichts mehr zu befürchten hat.«

»*Mon Dieu,* Herr Miuleris! Ihr Anblick ist besorgniserregend! Der Teufel hat sie wohl ordentlich in der Mangel gehabt?« Sie brachte eine Flasche an den Tisch, an dem ich mich auf einen Stuhl hatte sinken lassen. »Cognac wird Ihnen guttun. Nehmen Sie einen Schluck. Und dann erzählen Sie.«

Ich erzählte ihr nur fast die ganze Wahrheit, denn mit keinem Wort erwähnte ich, dass der Dichter am Ende des dramatischen Abends auch noch Zeuge von Auers Ableben geworden war.

Sie schlug die Hände vor den Mund. »Was für ein Malheur! Sie haben doch nicht nachgeholfen?«

»Sie haben ja eine schöne Meinung von mir«, wehrte ich mich schwach. »Nein, direkt nachgeholfen habe ich nicht. Aber getötet habe ich ihn wohl trotzdem, weil ich nichts unternommen habe.«

»Ich verbiete Ihnen, sich selbst über diese Sache zu zerfleischen. So wie Sie die Vorgänge schildern, war es das Zusammentreffen der ungünstigsten Umstände, die zu dem Verhängnis geführt haben. Und an diesen Umständen trägt der Teufel selbst die größte Schuld.«

»Damit mögen Sie richtigliegen, doch an der Tilgung der Restschuld werde ich noch lange zu knapsen haben.«

»Die Leiche kann dort jedenfalls nicht liegen bleiben. Noch heute Nacht muss sie verschwinden.«

»Ich schaffe das nicht allein, und ich wüsste auch gar nicht, wohin ich sie bringen sollte, sodass man sie nicht findet. Ist es klug, sie im Wald zu vergraben?« Es schüttelte mich bei dem Gedanken.

»Nein, das ist zu unsicher. Sie würde von Tieren ausgegraben, Kurgäste könnten sie beim Spazierengehen finden, oder einer der Düneninspektoren, die regelmäßig ihre Runden machen, könnte darüber stolpern.«

»Aber was soll ich denn bloß mit dem Toten tun? Ihn im Haff

versenken mit einem Gewicht an den Füßen? Ich kann ja schlecht den Fischer Pinkis bitten, die Leiche und mich mit seinem Kahn hinauszufahren?«

»Das Haff ist ohnehin keine gute Idee«, beschied Frau Bryl, »die Leiche würde wieder an Land gespült oder geriete in ein Fischernetz.« Sie stand auf und lief barfuß und im Nachthemd nachdenklich in der Küche auf und ab. »Können Sie sicher sein, dass niemand Sie zusammen mit der Leiche gesehen hat?«

Ich dachte an Thomas Mann, sagte aber: »Ganz sicher.«

»Dann warten Sie hier, ich bin gleich zurück.«

Frau Bryl, die gute Frau Bryl, Gott hab sie selig. Sie hatte sich schnell von dem Choc erholt und zögerte keinen Moment, mir mit Rat und mit Tat zur Seite zu stehen. Ich muss oft an sie denken und verfluche dann jedes Mal mein photographisches Gedächtnis, weil es mir nur das Bild ihrer bedrohlich vor dem Bett aufragenden Gestalt bietet, ich mich aber kaum an ihr Gesicht erinnern kann, das ich mir streng und gütig zugleich vorstelle. Sie kehrte vollständig angezogen in die Küche zurück und übernahm das Kommando. »Brechen wir auf. Es gilt, keine Zeit zu verlieren.«

»Nehmen wir Ludwik mit?«

»Als stummen Zeugen? Damit er uns später zeigen kann, wo die Leiche liegt, falls wir es vergessen haben sollten? Sie haben merkwürdige Vorstellungen.«

Als wir auf dem Weg nach draußen waren, öffnete sich eine Zimmertür, und eine Stimme fragte verschlafen durch den Schlitz: »Was ist denn da draußen los?«

»Es ist alles in Ordnung, Frau Kemmrich, gehen Sie wieder ins Bett. Und machen Sie bitte Ihre Fensterläden richtig zu, das Klappern stört die anderen Gäste.«

Zurück im Wald und mit nichts im Bauch, aber voller ängstlicher Gedanken im Kopf, war ich in einem Zustand der Erregung angelangt, dass nicht viel gefehlt hätte, und ich hätte wie ein Kind nach der Hand meiner mütterlichen Pensionswirtin gegriffen, die mich entschlossen und immer einen Schritt voraus durchs Dunkel lotste.

»Was machen wir denn nun«, fragte ich atemlos, »mit der Leiche?«

»Wir *werden* sie vergraben, aber an einem sicheren Ort.«

»Und wo befindet sich dieser Ort?«

»Parnidis«, sagte sie.

»So heißt die Große Düne.«

»Das stimmt, aber wissen Sie auch, was der Name bedeutet?«

Darüber hatte ich mir nie Gedanken gemacht, auch wenn ihre Erklärung nahelag.

»Der Name bedeutet: über Nidden hinweg. Die Große Düne hat den Ort Nidden über die Jahrhunderte drei Mal vollständig begraben, bevor die Menschen weiter nördlich am jetzigen Ort siedelten. Sie ist noch immer in Bewegung und wandert Jahr für Jahr weiter gen Osten. Es heißt, was die Düne verschlungen hat, wird kein Mensch je wiedersehen.«

»Und wie schaffen wir die Leiche zu der Düne?«

»Mit der Hilfe eines Verbündeten.«

»Wir haben Verbündete?«, fragte ich alarmiert. »Sie wollen doch hoffentlich nicht den Dichter bitten?«

»Um Himmels willen«, sagte sie nur, und den Rest des Weges nach Purwin schwiegen wir.

Frau Bryl brauchte nicht lange, dann traten sie und der Fischer Pinkis aus dem Haus. Er öffnete wortlos den Schuppen, spannte das Pferd vor den Wagen und führte das Gespann heraus. Frau Bryl und ich kletterten auf den Wagen. Ich ließ mich rücklings auf die Bretter der Ladefläche fallen und wäre umstandslos eingeschlafen, wenn meine Komplizin mir keinen Stoß versetzt hätte.

»Sie müssen Pinkis sagen, wohin er fahren soll.«

»Hotel Königin Louise.«

Der Fischer schnalzte nicht einmal mit der Zunge, er mur-

melte vielmehr seinem Pferd etwas zu, woraufhin es sich gemächlich im Schritttempo am spiegelglatten Haff entlang in Bewegung setzte, an dessen Ufer sein Kahn darauf wartete, im
Morgengrauen hinausgefahren zu werden.

Ich erinnere mich an Gefühle von Erleichterung und Dankbarkeit für die Hilfe des Fischers. Wie hatte sie ihn zur Mittäter-
schaft überredet? Sicher hatte Pinkis keinen Grund, es mir zu-
liebe zu tun. Möglicherweise liegt die Erklärung in dem Wort,
das er mir gegenüber geäußert hatte: *šlykštynė*. Dalia war das
Opfer dieser »Sauerei« geworden, die der Fischer nicht hinzu-
nehmen bereit war. Deshalb hatten er und seine Frau ihr in
höchster Not geholfen. Vielleicht dachte er an sein »Puppke«,
das in wenigen Jahren Dalias Alter erreicht haben würde. Mir
kam er wie ein Mann vor, der Vernunft und Anstand des Dichters paarte mit diesem gewissen knochigen Pragmatismus, den
man dem Menschenschlag auf der Kurischen Nehrung nachsag-
te. Wem wäre geholfen, wenn der Tod des Auer seine Opfer in
noch größere Schwierigkeiten brachte? Wie hatte Pinkis dem
Dichter gegenüber doch gleich argumentiert? Man kann sich
seine Fahrgäste nicht aussuchen. Nun, ich konnte von Glück für
mich sagen, dass das anscheinend auch für verblichene Fahrgäste galt.

Pinkis wirkte auf dem Kutschbock vor mir so, als wäre er
schlafend zusammengesackt, doch er hielt die Zügel fest in der
Hand. Frau Bryl hatte die Augen geschlossen und schien zu be-
ten. Vielleicht können sich jüngere Leser – und damit meine ich
alle unter achtzig – kaum vorstellen, wie schwarz eine Nacht an
einem Ort sein kann, der kaum künstliche Beleuchtung auf-
weist. Gerade in dem Jahr, in dem sich das hier Geschilderte
ereignete, wurde im Dorf zwar das erste kleine Elektrizitätswerk
gebaut, angeschlossen waren jedoch zunächst nur sehr wenige
Gebäude. Neben dem neuen Haus des Nobelpreisträgers und
des Photographen Isenfels war Blode einer der Ersten, der Strom
in der Küche hatte, seine Gaststätte und die Veranda jedoch

nach wie vor – und vielleicht aus nostalgischen Gründen – mit Petroleumlampen beleuchtete. In den Häusern von Fischern wie Pinkis brannten noch viele Jahre danach Paraffinlampen. Über den Himmel hatte sich eine dünne Wolkendecke geschoben, sodass die Sterne nicht zu sehen waren. Einzig eine Art fahles Hintergrundleuchten sorgte dafür, dass ich überhaupt sehen konnte, wohin wir fuhren. Schemenhaft konnte ich das Haus des Dichters auf dem Schwiegermutterberg zu meiner Rechten erkennen. Dann ging es über den unbefestigten Skrusdiner Weg vorbei an einem halben Dutzend Fischerhäuser, bevor wir auf die Dorfstraße kamen und kurz darauf Blodes Gasthaus passierten.

Im Umkreis von fünfzig Metern hatte das Hotel Königin Louise keinen Nachbarn, und Pinkis stoppte das Fuhrwerk mit einigem Abstand dahinter. Ohne Worte folgten die beiden mir zu der Stelle, an der ich Auers Leiche notdürftig verscharrt hatte. Ich sah mit Schrecken, dass ein Arm schon freigelegt worden war. Im Sand kniend gruben wir die Leiche mit bloßen Händen aus, und als dies geschafft war, verständigten wir uns mit Gesten, wer an welchem Ende anpacken sollte, um den Körper zum Fuhrwerk zu schaffen. Ich war froh, dass Pinkis das Kopfende übernahm und dem Toten mit seinen starken Händen unter die Achseln griff, während Frau Bryl und ich je einen Fuß packten. Sie war so stark wie ein Mann oder, richtiger, stärker als ich, denn während mir das Bein immer wieder zu entgleiten drohte, hatte sie anscheinend keine Mühe damit. Die ganze grausige Arbeit ging fast lautlos vonstatten. Am Ende breitete Pinkis ein Segeltuch über die Leiche auf der Ladefläche.

Nach der Leichenbergung übernahm Frau Bryl das Kommando. Sie flüsterte Pinkis etwas ins Ohr, der daraufhin das Fuhrwerk zurück auf die Dorfstraße lenkte und nach Süden fuhr. Offenbar gab es keinen anderen Weg zu unserem Ziel als mitten durch das Dorf. Wie kann ich den Schrecken und die Anspannung beschreiben, die mich fest gepackt hatten, als ich neben dem Toten auf dem Wagen saß und die einzigen Geräusche, die zu hören waren – das Knirschen des Lederzeugs und das Klappern der Räder –, mir so laut und alarmierend vorkamen, als würde ein Löschzug bimmelnd zwischen den Häusern zum Brandort rasen. Zu allem Überfluss kam uns noch ein Mann auf der ansonsten vollkommen leeren nächtlichen Straße entgegen, was mich in solch eine Angst versetzte, dass ich die neben mir sitzende Frau Bryl recht grob am Arm packte und sie zwang, sich mit mir flach hinzulegen. Auf dem Rücken liegend sah ich Pinkis im Vorbeifahren gelassen den Arm zum Gruß heben.

Ich wagte erst, mich wieder aufzurichten, als wir das Dorf hinter uns gelassen hatten. Ein paar Hundert Meter hinter dem Hafen endete die Straße, und wir fuhren direkt am Ufer des Haffs auf einer Art Piste.

»Weiter in Richtung Radzinhaken«, flüsterte Frau Bryl zu Pinkis.

Dann riss die Wolkendecke auf, und ein Fenster öffnete sich für unendlich viele Sterne, die ihr fahles Licht auf das Weiß der Großen Düne Parnidis warfen, die wie eine Fata Morgana vor uns lag. Wir mussten noch eine sumpfige Bucht durchqueren, und vorübergehend hatte das Pferd Mühe, die einsinkenden Räder mit schmatzenden Schritten weiterzuziehen. Doch dann wurde der Grund fester, und wenige Minuten später stießen wir an die gewaltig vor uns aufragende Sandwand. Sie schien geradewegs aus dem Boden zu wachsen, so scharf war ihre Kante.

»Hier?«, fragte ich.

»Hier«, sagte Frau Bryl.

Und wir machten uns ans schaurige Werk.

Was die Große Düne verschlungen hat, gibt sie nie wieder her, hatte Frau Bryl gesagt. Doch in diesen Zeiten ist nicht einmal die Ewigkeit noch das, was sie einmal war. Und als meine nette Nachbarin, deren Name mir gerade wieder entfallen ist, mir neulich mein Essen brachte, erzählte sie von einem Artikel in der Zeitung. So viele Touristen würden jährlich über die Parnidis-Düne wandern, dass der Sand ins Rutschen gerate und sie schon einige Meter an Höhe verloren habe. Seither male ich mir Szenen aus, in denen Wanderer über einen Arm stolpern oder – schlimmer – Kinder beim Buddeln im Sand auf einen Fuß stoßen. Sand konserviert, weshalb sich die Leiche des Auer kaum würde verändert haben. Es ist nicht so, als würde ich nach so vielen Jahren noch ernsthaft befürchten, für meine Tat zur Rechenschaft gezogen zu werden. Jedenfalls nicht von irgendeiner Justiz. Doch was, wenn mit der zufälligen Befreiung der Leiche aus dem ewigen Sand auch sein Geist befreit wird und mich heimsucht?

KAPITEL EINUNDZWANZIG

Freundschaft

Ich erwachte gegen Mittag des nächsten Tages, und als aus dem wirren Traum die Gewissheit der Erinnerung an die vergangene Nacht aufgestiegen war, krümmte ich mich unter der Decke zusammen und blieb da, wo ich war. Ich hätte mein Zimmer ohnehin nicht verlassen können, weil meine Kleider nirgendwo zu sehen waren. Daran, dass Frau Bryl mich noch in der Nacht bis auf die Wäsche ausgezogen hatte, um meine Kleidung zu waschen, fehlte mir jegliche Erinnerung.

Zwei Tage harrte ich in meinem Zimmer aus und verließ es nur, wenn ich mich erleichtern musste. Dabei vermied ich es, anderen Gästen zu begegnen. Niemand sollte mein Gesicht sehen, denn ich war überzeugt, dass darauf die Schlagzeile meines Gewissens unübersehbar geschrieben stand:»Schuldig!« Gleichzeitig wusste ich, dass ich der Strafe nicht würde entgehen können. Ich malte mir aus, wie die Tür gewaltsam von Polizisten aufgebrochen wurde, ein Kommissar, der in meiner Vorstellung eine Pfeife im Mund hatte und einen Deerstalker trug, einen mitgebrachten Gipsabdruck an meine Schuhsohle hielt und sagte:»Genau wie ich vermutet habe. So endet Ihre Flucht, Müller.«

Gab es noch das hochnotpeinliche Verhör? Würde ich standhalten? Würde der Dichter zur Aussage gezwungen und Frau Bryl und Pinkis mit mir auf der Anklagebank sitzen? Und wenn keine irdischen Mächte mich straften, dann würde Gott sich etwas für mich einfallen lassen.

Doch zwei Tage lang geschah nichts. Frau Bryl hielt mich auf dem Laufenden, wenn sie mir Essen und frisches Wasser brachte. Sie sagte, sie habe Dalia versichert, dass der Erpresser nicht wiederkommen würde, sei jedoch Nachfragen ausgewichen.

Daraufhin habe Dalia ihr Versteck verlassen. Auch habe sie wissen wollen, wie es mir geht. Das Fenster zum Herren-WC des Hotels Königin Louise, das wohl der Wind eingedrückt haben musste, sei schon am Mittwoch repariert worden.

Doch was, werden Sie sich zu Recht fragen – und ich stellte mir genau dieselbe bohrende Frage –, war mit dem Hitler-Brief geschehen? Am Donnerstag schließlich, zwei Tage nach dem »Mord«, tauchten zwei junge Deutsche in Begleitung des Dorfpolizisten im Hotel Königin Louise auf. Die beiden sagten, sie gehörten zu einer in Pillkoppen stationierten Jugendgruppe, die sich Sorgen um ihren Scharführer machte. Ob man etwas über den Verbleib eines gewissen Karl Auer wisse. Einer der beiden erklärte, er habe Auer zuletzt am Dienstagabend gesehen, als er vor dem Hotel einen Kurierauftrag von ihm entgegengenommen habe.

Da haben Sie's. Ich habe mir seither gern vorgestellt, wie dieser mit satirischen Widerhaken gespickte Brief auf verschlungenen Pfaden seinen Adressaten erreicht. Wie dieser ihn beim Frühstück in seiner großzügigen Wohnung am Münchner Prinzregentenplatz von einem Sekretär in gestärkter Uniform auf einem kleinen Silbertablett mit einem entschuldigenden Räuspern überreicht bekommt, wie Hitler den Brief öffnet, liest und … einen Tobsuchtsanfall bekommt? Sich auf der Stelle mit Goebbels verbinden lässt? Sich fragt, welcher Idiot aus seinem Stab die Idee mit der Weihnachtsgabe hatte? Oder in seiner umfangreichen Bibliothek nach dem *Tod in Venedig* sucht und darin zu lesen beginnt? Es ist immerhin schwer vorstellbar, dass sich unter den geschätzt sechzehntausend Bänden kein Werk von Thomas Mann befunden haben sollte. Wenn ja, dann hat es der Welt nichts genützt. Der Dichter hat in jedem Falle recht behalten: Der Brief wurde nie veröffentlicht. Er ist verschollen. Eine Bestellung über hunderttausend Sonderexemplare des *Tod in Venedig* für die NSDAP ist meines Wissens niemals beim S. Fischer Verlag eingegangen.

Der Kellner des Königin Louise gab dem Polizisten dasselbe zu Protokoll, was er später am selben Tag bereitwillig auch Frau Bryl erzählte, die es wiederum mir berichtete: Er könne sich der Beschreibung nach sehr gut an diesen Herrn Auer erinnern, den er mit Nachdruck habe zu später Stunde hinauskomplimentieren müssen, weil er sich ungebührlich aufgeführt habe. Ohne Zweifel habe er diesen Auer sich vom Hotel entfernen gesehen, und das sei das Letzte, was er über den Mann sagen könne. Der Kellner äußerte zudem den Verdacht, Auer könne – so alkoholisiert, wie er gewesen war – auf dem nächtlichen Rückweg über die Grenze möglicherweise ins Haff gefallen sein. Er könne sich auch im Tal des Schweigens verirrt haben, ob man da denn schon gesucht habe. Und nur Frau Bryl gegenüber räumte er ein, gar nicht daran gedacht zu haben, den großen Dichter in diese Angelegenheit mit hineinzuziehen. Schließlich habe der unter dem schlechten Benehmen des verschwundenen Auer besonders zu leiden gehabt. Mich hatte er anscheinend übersehen oder vergessen.

Das Auftauchen der beiden Jungen und der Polizei hatte bei mir zunächst alle Alarmglocken schrillen lassen. Andererseits schien mit der Aussage des Kellners die ganze furchtbare Angelegenheit tatsächlich im Sande zu verlaufen. Einen Tag lang hielt ich noch still, und als ich am Freitag immer noch nicht verhaftet worden war, begann ich, Hoffnung zu schöpfen.

Mittags klopfte es an meine Tür.

»Herr Miuleris? Sind Sie wach? Sie haben wieder nichts gegessen.«

»Kommen Sie doch herein, Frau Bryl. Sie haben bisher nie angeklopft, an meinem letzten Tag müssen Sie damit auch nicht mehr anfangen.«

Sie steckte den Kopf ins Zimmer und sagte: »Sie haben Besuch.«

Ludwik drückte sich an seinem Frauchen vorbei und kam an mein Bett. Ich freute mich und kraulte ihm den Kopf. Aber er

war gar nicht von Frau Bryl gemeint gewesen, wie ich Sekunden
später feststellen sollte, denn der Dichter höchstpersönlich erschien in der Tür.

»Er hatte nach einem Müller gefragt«, sagte Frau Bryl aufgeregt, »und da wusste ich erst gar nicht, wen der Herr Nobelpreisträger meinen könnte, aber dann habe ich geschaltet. Man hat
einfach zu viele Dinge im Kopf.« Sie lachte.

In seinem strahlend weißen Anzug mit der dunklen Krawatte
sah er wie ein Pfarrer aus, der gekommen war, um dem Bettlä-
gerigen die Letzte Ölung zu geben. Ich setzte mich schnell auf
und zog mir die Decke bis unter das Kinn.

»Er fühlt sich ein wenig malad«, sagte Frau Bryl, »sonst hätte
ich ihn niemals so lange schlafen lassen.«

»Misslich«, sagte der Dichter, »wären Sie trotzdem imstande,
einen kleinen Strandgang mit mir zu unternehmen?«

»Herr Mann hat ganz recht, Sie müssen sich aufraffen, denn
wenn Sie den ganzen Tag halb wach vor sich hin dösen, finden
Sie nachts keinen Schlaf mehr. Und Sie müssen doch fit für die
Reise sein. Wobei Sie gern noch einige Tage bleiben können,
wenn Sie mehr Zeit zur Erholung brauchen.«

»Das ist sehr freundlich, Frau Bryl, aber ich kann es mir nicht
leisten. Wo sind meine Kleider?«

»Hemd und Hose hängen gewaschen an der Leine, denn sie
hatten es dringend nötig. Sie sollten mittlerweile trocken sein.
Soll ich sie holen?«

Thomas Mann antwortete an meiner Stelle. »Tun Sie das. Ich
wollte ohnehin mit Herrn Müller unter vier Augen sprechen.«

Frau Bryl brauchte einen Augenblick, um den Wink zu verstehen, dann zog sie mit Schmollmund ab.

Der Dichter hatte sich den einzigen Stuhl ans Bett gezogen.
»Darf ich in Ihrem Zimmer rauchen?«

»Mir wäre es gleich, aber meine Wirtin hat es im ganzen Haus
verboten.«

»Und ihren Unwillen wollen wir uns lieber nicht zuziehen«,

sagte der Dichter und ließ Etui und Feuerzeug wieder verschwinden. Dann sah er mich mitfühlend an. »Haben Sie schlafen können?«

»Lange nicht, dann unruhig. Und Sie?«

»Mit Nachhilfe, aber nicht ausdauernd. Dalia ist seit heute wieder da und hat den Lunch bereitet. Die Kinder freuen sich.«

»Das ist schön.«

»Wissen Sie etwas über den Verbleib des Briefes?«

»Er wurde anscheinend spediert. Wie lange braucht ein Brief nach München? Drei Tage?«

Der Dichter pfiff durch die Zähne. »Nun, man wird sehen. Im Übrigen habe ich gestern Mittag am Hafen den Pfaffenkogel das Dampfschiff nach Crantz besteigen sehen.«

»Der wird sich gut überlegen, ob er noch einmal nach Nidden kommt.«

»Eine höchst irreguläre Persönlichkeit.«

Ich lächelte. Es würde mir gleich vergehen.

Denn mit einem Mal tat der Dichter einen tiefen Seufzer und zog zwei schmale Bücher aus einem mitgebrachten Beutel. Er hielt sie mir hin.

Ich starrte auf die Bände. »Was ist das?«

»Eine höchst bedauerliche Sache, die mir entfallen war. Diese Belegexemplare erreichten mich heute mit der Post.«

»Belege? Wofür?«

»Eine Art verspätetes Willkommensgeschenk Ihres Landes.«

Meine Finger zitterten, als ich die Bücher entgegennahm. Das war sie also, meine Strafe.

Die *Buddenbrooks* waren bereits ins Litauische übersetzt.

Ich schlug das Buch auf und las die erste Zeile. »– *Kas tai yra? Kas ... tai yra ...*«

Ich hatte ebenfalls an die Möglichkeit der Verstärkung der Aussage durch das *yra* gedacht, mich aber in meiner Übersetzung dagegen entschieden, weil dadurch meines Erachtens der lakonische Ton des Originals verloren ging. Denn es ist ja im

Grunde eine komische Szene, mit der der Roman eröffnet, was gleich nach diesem Anfangssatz klar wird, als die Konsulin, halb im Dialekt, halb auf Französisch der kleinen Antonie … Ach, was tat ich da? Es spielte ja doch keine Rolle mehr.

»Wie gesagt, höchst bedauerlich.«

Ich glaubte schon damals nicht, dass ihm die Vergabe der Übersetzung schlicht entfallen war. Vielleicht stimmte das für den Moment unserer ersten Begegnung am Strand. Doch kaum für all die Tage, die wir danach miteinander verbracht hatten. Zumal der Dichter ein Mann war, der sich für die finanziellen Aspekte der Schriftstellerei sehr interessierte, sich von seinem Verleger jedes Angebot aus dem Ausland haarklein erklären ließ und Entscheidungen darüber selbst traf. Ich denke, er hat es mir nicht gesagt, weil er mir keinen Grund zur Abreise geben wollte. Denn er wollte wohl meine Gesellschaft nicht missen. Und spätestens nach Beginn der Krisis um die Blätter *konnte* er auch nicht mehr auf mich verzichten. So musste es gewesen sein, und der Gedanke versöhnte mich beinahe mit der Existenz der *Buddenbrooks*-Übersetzung.

Ich blätterte nacheinander durch die beiden Bände, überschlug die Seitenzahl, und wurde misstrauisch. Als ich das Inhaltsverzeichnis näher untersuchte, war ich mir sicher. »Aber Herr Mann, die Übersetzung ist ja gekürzt!«

»Was sagen Sie da? Gekürzt? Sind Sie sicher?«

»Ganz sicher sogar. Es fehlen drei Kapitel.«

»Ein grobes Versäumnis«, sagte er sichtlich verärgert. »Wie ist denn das möglich? Ich werde gleich meinem Verleger telegraphieren.«

»Ich denke, der Übersetzer hat sie aus Zeitnot einfach weggelassen. Er wollte bis zu Ihrem Einzug fertig sein«, sagte ich noch niedergeschlagener als zuvor. »Was müssen Sie jetzt von meiner Heimat denken? Ich wollte doch, dass Sie stolz sind auf die erste litauische Übersetzung.«

Frau Bryl klopfte höflich an, bevor sie eintrat. »So, Herr Miuleris«, sagte sie, »hier sind Ihre Sachen. Frisch gewaschen und auch schon trocken. Bis auf die Jacke. Aber die brauchen Sie ja gar nicht bei dem warmen Wetter. Und gegen den Wind kann ich Ihnen einen Shawl anbieten, wenn Sie möchten. So ein schicker sommerlicher Anzug, wie ihn Herr Mann hat, würde Ihnen übrigens auch gut stehen.«

»Dann wollen wir mal«, sagte der Dichter. »Ziehen Sie sich an. Sollten Sie einen Schwächeanfall erleiden, dürfen Sie sich auf mich stützen.«

Die Lufttemperatur war angenehm, doch als wir die Schutzdüne überquerten, fuhr uns der Wind heftig in die Kleidung, und ich war froh um Frau Bryls Shawl. Ludwik rannte voraus. Die Wellen brachen sich schon weit vor der Küste.

»Ich habe mich noch nicht gebührend bei Ihnen bedankt«, begann der Dichter.

»Das ist nicht nötig, Herr Mann, ich habe Ihnen ja doch nur Unannehmlichkeiten gebracht.«

»Durchaus, aber nicht nur. Gebracht haben mir die Erlebnisse der letzten Tage auch eine neue Entschlossenheit. Wissen Sie, an jenem Tag am Strand, als wir uns begegnet sind, hatte ich gerade einen Artikel in der *Vossischen Zeitung* gelesen, der sich mit der Neugründung der Staatspartei befasste. Auch ich bin gebeten worden, in sie einzutreten, habe dies aber abschlägig beschieden. Ich dachte also über meine Haltung nach, über Deutschlands Licht, aber vor allem über Deutschlands Schatten. Diese Gedanken schrieb ich auf, gewissermaßen zur politischen Selbstvergewisserung, doch ich war mir nicht darüber im Klaren, was aus diesen Protokollen meiner Gedanken werden sollte. Ein Essay, dachte ich zunächst. Doch nun bin ich entschlossen, die Rede, die noch keine war, als Sie die Blätter gefangen haben, tatsächlich zu halten.«

»Ganz gleich wie die Reichstagswahl ausgeht?«

»Was auch immer im September geschieht, die Gefahr, dass

mein geliebtes Deutschland sich freiwillig der Barbarei auslie-
fert, wird auf Jahre hinaus nicht gebannt sein. Es braucht diesen
Appell, bei aller Not und allem Elend die Pflicht nicht zu vergessen, als Mensch zu handeln. Es gilt also nach wie vor: Ich huldi-
ge dem Pessimismus, doch in der Tat bleibe ich Optimist. Ich
denke, ich werde eine geplante Lesung aus dem *Joseph* zur Enttäuschung mancher und Überraschung aller umwidmen. Gewissermaßen als kleine Aktion mit großer Wirkung.«

»Mit der werden Sie gewiss rechnen können.«

»Und was soll aus Ihrer Übersetzung der *Buddenbrooks* werden?«

»Ach, Herr Mann, wenn ich das wüsste. Soll ich weiter daran
arbeiten, weil ich weiß, dass ich Ihrem Werk gerechter werden
könnte als dieses aus der Hüfte geschossene Ärgernis?« Ich
merkte selbst, wie verbittert ich klang. »Kein Hahn würde danach krähen.«

»Ich hätte dieser vorliegenden Übersetzung jedenfalls sicher
meine Zustimmung verweigert, wenn ich vorher gewusst hätte,
dass sie Kürzungen im Text vornimmt. Nun, auf den reißenden
Absatz einer Parallelausgabe können Sie sicherlich nicht hoffen.
Aber ein junger Bursche wie Sie sollte, solange die Zeit und das
Leben ihm nicht den Schneid abkaufen, seinen künstlerischen
Impulsen folgen.«

»Was meinen Sie?«

»Sie sollten nicht der verronnenen Chance nachtrauern, sondern stattdessen eine neue ergreifen.« Er blieb stehen und bedachte mich mit diesem typischen Ausdruck, das Kinn gesenkt
und die linke Augenbraue hochgezogen, so als wäre ihm gerade
etwas in den Sinn gekommen.

»Wollen Sie mir den Gefallen tun und Ihren Lieblingssatz aus
dem *Tod in Venedig* zitieren?«

»Sie wollen mich herausfordern, so wie bei unserer ersten Begegnung am Strand?«

»Zugegeben.«

Ich zog mir die Gedankendecke über den Kopf, tauchte nach wenigen Augenblicken wieder darunter hervor, sah ihn an und sprach: »›Was heute morgen ein halbes Bedauern, ein leiser Zweifel an der Richtigkeit seines Tuns gewesen war, das wurde jetzt zum Harm, zum wirklichen Weh, zu einer Seelennot, so bitter, dass sie ihm mehrmals die Tränen in die Augen trieb, und von der er sich sagte, dass er sie unmöglich habe vorhersehen können.‹«

Der Dichter nickte anerkennend. »Gut gewählt, Müller, ich habe nichts anderes von Ihnen erwartet. Ich möchte Ihnen die Seelennot nehmen. Warum versuchen Sie sich nicht an einer Übersetzung des Tod in Venedig?«

Das überraschte mich. Und weckte sofort Zweifel in mir.

»Nichts für ungut, Herr Mann, aber sind Sie sich ganz sicher, dass die noch nicht vergeben ist?«

Er streckte die Hand aus, und ich schlug nach einem kurzen Zögern ein.

»Jetzt ist die Übersetzung vergeben«, sagte der Dichter. Und als wir weitergingen: »Erinnern Sie mich bitte daran, meine Frau über unseren Handschlagvertrag zu unterrichten.«

Wir näherten uns seinem Strandkorb. Katia saß auf einem Tuch, das sie daneben ausgebreitet hatte. Sie blickte von ihrem Buch auf. »Schön, Sie wiederzusehen, Herr Miuleris. Tommy, ich habe dir deinen Tolstoi mitgebracht.«

»Es ist lieb, dass du daran gedacht hast.«

»Schau!«, rief Elisabeth, die den Strand heraufgerannt kam und sich auch von dem ihr entgegenstürmenden Ludwik nicht ablenken ließ.

»Was hast du denn da Schönes, Medi?«

»Ich habe Bernstein gefunden!«

»Ich habe ihn gefunden!«, protestierte Michael hinter ihr.

»Aber ich habe ihn aufgehoben.«

»Nicht streiten, Kinder, das ist doch nur ein Stein«, sagte Katia.

»Sieht aber aus wie Bernstein.«

Das Mädchen hielt ihrem Vater die Hand hin.

»Sehr hübsch anzusehen«, sagte der Dichter.

Ich beugte mich ebenfalls über das Objekt. »Es ist tatsächlich Bernstein. Nach stürmischen Tagen wie gestern lohnt es sich besonders, am Strand danach zu suchen.«

Elisabeth machte große Augen und dann auf der Stelle kehrt. »Ich hab's ja gesagt. Los, wir suchen alle nach Bernstein, wer das größte Stück findet, gewinnt.«

Der Dichter forderte mich auf, im Strandkorb neben ihm Platz zu nehmen. Wir saßen so eng, dass er sich verrenken musste, um etwas aus der Innentasche seines Jacketts zu nehmen. Es war eine längliche Lederhülle, die Zigarren enthielt. »Nun nehmen Sie schon eine. Ich weiß, Sie rauchen nicht, also vermeiden Sie das Inhalieren.«

Ich hielt mir die fingerdicke Zigarre mit dem goldenen Doppel-M auf dem roten Etikett unter die Nase. Sie roch gut. Solange sie nicht brannte.

»Geben Sie her.« Er knipste die Enden ab. »Und jetzt gut ziehen, während ich Ihnen Feuer gebe.«

Wir hüllten uns in Rauch. Es stank furchtbar, und ich fühlte mich gut. Mann & Müller, dachte ich.

»Gar nicht so schlecht, so eine Freundschaftszigarre«, log ich.

»Sie neigen zu Übertreibungen, Müller, das ist mir schon aufgefallen. Nun, Freundschaft ist vielleicht ein zu großes Wort, aber ich kann wohl sagen, dass es zu den glücklichsten menschlichen Akquisen der letzten Zeit gehört, Ihre Bekanntschaft gemacht zu haben. Und ich freue mich heute schon auf unseren nächsten Sommer in Nidden. Werden Sie auch kommen?«

Wie froh war ich in diesem Moment! Froh über den Ausdruck seiner Wertschätzung und froh darüber, dass mir der Zigarrenrauch die Tränen in die Augen trieb und ich sie mir reiben musste und auf diese Weise verschleiern konnte, wie gerührt ich war. Hat jemals ein Mensch auf umständlichere Art zu sagen versucht, dass er froh ist, jemandem begegnet zu sein?

Dafür – ich schäme mich nicht, es zu sagen – liebte ich diesen Mann und liebe ihn bis heute.

Und dann dachte ich über seine eigentlich Frage nach. An den Ort des Verbrechens zurückkehren? Nur ein Trottel würde das tun. Und das war ich doch nicht. Andererseits?

»Wer hat Hunger?«, rief Katia Mann da über den Strand, »Dalia ist mit dem Imbiss da!«

Sie kam die Düne herunter, entdeckte mich und winkte. Ich winkte zurück. Wenn ich mich an diesen Moment erinnere, strahle ich heute noch so wie damals.

AUGUST 1989

EPILOG

Wenige Tage nach der Beerdigung meiner Frau verspürte ich in meiner Trauer den Drang, an den Ort zu gehen, wo für uns alles begonnen hatte, und ich schlich mich durch die offenen Tore meiner alten Universität in Kaunas. Ich fand die Bibliothek, der Raum war derselbe, doch nicht die Einrichtung: Die alten hölzernen Katheder waren grauen Tischplatten gewichen, die man vor ebenfalls grau gestrichene Wände gestellt hatte. Praktische Deckenbeleuchtung tauchte den Raum in gleichförmiges Licht, verschwunden waren die alten Tischlampen, die einem beim abendlichen Studium das Gefühl gaben, allein auf einer friedlichen Insel des Wissens gestrandet zu sein. Das ganze Arrangement war so verwirrend, dass ich die Stelle nicht mehr finden konnte, wo sie und ich gesessen hatten, als ich über die Lateinbücher hinweg meinen ersten Kussversuch unternommen hatte. Es machte mich noch trauriger, als ich ohnehin schon war. Was waren Bilder im Kopf wert, wenn sie nicht *lebten*?

In der Aula entdeckte ich die Ankündigung für einen Vortrag des Journalisten Leonas Stepanauskas im Thomas-Mann-Kulturzentrum in Nida über »Die unbekannten Seiten der Geschichte des Hauses von Thomas Mann«. Die Universitäten von Vilnius und Kaunas organisierten gemeinsam eine Busfahrt zu der Veranstaltung. Ein Tagesausflug. Vier Stunden hin, drei Stunden Veranstaltung und Aufenthalt, vier Stunden zurück. Drei Plätze waren noch frei. Eine ungewöhnliche und zudem günstige Gelegenheit, denn in Sowjetzeiten war der Besuch auf der Kurischen Nehrung streng reguliert und nur mit Passierscheinen möglich. Ich zählte an Ort und Stelle die Rubel und

Kopeken in meiner Geldbörse ab und ging in das Büro nebenan, um mich anzumelden, was als ehemaliger Student der Universität problemlos vonstattenging.

Und so saß ich an einem Augusttag des Jahres 1989 in einem Bus, der mich das erste Mal seit fast sechzig Jahren wieder auf die Kurische Nehrung bringen sollte. Der Student auf dem Platz neben mir glaubte offenbar, einen besonders gelungenen Scherz zu machen, als er sagte:»Väterchen Student, im wievielten Semester bist du?« Lachen seiner Kommilitonen.»Du siehst aus, als hättest du Thomas Mann noch persönlich gekannt!« Besonders lautes Lachen seiner Kommilitonen.

Sie können sich schon denken, dass ich nicht wegen des Vortrages mitgefahren war. Ich habe meine Schwierigkeiten damit, zwischen vielen anderen Menschen zu stehen oder zu sitzen und meinen Blick zu jemandem aufzurichten, der zu mir predigt. Worum auch immer es geht: Gott, Tod und Teufel, die Segnungen des Sozialismus, die Bedeutung von Thomas Mann oder die unbekannten Seiten der Geschichte seines Hauses. Ich war mir seiner Bedeutung bewusst. Und ich kannte einige unbekannte Seiten seines Hauses. Was Thomas Mann mir persönlich bedeutete, ging niemanden etwas an.

Vor Beginn des Vortrages waren die Besucher durch das Haus geführt worden. Ich stieg wieder die Treppe hinauf, fasste das gleiche Geländer an, wandte mich nach links und betrat in der Gruppe sein Arbeitszimmer. Es war leer bis auf einen Polsterstuhl, der nicht im Entferntesten an den erinnerte, auf dem ich ihm gegenübergesessen hatte, als er mir seine Rede zu lesen gab. An der Wand hing die Vergrößerung einer Photographie, die den Dichter an seinem Schreibtisch sitzend zeigte. Er wandte sich halb dem Betrachter zu und schaute doch auf ihn herab mit diesem arroganten Blick, die linke Augenbraue hochgezogen, das Kinn vorgestreckt, die Zigarette in der Linken. Hinter ihm war alles so angeordnet, wie es zu sein hatte: Schreibtischlampe, Kladde, Korrespondenz, Füllfederhalter, Tintenwippe. Ich entdeckte den weißen Kiesel aus Neapel und fragte mich, wo er jetzt sein mochte. Steine sind ewig. Vielleicht hatte ein Soldat der Roten Armee ihn genommen und mit dem zerstörerischen Übermut des Vandalen damit das Fenster eingeworfen. Lag der Kiesel noch irgendwo da draußen? Könnte ich ihn finden?

Als die Gruppe für den zweiten Teil des Vortrages auf dem gepflegten Rasen vor dem Haus um Stepanauskas herumstand, wandte ich mich ab und lief ein Stück die Düne hinab. Es sah vieles anders aus, als ich es in Erinnerung hatte. Was kein Wunder war. Die Sowjets hatten am Ende des Krieges alles aus dem Haus herausgeholt, was nicht niet- und nagelfest, aber dafür brennbar gewesen war. Ach, was sage ich, sogar die Steine des Kamins hatten sie Stück für Stück herausgebrochen. War ihnen bewusst gewesen, wessen Bibliothek sie plünderten, wessen Schreibtisch sie erbeuteten, wessen Grammophon und Schallplatten sie ihren Frauen in Moskau, Sankt Petersburg oder Irkutsk als Souvenir aus dem Krieg heimbrachten? Ich bezweifle es. Ernst Mollenhauer hatte so gut er es eben vermochte für das Haus gesorgt, bis auch er es nicht mehr schützen konnte. Die jetzige Version des Mann'schen Sommerhauses war eine Art naturgetreue Replikation nach der Entkernung. Eine Fälschung mit besten Absichten, aber eben doch eine Fälschung. So empfand ich es zumindest. Mir gefiel nicht, dass dieser Ort mit dem Parkplatz, dem neuen Zaun, der Bronzeplakette an der Hauswand und dem gepflasterten Zugang so offensichtlich kein Heim mehr war, sondern eine Institution. Ein Museum. Ich hänge zu sehr in der Vergangenheit und an meinen Erinnerungen daran.

Die beiden krummen Bergkiefern im Garten waren noch da und viel größer geworden. Ich legte die Hand an den Stamm der einen.

»Schade«, sagte eine Stimme hinter mir, und ich drehte mich zu ihr um.

»Was meinen Sie?«

Der Mann streckte den Arm aus und zeigte auf einen Baumstumpf in der Nähe, der zwischen dem wuchernden Gras kaum zu erkennen war. Ich sah den Mann an, und er beschwor ein vages Bild herauf. Er war bullig, groß und übergewichtig, das Haar kurz geschoren. Ein glänzender Blouson spannte über seinen Bauch. Wenn er die kurzen Arme hängen ließ, bildeten sie den Radius eines Kreises. Er hatte schwere lilafarbene Ränder unter den Augen.

»Sind Sie auch für den Vortrag hier?«, fragte er mich.

»Ja. Das erste Mal seit vielen Jahren. Ich habe … Hier ist viel passiert, und meine Frau …« Mein Hals wurde eng. Es war ein Fehler gewesen, hierher zurückzukehren.

»Ein interessanter Vortrag, gute Erinnerungen, das sind schöne Anlässe für eine sentimentale Reise nach Nida. Wollte Ihre Frau nicht mitkommen?« Der Mann gab sich Mühe, jedes Wort sauber auszusprechen. Er mochte siebzig sein, vielleicht war er aber auch noch keine sechzig und sah nur älter aus.

»Sie ist gestorben.«

»Das tut mir leid.«

»Mir auch. Tja, aber ich lebe noch. Und Sie?«

»Ich bin in Vilnius zugestiegen.«

»Ich meine, kennen Sie Nida?«

»Ich bin hier aufgewachsen. Genauer gesagt in Purwin. Aber seit unserer Flucht 1939 bin ich nicht mehr hier gewesen.«

»Dann sind Sie in die falsche Richtung geflüchtet.«

»Das kann man wohl sagen. Mein Vater hat es Flucht genannt. Aber im Grunde ist die ganze Familie einfach nach Vilnius gezogen, als das Memelland damals angeschlossen wurde. Aus irgendeinem Grund fürchtete er die Deutschen mehr als die Sowjets.«

Er sah mich ernst an. Ich kannte diesen Blick.

»Nach dem Krieg bin ich in Vilnius geblieben, und meine Eltern konnten zurück nach Nida. Vater konnte nicht ohne das Haff leben.«

Wir hörten die Gruppe hinter uns auflachen.

»Glauben Sie, wir verpassen etwas?«

»Ich nicht.«

Der Mann blinzelte durch die Bäume und Sträucher auf das Haff. Er betrachtete seine Umgebung missbilligend wie ein Vater das unaufgeräumte Zimmer seiner Kinder und fuhr mit dem Arm durch die Luft. »Damals war der Blick von hier oben frei. Die Bäume waren noch nicht so hoch. Es gab kein Gras und weniger Gestrüpp. Sand überall. Ich erinnere mich an ein Haus auf einer Düne, nicht an eines am Rande einer Böschung. Wir konnten von hier bis zum Haffufer um die Wette rennen.« Er schob die Fingerspitzen zurück in die Taschen seiner zu engen Cargohosen. »Und wenn ich nicht aufgepasst habe, ist mein Ball bis zum Wasser gerollt.« Und da legte sich das Bild meiner Erinnerung endgültig über das Gesicht des Mannes, und ich erkannte ihn.

»Das war eigentlich eine schöne Zeit.«

Ich nickte. »Hässlicher war es davor, und noch viel hässlicher wurde es danach.«

»Glauben Sie, man weiß es, wenn man in guten Zeiten lebt?«

»Sagen Sie es mir. Damals haben Sie immer so ernst geschaut. Sogar wenn Sie mit meinem Hund gespielt haben. So als gäbe es selbst am schönsten Sommertag nichts zu lachen.«

»Sie wissen, wer ich bin?«

»Sie sind der Junge mit dem zu großen Badeanzug. Vidas?«

»Mann, hat der gekratzt. Da waren mir sogar Lederhosen lieber.«

»Was ist schade?«

»Was meinen Sie?«

»Als Sie herübergekommen sind, haben Sie ›schade‹ gesagt.«

»Schade, dass der Baum weg ist.«

»Welcher Baum?«

Er deutete wieder auf den Baumstumpf. »Der da stand. Es gibt Photos, auf denen die Familie Mann davor posiert. Auf einem davon hält die Tochter ...«

»Elisabeth.«

»Genau.«

»Medi.«

»Sie hält jedenfalls meine Hand auf dem Bild.« Er lachte auf.

»Vielleicht hätte aus uns zweien was werden können. Aber bei dem Altersunterschied?«

»Der Baum war wohl im Weg, als sie den Parkplatz für das Kulturzentrum gebaut haben.«

»An den Hund kann ich mich erinnern. Das war so ein großer, weißer, oder?«

Ich nickte. »Ludwik.«

»Dann müsste ich Sie ja auch kennen, aber ehrlich gestanden kann ich mich nicht an Sie erinnern.«

»Machen Sie sich nichts daraus. Ich bleibe den wenigsten Menschen in Erinnerung.«

»Darf ich Sie nach Ihrem Namen fragen?«

»Žydrūnas Miuleris. Ich bin der Übersetzer.«

»Waren Sie nicht auch mal bei uns zu Hause?«

»Nicht dass ich wüsste.«

Ich war dankbar, dass er nicht nachhakte.

»Aber als dieser Baumstumpf noch ein schöner Baum war, haben Sie mal darunter gesessen mit Ihrem Hund …«

»Genau genommen gehörte Ludwik damals mir noch nicht. Aber ja, ich bin unter diesem Baum eingeschlafen, und dann habe ich Ihren Ball an den Kopf bekommen.«

Ich klopfte mit der Handfläche auf den verwitterten Stumpf. »Sie glauben wirklich, dass es dieser Baum war?« Unter dem ich, ohne es zu ahnen, auf Dalia gewartet hatte.

»Ich weiß es genau.«

»Wir haben noch ein wenig Zeit, bis der Bus wieder abfährt. Haben Sie Lust auf einen Spaziergang?«

»Ein bisschen Bewegung, bevor wir wieder so lange sitzen. Gute Idee.«

Wir folgten nicht der neuen Zufahrt, sondern dem alten Weg

den Schwiegermutterberg hinunter, überquerten die Straße, die einmal der Purwiner Weg gewesen war, und liefen in den Wald, wie ich es so oft mit dem Dichter getan hatte. Die Schneise war zugewachsen, der Aufstieg über den Trampelpfad mühsam. Ein alter und ein sehr alter Mann stützten sich gegenseitig. Dann hatten wir es geschafft und standen in der lichten Säulenhalle des Waldes. Ich hörte das Rauschen der Ostsee, und es zog mich weiter. Die Stelle hinter der Schutzdüne, an der Frau Bryls Pension gestanden hatte, war nicht weit. Vidas war erschöpft und beschloss, zurückzugehen. Wir würden uns dann im Bus sehen, meinte er.

Doch ich ging weiter den Weg, den ich gehen musste, ein wenig nachlässig und ungleichmäßig vor mich hin pfeifend, mit seitwärts geneigtem Kopf ins Weite blickend, und wenn ich irreging, so geschah es, weil es für etliche einen richtigen Weg überhaupt nicht gibt.

ANMERKUNGEN DES AUTORS

Dieser Roman ist ein Werk der Fiktion. Doch gewisse Ähnlichkeiten mit verstorbenen Personen sind nicht rein zufällig, und in die fiktive Handlung auf einem schmalen ostpreußischen Sandstreifen sind absichtsvoll »Inselchen erhöhter Plausibilität« (Michael Maar) eingewoben. Ich wollte mir den lebendigen Thomas Mann vorstellen, herabgestiegen von dem Elfenbeinturm der Literatur in den Sand und den Wald der Kurischen Nehrung, um ein schwerwiegendes Problem in eigener Sache zu lösen, was ihn sich möglicherweise sogar in ein Verbrechen verstricken lässt. Der Fall ist erfunden, die ihm zugrunde liegende Rede nicht. Thomas Manns Bewunderer Žydrūnas Miuleris ist erfunden, hat aber ein vages Vorbild im wirklichen Leben. Der Brief an Adolf Hitler ist selbstverständlich erfunden, und es gibt meines Wissens auch keinen Hinweis darauf, dass Joseph Goebbels dem frischgebackenen Nobelpreisträger ein Glückwunschtelegramm geschickt haben könnte. Andererseits könnte man aus einem seiner Tagebucheinträge anlässlich eines Lübeck-Besuchs im Dezember 1925 eine gewisse Begeisterung für die *Buddenbrooks* und seinen Autor schließen: »Ich denke immer an die Buddenbrooks. Ich denke immer an Thomas Mann.« Joseph Goebbels hatte als junger Mann romantische Anwandlungen und versuchte sich als Poet, mit seinem semiautobiografischen *Michael* sogar als Romanautor. Das Werkchen erschien im Jahr von Thomas Manns Nobelpreis. Ist es abwegig, zu vermuten, dass ein geltungssüchtiger und um Lob von höchster literarischer Stelle buhlender Joseph Goebbels dem verehrten Autor zum Nobelpreis gratuliert? Und würde sich dieser verquere Romantiker

im Hetzer nicht besonders »schamlos beleidigt« (Tagebuchein-
trag vom 18. Oktober 1930) fühlen von Thomas Manns scho-
nungsloser Rede?

Ein Inselchen, nichts weiter.

Große Teile dieses Romans sind in Nida entstanden im Ortsteil
Skruzdynė in unmittelbarer Nähe zum Thomas-Mann-Kulturzentrum, dem ehemaligen Sommerhaus von Thomas Mann.
Elisabeth Mann erzählte von ihren Eltern, diese hätten die Angewohnheit gehabt, sich überall, wo sie es schön fanden, sogleich ein eigenes Haus auszumalen. Als Thomas und Katia
Mann im August 1929 von Königsberg aus einen Ausflug auf die
Kurische Nehrung unternahmen, war der Eindruck, den die
»elementare Landschaft« auf sie machte, so stark, dass diesmal
aus der schönen Vorstellung gleich die praktische Umsetzung
erfolgte. Es traf sich gut, dass der Hausbau aus zweihunderttau-
send Reichsmark Nobelpreisgeld finanziert werden konnte. Um
die Details – Standort und Grundstückspacht, Architekt, Bau-
pläne und Termine – kümmerten sich zuverlässig Ernst Mollenhauer vor Ort in Nidden und Katia Mann daheim in München
in ausführlicher Korrespondenz. Mollenhauer hatte auch den
Standort des neuen Hauses vorgeschlagen, auf einer die Lagune
überblickenden Düne unmittelbar neben dem berühmten »Italienblick«, einem der beliebtesten Motive der Maler der Künstlerkolonie. Ein bisschen mag sich der Dichter schon gewundert
haben, als das Haus bei der Ankunft der Familie Mann im Juli
1930 bezugsfertig und bis ins Detail eingerichtet dastand, als
wäre es noch nie anders gewesen. Alles war zu Thomas Manns
Zufriedenheit, bis auf den Mangel einer eigenen Fernsprechein-
richtung. Im ersten Sommer musste Katia Mann noch in den
Gasthof Blode gehen, wenn sie telefonieren wollte.

Rückblickend erscheint die Entscheidung von Thomas Mann,
ausgerechnet in Nidden ein Sommerhaus zu erwerben, seltsam
riskant. Das Memelland war seit 1920 vom Deutschen Reich ab-

getrennt, bis 1923 von den Franzosen verwaltet und dann von Litauen annektiert worden, wenn man dem Gebiet auch weitgehende Autonomie eingeräumt hatte. Mit dem Putsch des Autokraten Antanas Smetona endete die Phase der Autonomie auch schon wieder, und ab 1926 galt im Memelland das Kriegsrecht. Die gerade erst verabschiedete neue, formal vorbildliche demokratische Verfassung war schon wieder außer Kraft gesetzt. Knapp zwei Drittel der Bevölkerung des Gebiets fühlten sich als Ostpreußen dem Deutschen Reich zugehörig. Sie sprachen zum Teil längst untergegangene Sprachen wie Prußisch und Altkurisch und lehnten neue Gesetze und Verwaltungsauflagen des litauischen Staates als Gängelung ab. Viele der deutschen Künstler, die bis zum Ersten Weltkrieg der Niddener Künstlerkolonie angehört hatten, wandten sich aufgrund der unsicheren politischen Situation ab. Doch Deutschlands bekanntester Schriftsteller zögert nicht und baut sich ein Haus auf dem tückischen kurischen Sand.

Fast ist man geneigt, anzunehmen, der »Weltfremde« (Klaus Mann über seinen Vater) habe sich überhaupt keine Gedanken über den Standort gemacht. In dem geradezu schwärmerischen Aufsatz über sein »Sommerhaus« erwähnt er nur en passant, dass der Pachtvertrag für das Grundstück mit der litauischen Forstverwaltung zustande kam und dass die Bewohner Niddens unter anderem auch Litauisch sprachen. Und Katia Mann erinnert sich, dass ihr Mann auch im dritten Sommer in Nidden die litauische Währung nicht kannte. Man könnte glauben, Thomas Mann hätte vergessen, dass er sich gut zwei Kilometer nördlich der Grenze zu Deutschland befand. Oder dass er bereits damals dachte, dass überall dort Deutschland war, wo er sich aufhielt. Fern von daheim und doch daheim.

Ruhe wollte er finden im Ursprünglichen. Doch so ursprünglich war es auch damals schon nicht mehr in Nidden. Jedenfalls nicht in den Sommermonaten. Im Jahr 1929 beschreibt der Lehrer Henry Fuchs in seiner *Chronik der Schule Nidden* die »fortschreitende Umstellung der Fischergemeinde auf das Badeleben. Der letzte Sommer hat gezeigt, daß die vorhandenen Wohnräume für die von Jahr zu Jahr wachsende Zahl der Gäste nicht ausreichend sind. Einige Hotels werden nun vergrößert und Privatwohnungen werden umgebaut. Auch Neubauten werden ausgeführt, hoffentlich nicht zum Schaden des Dorfbildes.« Und für das Jahr darauf hält er fest: »Die Besucherzahl ist größer als je zuvor. Die letzten Wohnungen – sogar Bodenkammern – sind vermietet, so daß neu ankommende Gäste vielfach weiterfahren müssen.« Es herrscht »reges Badeleben«, und am Strand reiht sich »ungefähr vier bis fünf Kilometer weit Sandburg an Sandburg«. Und dass vor allen Dingen Städter aus Königsberg und Berlin sich aufmachten in die Kurische Nehrung, sorgte offenbar auch für einen *clash of cultures* mit den nüchtern-protestantischen Niddenern, wenn – wie Fuchs mahnt – sich »die Eleganz der Badekostüme manchmal leider bis zur Geschmacklosigkeit steigert«. Die »Fremdenliste« der Saison 1930 zählt rund viertausend Gäste. Auf einer Detailkarte desselben Jahres zählt man 127 Gebäude im Ort. Es muss zugegangen sein wie im berühmten Bad Hausen von Gerhard Polt.

Zu viel Trubel für Thomas Mann, der den Einwohnern von Nidden und den Touristen konsequent aus dem Weg zu gehen versucht. Der Dorflehrer und Chronist Henry Fuchs hat ihn jedenfalls laut eigener Aussage nie zu Gesicht bekommen. Dabei geht Thomas Mann regelmäßig spazieren, macht Ausflüge im Ruderboot mit den Kindern Elisabeth und Michael und besichtigt sogar die Große Düne Parnidis, die er als besonders bedrückend empfand.

Wie vor beinahe einhundert Jahren herrscht im März 2024 rege Bautätigkeit in Nida, dabei ist so manches neue Gebäude – wie Henry Fuchs befürchtete – durchaus zum Schaden des Dorfbilds, das nach der Unabhängigkeit Litauens 1991 so liebevoll wiederhergestellt wurde. Beinahe trotzig wirkt die Aktivität auf mich, so als würden die Bauarbeiter im Dorfzentrum, die

Besitzer privater Ferienwohnungen im Blaumann und mit Pinsel in der Hand oder das junge Paar, das die kleine Pizzeria im Hafen am Wochenende betreibt, sich ihre Zukunft nicht nehmen lassen wollen. In Polen stürzt aus Angst vor einem russischen Angriff der Immobilienmarkt in eine Krise. In Nida putzt man sich für die Feriengäste heraus. Die ersten treffen zu Ostern ein, auch aus Deutschland. Sie steigen die Große Düne hinauf und blicken nach Süden über die unsichtbare Grenze. Als ich an einem Sonntagmorgen durch das einsame Tal des Schweigens wandere, erhalte ich von meinem Mobilfunkanbieter eine Nachricht:»Willkommen in Russland.«

In dem Jahr, in dem die Manns nach Nidden kamen, gab es dort noch zweiundsechzig typische Kurenkähne, die im Besitz von Fischern, Wirten, Kätnern und Losleuten waren. Jede Familie lebte mittel- oder unmittelbar vom Fischfang. Die Unterbringung von Badegästen war ein Zusatzerwerb, und für den flüchtigen Gast war von der »Umstellung«, von der oben die Rede ist, wohl kaum etwas zu bemerken. Heutzutage können wir vom sogenannten Authentischen kaum sprechen, ohne eine verlogene Romantik mitzudenken, aber wenn man Photographien aus jener Zeit betrachtet, die Reihen von gedrungenen Kähnen am Ufer, die windschiefen Gestelle mit Hunderten von zum Trocknen aufgehängten Schollen und die dunklen Stuben der Fischerhäuser, in denen ganze Familien mit dem Reparieren von Netzen beschäftigt sind, dann entsteht der Eindruck eines archaischen Lebens. Und eines gefährlichen. Jedes Jahr kamen auf dem so friedlich aussehenden Haff Niddener Fischer ums Leben. Blitze schlagen in Masten ein, Stürme lassen die Kähne, die wenig Tiefgang haben, kentern. Die Eisfischerei im Winter birgt besondere Gefahren, und es kommt vor, dass bei Tauwetter Fischer tagelang auf treibenden Eisschollen ums Überleben kämpfen. Allein in den drei Jahren, in denen die Manns nach Nidden kamen, starben sieben Menschen auf dem Haff.

Katia Mann und die Kinder Elisabeth und Michael haben vor

allem Erinnerungen an Gefühle von Freiheit und Leichtigkeit, doch ganz unbeschwert können die sommerlichen Tage für Thomas Mann nicht gewesen sein. Die Nachrichten von der Auflösung des Reichtages und Neuwahlen am 14. September erreichen Nidden wenige Tage nach Ferienbeginn. Thomas Mann macht sich in dieser Zeit Gedanken über den Eintritt in die neu gegründete Staatspartei und erteilt dem Gründer Erich Koch-Weser Anfang August eine briefliche Absage mit der Begründung, dass es ihm komisch vorkomme, sich politisch herausgestellt zu sehen. In die Tage, in denen dieser Brief geschrieben wurde, fällt auch ein wenig beachtetes Interview, das Thomas Mann der *Neuen Freien Presse* aus Wien gewährt und das Eingang in den Roman gefunden hat. Darin gibt sich Thomas Mann ganz als Dichterfürst, der Kunst und nur der Kunst verpflichtet und entrückt vom politischen Tagesgeschehen. Sein Gesprächspartner René Kraus zitiert ihn beinahe ungläubig mit den Worten, Thomas Mann wolle »Abschied von der Politik« nehmen, nachdem er jahrelang das »unabweisbare Bedürfnis empfunden« habe, zu den großen politischen Zeitfragen Stellung zu beziehen. Keine politischen Essays mehr und auch keine öffentlichen Auftritte und Reden nach den zwei noch geplanten in Den Haag und in Genf. Dann sei kategorisch »Schluß« mit politischen Einlassungen seinerseits. Doch was war mit seinem zu diesem Zeitpunkt längst geplanten Auftritt im Beethovensaal in Berlin im Oktober? Warum ließ er ihn in dem Interview mit René Kraus unerwähnt? Die naheliegende Antwort könnte sein: Weil diese Veranstaltung nicht als Rede geplant war, sondern als Lesung aus dem *Joseph*. In dem vorliegenden Roman dient mir dieses echte kleine Rätsel als Grundlage für den erfundenen Fall. Ich lasse Thomas Mann bereits in Nidden an der großen Rede arbeiten, die er später in Berlin überraschend halten sollte. Es spricht einiges dafür, dass diese sogenannte Deutsche Ansprache vom 17. Oktober 1930 sorgfältig geplant war. Am 27. November 1930 bezeichnet Mann in einem Brief an Hamburgs Ersten Bürgermeister Rudolf Ross die Rede als »kleine Aktion« und betont, dass er politisch in seinem Leben nur zwei Mal »hervorgetreten« sei – »1923 und eben jetzt«. Gemeint ist die Rede »Von Deutscher Republik« am 13. Oktober 1922, gehalten vor Studenten anlässlich des 60. Geburtstages von Gerhart Hauptmann (mit der Jahresangabe bezieht er sich nicht auf die Rede selbst, sondern auf den im Jahr darauf erfolgten Druck). Schon der zeitliche Abstand der beiden berühmten Reden zeigt, wie wohlüberlegt die öffentlichen Debattenbeiträge des Dichters gesetzt waren. Hinzu kommt, dass Thomas Mann seine Reden auf die gleiche Weise und im gleichen Arbeitsrhythmus verfasste wie jedes seiner literarischen Werke. Das Schreiben einer ihm wichtigen Rede konnte also Wochen, sogar Monate in Anspruch nehmen und fiele damit in die Niddener Sommerwochen.

Ein Inselchen, nichts weiter.

Möglich, dass Thomas Mann das Wahlergebnis einerseits nicht anders erwartet hatte, das er aber andererseits noch immer eher als Warnung denn als Menetekel des Untergangs verstand. Eine Woche nach dem Urnengang, den er mit dem Dampfschiff von Nidden zum Wahllokal in Rossiten absolvierte, schreibt er in seinem Brief an Ida Herz von einem »Wahl-Malheur«, trotzdem er auf »den gesunden Sinn des deutschen Volkes« hoffe. Doch die Hoffnung schwindet in den kommenden Wochen und trotz des enormen Widerhalls, den seine Rede fand. Gegenüber Gerhard Hauptmann zweifelt er schon Ende Oktober daran, dass es noch gelingen könnte, »die Schande der nationalsozialistischen Pöbelherrschaft abzuwenden«. Und genau einen Monat später wirkt er geradezu resigniert, wenn er an Arnold Schönberg schreibt, dass »Barbarei und politische Dummheit immer unbesiegt bleiben werden«. Ein Urteil, das viele im Angesicht der heutigen Weltlage zweifellos bereit wären zu unterschreiben.

Der Thomas Mann, den ich mir in diesem Roman vorstelle,

macht sich hinsichtlich der politischen Richtung, die das Deutsche Reich eingeschlagen hat, keinerlei Illusionen. Trotz seiner Prominenz, seiner Beliebtheit und seines auch wirtschaftlichen Erfolgs muss er all seinen Mut zusammennehmen, um sich schließlich hinzustellen und zu sagen, dass er nicht »weiterkann«, wenn die Idee der Freiheit zum Gerümpel wird. Es ist derselbe Mut, den heutzutage jeder Mensch braucht, um sich politisch zu exponieren. Den »Totschlaginstinkten«, vor denen sich Thomas Mann fürchtet, begegnet man täglich in den sozialen Medien, auf Kundgebungen, Schulhöfen und Campussen. Sich öffentlich zum Feind einer Bewegung zu erklären war und ist existenzgefährdend.

Man sollte mit historischen Analogien immer vorsichtig sein, aber bei der Beschäftigung mit den Jahren vor der Machtübernahme und Thomas Manns Gedanken dazu fällt es schwer, nicht Parallelen zur aktuellen politischen Stimmung zu ziehen. Manchmal entspringt die treffendste Analyse einer großen Ratlosigkeit. In einem weiteren Brief, den Thomas Mann im zweiten Sommer von seinem geliebten Nidden aus an Paul Valéry schreibt, gesteht er eine solche Ratlosigkeit ein und fasst sie in einen Satz, der – wie mir scheint – damals wie heute die größte Gefahr der heutigen Zeit ebenso traurig wie bündig zusammenfasst: »Zivilisation, Freiheit, Vernunft, Demokratie, Frieden … es ist damit allein kein Hund mehr vom Ofen zu locken. Sehr viele Menschen, und die dümmsten nicht, empfinden den ganzen Komplex von Idealen als farblos, fade und abgestanden.«

Helsinki, 16. Juli 2024
Tilo Eckardt

QUELLEN- UND LITERATURVERZEICHNIS

Bernd Erhard Fischer, Angelika Fischer, *Thomas Mann in Nidden* (Menschen und Orte), Berlin, Edition A.B., S. Fischer Verlag, 2012

Bernd M. Kraske, *Zwischen Ostsee und Haff. Familie Mann in Nidden*, Crescer Publishing 2019

Chronik der Schule zu Nidden, hrsg. v. Gitanas Nausėda und Vilija Gerulaitienė, Vilnius 2013

Colm Tóibín, *Der Zauberer*, aus dem Englischen von Giovanni Bandini, München, Carl Hanser Verlag 2021

Dainius Junevičius, Nijolė Strakauskaitė, *The Curonian Spit Anno 1900. A Collection of Stereoscopic Photographs by Tilsit Photographer Robert Minzloff*, Neringa 2023

Eduard von Keyserling, *Wellen*, Roman, Berlin, S. Fischer Verlag 1911

Frido Mann, *Mein Nidden. Auf der Kurischen Nehrung*, Hamburg, Mare Verlag 2012

Jörn Bafod, *Nidden. Künstlerkolonie auf der Kurischen Nehrung*, Fischerhude, Verlag Atelier im Baumhaus 2018

Leonas Stepanauskas, »Drei Sommer in Nidden«, in: *Sinn und Form*, 28. Jahr, 2. Heft, Berlin, Rütten & Loening 1976

Manfred Görtemaker, *Thomas Mann und die Politik*, Frankfurt a. M., S. Fischer Verlag 2005

Marbacher Magazin 89/2000, Deutsche Schillergesellschaft Marbach, mit freundlicher Unterstützung des Verlags S. Fischer, Frankfurt a. M. 2000

Michael Maar, *Das Blaubartzimmer. Thomas Mann und die Schuld*, Frankfurt a. M., Suhrkamp Verlag 2000

Paul Isenfels, *Getanzte Harmonien*, Stuttgart, Verlag Dieck & Co. 1928

Thomas Mann, *Briefe III. 1924–1932*, hrsg. v. Thomas Sprecher, Hans R. Vaget und Cornelia Bernini, Frankfurt a. M., S. Fischer Verlag 2011

Thomas Mann, *Buddenbrooks*, Frankfurt a. M., S. Fischer Verlag 1989

Thomas Mann, *Der Zauberberg*, Frankfurt a. M., S. Fischer Verlag 2012

Thomas Mann, »Deutsche Ansprache – Ein Appell an die Vernunft« (1930), in: *Gesammelte Werke in dreizehn Bänden*, Band XI, Frankfurt a. M., S. Fischer Verlag 1974

Thomas Mann, *Doktor Faustus. Das Leben des deutschen Tonsetzers Adrian Leverkühn, erzählt von einem Freunde*, Frankfurt a. M., S. Fischer Verlag 2012

Thomas Mann, Heinrich Mann, *Briefwechsel*, hrsg. v. Hans Wysling, Frankfurt a. M., S. Fischer Verlag 1968

Thomas Mann, *Mein Sommerhaus. Vortrag bei der Zusammen-kunft des Rotary Clubs München am 1. Dezember 1931*, Falt-blatt, hrsg. v. Thomas Mann Museum, Neringa

Thomas Mann, *Tagebücher 1933–1934*, hrsg. v. Peter de Men-delsohn, Frankfurt a. M., S. Fischer Verlag 1977

Thomas Mann, *Tonio Kröger*, Frankfurt a. M., S. Fischer Verlag 1973

Thomas Mann, »Von Deutscher Republik« (1922), in: *Essays II. 1914–1926*, Große kommentierte Frankfurter Ausgabe, Frankfurt a. M., S. Fischer Verlag 2002

Timothy Snyder, *The Reconstruction of Nations. Poland, Ukrai-ne, Lithuania, Belarus 1569–1999*, New Haven und London, Yale University Press 2003

Der Autor dankt folgenden Personen und Institutionen für die Unterstützung bei der Entstehung dieses Buches:

Dem International Center for Writers and Translators in Nida, der Nordic Culture Foundation und der Klaipėda County Ieva Simonaitytė Public Library sowie dem Thomas-Mann-Kulturzentrum in Nida.

Meinem Ratgeber und Agenten Marcel Hartges, meinem Freund und Erstleser Ulrich Genzler, meinen Kritikerinnen und Lektorinnen Andrea Hartmann, Eléonore Delair und Regine Weisbrod sowie der Verlegerin Doris Janhsen und dem Verlagsleiter Steffen Haselbach.

At least 5 cookies hat sich Urtė Liepuoniūtė verdient für die initiale Idee, die Vermittlung bei allem Litauischen, das tägliche Sparring und alles andere.